冯雪红　安宇　王玉强 / 著

玉 树 临 风
——藏族生态移民调查纪实

Manner of Delicate Beauty:
Actual Events Record of Tibetan Ecological Migration

中国社会科学出版社

图书在版编目（CIP）数据

玉树临风：藏族生态移民调查纪实/冯雪红，安宇，王玉强著．
—北京：中国社会科学出版社，2019.3
ISBN 978-7-5203-4052-6

Ⅰ.①玉…　Ⅱ.①冯…②安…③王…　Ⅲ.①藏族地区—移民—调查报告—玉树藏族自治州　Ⅳ.①D632.4

中国版本图书馆 CIP 数据核字（2019）第 024690 号

出 版 人	赵剑英
责任编辑	马　明
责任校对	任晓晓
责任印制	王　超

出　　版	中国社会科学出版社
社　　址	北京鼓楼西大街甲 158 号
邮　　编	100720
网　　址	http://www.csspw.cn
发 行 部	010-84083685
门 市 部	010-84029450
经　　销	新华书店及其他书店
印　　刷	北京明恒达印务有限公司
装　　订	廊坊市广阳区广增装订厂
版　　次	2019 年 3 月第 1 版
印　　次	2019 年 3 月第 1 次印刷
开　　本	710×1000　1/16
印　　张	20.25
插　　页	2
字　　数	322 千字
定　　价	86.00 元

凡购买中国社会科学出版社图书，如有质量问题请与本社营销中心联系调换
电话：010-84083683
版权所有　侵权必究

目　录

引　言 ………………………………………………………（1）

上　篇

县内搬迁：查拉沟社区生态移民

第一章　二赴称多 ………………………………………（15）
 一　称多县移民概况与查拉沟社区移民类型 …………（15）
 二　搬迁原因与意愿 ……………………………………（35）
 三　搬迁家境与喜忧 ……………………………………（45）
 四　搬迁"好处""不便"与"担忧" ………………（56）

第二章　社会适应 ………………………………………（68）
 一　吃穿住行 ……………………………………………（68）
 二　收入来源 ……………………………………………（90）
 三　消费倾向 ……………………………………………（101）
 四　社会关系 ……………………………………………（104）
 五　眼下困窘 ……………………………………………（110）

第三章　文化适应 ………………………………………（112）
 一　语言习得 ……………………………………………（112）

二　宗教生活 ………………………………………………… (121)
　　三　婚丧习俗 ………………………………………………… (134)
　　四　重要节日 ………………………………………………… (139)
　　五　闲暇娱乐 ………………………………………………… (142)
　　六　子女教育 ………………………………………………… (147)

第四章　心理适应 …………………………………………………… (155)
　　一　"户籍""地域"与"身份" ……………………………… (155)
　　二　"牧区""城镇"与"故乡" ……………………………… (161)
　　三　"游牧""定居"与"返迁" ……………………………… (165)
　　四　"理想生活"与"富有标志" …………………………… (168)

第五章　政策认知 …………………………………………………… (175)
　　一　生态移民工程获悉 ……………………………………… (175)
　　二　生态移民工程益处 ……………………………………… (178)
　　三　搬迁补偿政策工拙 ……………………………………… (179)
　　四　移民社区存在问题 ……………………………………… (183)

结　语　如何拓展生计 …………………………………………… (189)

下　篇

镇内搬迁：清水河镇生态移民

第一章　高寒缺氧的清水河镇 …………………………………… (195)
　　一　查拉山下有"当达"：清水河的由来与
　　　　巴颜喀拉山的传说 ……………………………………… (195)
　　二　为何搬："因灾""因病""因学" …………………… (218)

三　如何搬："牦牛""拖拉机""小汽车" …………………… (221)
　　四　搬迁前："谁愿意谁搬" …………………………………… (222)
　　五　搬来时："闲""急""忧" ………………………………… (224)
　　六　搬迁后："只要经常给就有好处" ………………………… (226)

第二章　移民政策的了解 …………………………………………… (230)
　　一　移民工程认知："就是全部搬下来" ……………………… (230)
　　二　移民补助政策："国家养着的人" ………………………… (231)
　　三　获知政策渠道："村上开会" ……………………………… (234)
　　四　补助政策评价："上面给的多" …………………………… (234)
　　五　生态移民效益："有些没得到保护" ……………………… (235)

第三章　移民的社会适应 …………………………………………… (238)
　　一　气候："高寒"与"缺氧" ………………………………… (238)
　　二　穿衣："男人汉服"与"女人藏服" ……………………… (240)
　　三　吃饭："糌粑""肉"与"面食""蔬菜" ………………… (244)
　　四　居住："黑帐篷"与"平房""楼房" ……………………… (249)
　　五　出行："马""牦牛"与"摩托车" ………………………… (252)
　　六　生产："职业""收入"与"消费" ………………………… (255)
　　七　人际："手机""微信"与"交往" ………………………… (266)

第四章　移民的文化适应 …………………………………………… (271)
　　一　语言："不懂汉语再就（是）文盲" ……………………… (271)
　　二　结婚："双方父母给牛羊" ………………………………… (276)
　　三　丧葬："大多是天葬" ……………………………………… (278)
　　四　节日："名目增多" ………………………………………… (279)
　　五　转经："都不相同" ………………………………………… (283)
　　六　教育："不要像我这样做没文化的人" …………………… (288)

第五章　移民的心理适应 (291)
　　一　"牧民"与"城里人" (291)
　　二　"牧区的人"与"这里的人" (293)
　　三　"便利"与"不便" (295)
　　四　"困难"与"愿望" (298)
　　五　"眷恋""返迁"与"担忧" (301)

第六章　移民社区的突出问题 (308)

结　语　如何才能致富 (311)

参考文献 (314)

后　记 (319)

引　言

　　玉树藏族自治州①，位于青海省西南青藏高原腹地的三江源头，北与海西蒙古族藏族自治州相连，西北角与新疆的巴音郭楞自治州接壤，东与果洛藏族自治州互通，东南与四川省甘孜藏族自治州毗邻，西南与西藏昌都专区和那曲专区交界。②可见，玉树地处康藏安多三大区的中心，是西上卫藏、东下康区、北去安多的通衢。③民国时期的知识分子周希武等曾去玉树地区进行调查，并著有《玉树调查记》一书，我们可通过他的描述来了解玉树的地理位置："玉树在青海之南部，地形纵狭横广。南尽北纬三十二度，当杂曲鄂穆曲二水之间，川边昌都之北；北尽北纬三十五度三十分，当黄河源星宿海之南岸，南北相距三度三十分；西尽东经（准英经度）九十四度，当通天河南北二源合流之西；东尽东经九十九度三十分，当咱曲河东源尽处，东西相距五度三十分。面积约四十万公里，占有青海全部三分之一弱。东与川边石渠、邓科、同普、昌都诸县为界；南与类乌齐及前藏纳书克等三十九族为界；西北皆荒寒无人之地，遥与蒙古柴达木、新疆东南部相接；东北与果洛番毗连。东西约一千二百里，南北七百余里。"④

---

　　① 玉树藏族自治州，简称玉树，文中类似表述同此，若是引文以及不能简写之处，则用全称。

　　② 玉树藏族自治州人民政府：《壮美玉树·玉树概况》，2018年3月7日（http://www.qhys.gov.cn/html/2/7.html）。

　　③ 罗桑开珠：《玉树——古代的藏汉通道》，《中国藏学》1990年第1期。

　　④ 周希武、田雯、张澍：《〈青海玉树调查记〉黔书〈续黔书〉》（合订本），中国台湾华文书局1968年版，第16—18页。（周希武，字子扬，甘肃省天水秦州人，马麒幕僚，地理学家暨民族学家。周希武曾于1914年8月从兰州出发到西宁，然后向青海南部进发，越巴颜喀拉山，涉黄河流域，渡金沙江，跋涉两千三百余里，抵达玉树结古镇。周希武在玉树地区，历时9个月，

玉树藏族自治州是三江源地区辖区之一,通天河贯穿玉树全境。《西游记》中有几处对于通天河的描写,可见河水之宽广汹涌:① "洋洋光浸月,浩浩影浮天。灵派吞华岳,长流贯百川。千层汹浪滚,万迭峻波颠。暗口无渔火,沙头有鹭眠。茫然浑似海,一望更无边。"②

玉树平均海拔在 4200 米以上,在这么高的海拔环境下,尤其在冬季的时候,受高原反应的影响,玉树一些地方的人,他们经常休息不好,从称多县清水河镇干部的讲述中可以体会到他们的亲身感受。

> 夏天七八月没事,到了 10 月以后,连我们都住不习惯,经常睡 4 个小时,有时候熬夜,因为根本睡不着。睡着了好像迷迷糊糊的,你睡上个两三分钟,马上又醒了,又睡两三分钟,根本睡不踏实。冬天一到,长期都是这样。所以 12 月啥都干不了,工程也弄不了。所有的资金该发放的到位了以后,所有的干部,四五个人一组搭配上,一个组 15 天左右,轮流值班。③

玉树土地总面积 26.7 万平方公里,比广西壮族自治区的面积(23.67 万平方公里)还要大 3 万多平方公里。玉树下辖玉树市、治多县、杂多县、称多县、囊谦县和曲麻莱县,共 1 市 5 县。2013 年 10 月,经国务院批准,玉树撤县设市。④玉树县从此变为玉树市,结古镇成为玉树州府和市府所在地。

玉树的历史可谓悠久。公元前 4 世纪时,河湟地区的六支古羌族部落因惧怕秦国,向西迁至青海西南部,即今玉树地区。⑤吐蕃王朝建立之

(接上页)朝犯瘴疠,暮逐水草,深入藏族帐房,访问长老,参阅图志,考察玉树山川风俗,形势要隘,并参考旧时档案,沿用志体,以类排比,写出长达 4 万余字的《玉树土司调查记》,分上下两卷,附《宁海纪行》一卷,后此书称《玉树调查记》。)

① 《西游记》中的通天河是否为玉树境内之通天河,我们暂且不论。只是借用这一段对河流的描写,以说明玉树境内通天河之波澜壮阔。

② (明)吴承恩:《西游记·第四十七回》,人民文学出版 2005 年版,第 572 页。

③ 受访者:男,藏族,称多县清水河镇书记,根据 2016 年 8 月 8 日从称多县城到清水河镇途中小汽车上的交谈整理。

④ 中华人民共和国中央人民政府:《玉树撤县设市,成中国最年轻城市》,2018 年 3 月 7 日,今日中国·图片新闻(http://www.gov.cn/jrzg/2013-10/24/content_2514575.htm)。

⑤ 陈楠:《历史深处的玉树故事》,《人民论坛》2010 年第 13 期。

前，藏族地区有小王 44 个，而今玉树地区正是其中苏毗国的发源地。① 公元 7 世纪，吐蕃征服苏毗，苏毗成为五如②之一的孙波如。朗达玛灭佛后，吐蕃帝国瓦解，孙波如也随着吐蕃王朝的解体而消亡，玉树的藏文ཤུལ་གྱུར།，意思是遗迹之地，正是由此而来。③ 而玉树这一汉语名称可能来自藏文音译，不过"玉树"这一名称，正与称多县拉布乡拉布寺附近"玉树第一棵树"的传说相应，体现此地树的珍贵。藏文中有时也用结古镇指代玉树，结古的藏文是སྐྱེ་དགུ།，汉语意为"众生，一切有情"。抛却该词所含宗教意义不谈，结古镇确为人流会聚之所。据《玉树州志》记载："结古是青海、四川、西藏三地间的重要贸易集散地。清宣统三年（1911 年），结古有商户 200 余家。有山西、陕西、甘肃、西宁、四川等地的商人，也有西康地区以及玉树本地的商人，经营货物不下百种，甚至还有从印度经过拉萨进口的英、德、日、印等国的货物。"④

大多数内地人熟知玉树之名可能还是由于 2010 年 4 月发生的玉树大地震。至今，我们依然可以通过玉树抗震救灾纪念馆来管窥那一次地震的惨烈。同样，我们也能从后文的访谈中简单了解大地震对当地农牧民所造成的深刻影响。玉树属于康巴藏区，因此藏传佛教教派众多，宁玛派、萨迦派、噶举派及格鲁派均有诸多寺院与信众。

> 现州境内有各类藏传佛教寺院 192 座（约占青海省藏传佛教寺院总数的 29.23%），除两派合住寺 13 座和 2 座派系不明寺外，177 座寺院中，萨迦派寺院 22 座，格鲁派寺院 23 座，宁玛派寺院 31 座，噶举派寺院 101 座。⑤

---

① 罗桑开珠：《玉树——古代的藏汉通道》，《中国藏学》1990 年第 1 期。

② 五如，指的是吐蕃政权在青藏高原以及被其征服的汉地所设置的地方行政管理单位，分别是卫如（是吐蕃中心所在地，以拉萨小昭寺为中心），约如（以雅砻昌珠为中心，即今天藏南地区），叶如（以香曲河流域为中心，在今天西藏南木林县境内），如拉（位于今藏南日喀则地区），孙波如（吐蕃征服苏毗之后建立的行政单位，位于今天西藏东北部唐古拉山以南地区）。

③ 罗桑开珠：《玉树——古代的藏汉通道》，《中国藏学》1990 年第 1 期。

④ 玉树藏族自治州地方志编纂委员会：《玉树州志（上）》，三秦出版社 2005 年版，第 85 页。

⑤ 中华人民共和国中央人民政府：《玉树：宗教信仰》，2018 年 3 月 7 日（http://www.gov.cn/ztzl/yushu/content_1581703.htm）。

玉树是三江源生态移民项目所涉地区之一，这一项目涉及玉树、果洛、黄南和海南共4州16县。截至2013年，玉树涉及集中安置移民4446户，安置人数24795人，涉及移民社区33个。[1] 玉树生态移民工程涉及州内1市5县，玉树市内迁出地包括巴塘乡、隆宝镇、仲达乡、安冲乡和小苏莽乡，囊谦县内迁出地涉及毛庄乡、尕羊乡、东坝乡、着晓乡、白扎乡、娘拉乡、吉曲乡和吉尼赛乡，称多县内迁出地涉及扎朵镇、珍秦乡、拉布乡、歇武镇、清水河镇、称文镇和尕朵乡，治多县内迁出地涉及索加乡、扎河乡和立新乡，杂多县内迁出地有结多乡、查日乡、莫云乡、扎青乡、阿多乡和昂赛乡，曲麻莱县内迁出地有叶格乡、曲麻河乡、约改镇、巴干乡和麻多乡。[2]

生态移民工程是生态文明建设的重要内容，党的十八大报告和十九大报告对于生态文明建设都十分重视。党的十八大报告指出"大力推进生态文明建设"的要求，把"生态文明建设"提升到"五位一体"总布局的高度，并提出"美丽中国"概念，之后，全党全国贯彻绿色发展理念的自觉性和主动性显著增强，忽视生态环境保护的状况明显改变。建设生态文明，是关系人民福祉、关乎民族未来的长远大计。面对资源约束趋紧、环境污染严重、生态系统退化的严峻形势，必须树立尊重自然、顺应自然、保护自然的生态文明理念，把生态文明建设放在突出地位，融入经济建设、政治建设、文化建设、社会建设各方面和全过程，努力建设美丽中国，实现中华民族永续发展。[3] 良好的生态环境是人和社会持续发展的根本基础。要实施重大生态修复工程，增强生态产品生产能力，推进荒漠化、石漠化、水土流失综合治理，扩大森林、湖泊、湿地面积，保护生物多样性。[4] 党的十九大报告把"坚持人与自然和谐共生"作为新时代坚持和发展中国特色社会主义的基本方略之一。当前，生态文明建设发展不平衡不

---

[1] 数据来自三江源办公室，转引自李宗远、陈华育《三江源教育生态系列研究报告——关于玉树州藏族移民教育问题的调研》，《青藏高原论坛》2016年第3期。

[2] 同上。

[3] 《胡锦涛在中国共产党第十八次全国代表大会上的报告》，2018年3月8日（http://cpc.people.com.cn/n/2012/1118/c64094 - 19612151 - 8.html）。

[4] 同上。

充分的问题，以及全球气候变化对人类的影响加剧，更彰显了生态环境保护的任重道远。建设生态文明是中华民族永续发展的千年大计。我们必须树立和践行绿水青山就是金山银山的理念，坚持节约资源和保护环境的基本国策，像对待生命一样对待生态环境，统筹山水林田湖草系统治理，实行最严格的生态环境保护制度，形成绿色发展方式和生活方式，坚定走生产发展、生活富裕、生态良好的文明发展道路，建设美丽中国，为人民创造良好的生产生活环境，为全球生态安全做出贡献。① 实施重要生态系统保护和修复重大工程，优化生态安全屏障体系，构建生态廊道和生物多样性保护网络，提升生态系统的质量和稳定性。② 党的十九大报告指出，加快生态文明体制改革，建设美丽中国，并部署了推进绿色发展、着力解决突出环境问题、加大生态系统保护力度和改革生态环境监管体制4项改革措施。生态文明建设功在当代、利在千秋。党的十九大报告对生态文明建设和绿色发展的高度重视，表明我国生态文明建设和绿色发展将迎来新的战略机遇。③

需要说明的是，将本书书名定为《玉树临风——藏族生态移民调查纪实》，是笔者经过一番深思熟虑之后的结果。"玉树临风"一词在《汉语成语辞海》中的解释为："玉树：传说中的仙树。临风：迎风，当风。唐·杜甫《引中八仙歌》：'宗之潇洒美少年，举觞白眼望青天，皎如玉树临风前。'明·朱正权《太和正音谱·古今群英乐府格势》：'张云庄之词，如玉树临风。'梁实秋《孩子》：'哈代有一首小诗，写孩子初生，大家誉为珍珠宝贝，稍长夸做玉树临风，长成则为非作歹，终至于陈尸绞架。'琼瑶《六个梦·旧人记》：'才走进花园，就看到晓晴靠在栏杆站着，在月色之下，她浑身闪发着一层淡淡的光影，白色的衣裳裹着她，如玉树临风，绰约不群。'亦作'临风玉树'。宋·刘克庄《职曹官启》：'恭维某官，承露金茎，临风玉树，随群而入，孰如我之贤劳；直道而行，不计公之喜怒'。"④ （1778）

---

① 本报评论员：《坚持人与自然和谐共生》，《光明日报》2017年11月5日。
② 《习近平在中国共产党第十九次代表大会上的报告》，2018年3月8日（http://www.xinhuanet.com/politics/19cpcnc/2017-10/27/c_1121867529.htm）。
③ 本报评论员：《坚持人与自然和谐共生》，《光明日报》2017年11月5日。
④ 朱祖延主编：《汉语成语辞海》，武汉出版社1999年版，第1778页。

一般辞典中将玉树临风解释为形容人风度潇洒，秀美多姿。其中，"临风"均为迎风、当风之意。而"玉树"一词则词义众多，有七种不同的含义："1. 神话传说中的仙树。2. 用珍宝制作的树。3. 槐树的别称。4. 美丽的树。5. 白雪覆盖的树。6. 南朝宋刘义庆《世说新语·言语》：'谢太傅问诸子侄："子弟亦何预人事，而正欲使其佳？"诸人莫有言者。车骑答曰："譬如芝兰玉树，欲使其生于街庭耳。"'后以'玉树'称美佳子弟。7. 南朝陈后主所作歌曲《玉树后庭花》的省称。"[1] 本书内容由笔者对玉树市称多县查拉沟和清水河镇两个生态移民社区的调查研究构成。用"玉树临风"一词正好对应本书的研究区域，可以让读者对玉树地区产生一种富有想象力的连接。同时，正如上文所说，"玉树"一词所含"神话传说中的仙树"一意正与玉树地区"第一棵树"的传说故事相对应。此故事所蕴含的树在玉树地区的引入、树的珍贵等内涵正合"玉树"一词"美丽的树"之意，且与"用珍宝制作的树"这一词义的象征意涵（珍贵的树）相符合。同时，树在玉树地区的珍贵性也间接表明玉树地区的自然生态环境特点，倒是与"白雪覆盖之树"有某种共通性，表明该地区海拔高之特点。此外，如果将"玉树"一词作为玉树州的简称，将"风"视为三江源生态移民项目这一国家政策之比喻的话，"玉树临风"一词即意为面对三江源生态移民政策的玉树地区。同时，玉树临风一词之本义——形容人的风度，形容人像玉树一样潇洒，秀美多姿（多指男子），正与本书所试图揭示的主旨内容——三江源生态移民政策下藏族移民的生活风貌相符合。"玉树临风"一词也蕴含一种洒脱、从容、镇定、优美的生活态度和民族气质，因而寄予着笔者对三江源藏族生态移民的浓浓期望。2010 年的"玉树大地震"使"玉树精神"成为面对灾难时坚毅不屈和百折不挠之精神的象征，这一精神同样延续在玉树移民面对搬迁所带来的适应困境中。因此，"玉树临风"作为本书正标题，其含义覆盖区域范围、自然环境、传说故事、政策背景、生活态度、民族气质和作者期望等多个方面。

---

[1] "玉树临风"，在线汉语字典，2018 年 10 月 5 日（http://xh.5156edu.com/html5/42122.html 2018/10/5 16：12：39）。

图1　路边生态文明宣传牌

图2　夕阳下的草地与河流

图3 炊烟袅袅的牧民人家

图4 成群结队的牦牛、骑马的牧人与狗

图5 草山上的牦牛如星点缀

图6 路口的五色经幡

图 7　2014 年三江源自然保护区考察

图 8　2016 年三江源自然保护区考察

图9 称多县县境路牌

上 篇

县内搬迁：查拉沟社区生态移民

第 一 章

二赴称多

一 称多县移民概况与查拉沟社区移民类型

2016年暑假，我们第二次前往玉树称多县调研，此行我们先去了黄南同仁县。我们一行三人于2016年7月26日早晨8：40从银川出发，乘坐银川至西宁的长途快客，于当天下午5：00到达西宁，在西宁永昌宾馆住宿一晚，第二天早晨8：40左右到黄南宾馆附近乘坐"钓鱼车"前往同仁县隆务镇，那里有我们的一个调查点。路程不太远，中午11：40左右我们就抵达了隆务镇，在当地进行田野调查时间较长的一位校友接待了我们，并将我们安置在他在田野中结识的一位藏族朋友家里，那也是他在当地的田野报道人之一。午饭之后，他带着我们拜访了两位吾屯的唐卡艺人，简单参观了他们的画室和唐卡作品，并了解了一些他们对唐卡产业的看法。因为下午有"六月会"①，村里的不少男性都要参加，所以我们也跟着去参观这一年一度的盛会。举办"六月会"的地点在村子里一片较宽敞的空地上，附近的几个村子是按时间轮流前来表演的，7月27日、28日这两天轮到了吾屯。吾屯是隆务镇东7公里处的一个不大的

---

① 《热贡六月会》，2017年4月9日（http：//baike.baidu.com）。（热贡六月会是青海同仁县藏族、土族村庄特有的传统文化节，已流传1400多年。每年农历六月，热贡地区的广大藏族、土族村庄都要举行当地民间祭祀活动。这是一种原始宗教氛围浓烈、文化形态与文化内涵复杂而丰富的人文现象。它包括祭神、请神、迎神、舞神、拜神、祈祷、送神、军舞表演、神舞表演、龙舞表演等内容，是一个热贡地区藏族、土族共同参加的盛大的宗教性节日。舞蹈活动在这一盛大的宗教性节日中自始至终起着支撑的作用。2006年5月，青海省同仁县申报的热贡六月会经国务院批准列入第一批国家级非物质文化遗产名录。）

庄子,那里有很多民间艺人,擅长画唐卡。① 各村是以"措哇"(部落)为单位出演的,有山神、山神侍卫、仪仗队等,空地中心摆着煨桑台,空地三面围满了来观看的群众,以及举着各式照相机的游客,不少摄影者身穿"中国摄影爱好者协会"的红马甲,甚至还有不少外国人在现场观看和拍摄。"六月会"期间,吾屯上下庄几乎个个家门紧闭,人们都来观看或跳"六月会"了。这个时候,村子旁边的寺院也闭关了,据说,一位僧人曾言这是为了将信仰空间让位于神。其实,通过观察,感觉"六月会"跳神很有些萨满信仰的特点。7 月 27 日和 28 日我们都在吾屯下庄看"六月会",其间,还听说了许多"六月会"祭祀活动中"山神"伤人的奇谈怪论。29 日和 30 日我们则在位于黄南州同仁县隆务河谷地,距黄南州政府、同仁县政府驻地隆务镇 2 公里左右的名为"三江源"的生态移民村做调查,从隆务镇打车到三江源村只需花费 5—6 元,有一段土坡路,不太好走。去村子的土路两边,附近有一个看守所和污水处理厂,似乎在证明村子的偏僻。村子有 4 条街道,共 8 排房子,看起来很整齐,但房子和道路都显得很简陋。村子里的人家不太多,听说搬来 125 户,现在只住着 25 户左右,其他人都搬回迁出地泽库县了。搬走的 1 户人家,院墙倒塌、大门生锈,透过低矮的院墙可以看到院子里茂盛的杂草、不太大的三间房屋和空荡荡的院落。留下的人家,院墙砌得很高,大多换上了油漆的铁门,院子里修整得干干净净。这个村子处于同仁县年都呼乡和泽库县管辖的双重边缘,于本地人来说,他们因是移民村而不受重视;于泽库县来说,他们已经脱离泽库县的行政关系,不再属于那里。他们似乎成了一群没有归属的边缘人。但同时,他们对于生活的要求并不高,仅仅是希望这里有个正常村子的样子,可以有整洁的街道、

---

① 《吾屯》,2017 年 4 月 9 日 (http://baike.baidu.com)。(吾屯分为上庄寺和下庄寺,与年都呼寺、郭么日寺、卧科寺并称"隆务四寨子寺",该寺是收藏热贡艺术品最集中、最典型的寺院,许多热贡艺术精品存于该寺。吾屯下庄寺亦称"森格兄下寺",藏语称"格丹彭措曲林",意为"具善圆满法洲",位于隆务镇东 7 公里的吾屯下庄东侧。吾屯下庄寺僧亦擅长绘画、雕塑,现有画师 20 多人。1982 年,该寺重塑弥勒殿中弥勒佛像,佛身高大,嵌有各种珠玉宝石,充分显示了吾屯艺人们的高超技艺。吾屯上庄寺亦称"森格兄上寺",藏语称"华丹群觉林",意为"吉祥法财洲",位于同仁县隆务镇东 7 公里的吾屯上庄东侧。吾屯上庄寺被誉为"热贡艺术学校",寺僧擅长绘画、雕塑,数百年来出过不少高手名家。目前,寺内有较出名的画家 22 人,全国著名的老画家夏吾才让先生早年即在此出家为僧、学画成名的。)

畅通的水电、安稳的秩序，以及表达诉求的"地方"或解决问题的"管理者"。这些朴素的要求，与三江源生态移民工程的投资相比，是多么可望而不可即的数字，明显形成了较大的落差。

在同仁并没有停留太多的日子，我们在跨县移民的"三江源村"做了两天调查，之后的详细调查则由课题组其他成员负责完成。7月31日上午，匆匆考察了隆务寺之后，我们就起身前往下一个调查区域——玉树。原本三人的团体，因为其中一位成员身染微恙，还在吃药，不宜去高海拔地区，于是去海拔相对较低的泽库县田野点——和日生态移民村，协助另一位成员进行田野调查。剩下笔者一行二人从同仁宾馆附近坐"钓鱼车"赶往西宁，宾馆附近有很多来往于西宁和同仁的汽车，因为大多是私家车，所以俗称"钓鱼车"。一到附近就有很多司机抢着拉拽你上车，生怕被其他司机抢走了生意。当然，这也为出行的人提供了诸多便利。

到西宁当天（7月31日），我们就从西宁出发，乘坐下午5：00开往玉树的长途汽车，汽车是卧铺，非常狭窄和拥挤，那仅容一人勉强躺卧的位置的确使人分外难熬。旁边躺着一位在玉树做生意的中年人，相互询问中双方渐渐熟络。出发时我们携带了不少防治高原反应的药物，这位中年人根据自己常年在外的经验给予了我们一些善意的提示，安慰我们不必担心。起初我们还沉迷于沿途的景色，但随着汽车一路行驶，疲劳逐渐袭上心头。长途汽车行驶到半夜2：00时停下了，这时早已进入藏区，司机需要休息，以养精蓄锐，安全驾驶，我们停宿的地方是海拔将近4300米的花石峡站。于是乘客们和司机一样，下车方便后，便又回到卧铺车上夜睡休息，三个小时后又准时出发了。到6：00左右的样子，天蒙蒙亮时，我们路经巴颜喀拉山口——4824米的海拔高度，透过封闭的车窗玻璃，又看到了巴颜喀拉山口连接公路两边悬挂的五彩经幡，路边空阔的草地上停着一辆小轿车，那里有祭祀的人群，几个人正在那里撒风马，走过这里，一首让人担惊受怕的高原反应并没有出现在我们身上。同行的学生熟睡，不忍惊扰叫醒，巴颜喀拉山口便在学生打瞌睡的时候悄然远去，于学生没有任何直观体验，只能感慨惋惜。

西宁距玉树州约793公里，汽车于第二天早上8：00到达玉树汽车站——玉树州府所在地结古镇，总计行驶了15个小时。车站早已有接车的师傅伊西在等待我们，马不停蹄，刚下长途汽车，我们又乘坐伊西师傅的小轿车一路赶往称多县城。途中路过三江源纪念碑，我们便顺路在此略做停顿，并与几位来自南方的游客相遇，众人一起与看守公园的僧人合影，以做纪念。第二次来到这里，感慨颇多！在长途卧铺车上日夜兼程，又一次经过玛多来到称多，经停"三江源"，一览通天河，虽然满怀担忧，夜行疲劳，总体上还是比较愉悦的。

还清晰记得2014年8月下旬的一天，我们一行三人从果洛州玛多县城前往玉树州称多县时第一次从巴颜喀拉山口经过，那时得知我们要去称多时，给我们担当翻译的一位双语警察真挚地予以告诫，"别去了"。因为从玛多前往称多，必须经过巴颜喀拉山口，他说头一年（2013年），一个13岁的小女孩从那里经过时，由于高原反应，在长途汽车上直接死了。我们并未言听计从，一人带着一个约1尺长短的氧气瓶，还是按原订计划出发了，结果有惊无险，不虚此行。

长江源区干流通天河是玉树市和称多县的界河，在交界的通天河大桥旁矗立着三江源纪念碑。由花岗岩雕成的纪念碑，碑体高6.621米，象征长江正源地格拉丹冬雪峰6621米的高度；纪念碑基座面积363平方米，象征三江源36.3万平方公里的面积；基座高4.2米，象征三江源4200米的平均海拔；碑体由56块花岗岩堆砌而成，象征中国56个民族；碑体上方两只巨形手，象征人类保护"三江源"。碑体正面有原中共中央总书记江泽民亲笔题写的"三江源自然保护区"八个大字。碑体背面是由原全国人大常委会副委员长布赫撰写的碑文。整个纪念碑造型美观，寓意深远，气势宏伟。三江源自然保护区纪念碑于2000年8月19日正式落成揭碑，它标志着三江源自然保护区的正式成立。①

从玉树汽车站驱车两个小时便到达称多县城，县城所在地为称文镇，我们落脚在距称多县政府不远的雪域宾馆，老板是一户藏族人家，只有一个女儿会汉语。和称文镇政府的有关人员迅速接洽后，当天我们便开始了位于称文镇查拉沟社区生态移民的田野调查。

---

① 称多县志编纂委员会：《称多县志》，内部资料，2016年，第264页。

（一）称多县移民概况

称多县地处青藏高原东部，青海省南部，玉树藏族自治州东北部，即北纬32°53′30″—34°47′10″，东经96°02′36″—97°21′24″。县域北部与果洛藏族自治州玛多县为邻，西北至西部与曲麻莱县接壤，南部与玉树县隔通天河相望，东部与四川省石渠县毗邻。东西长160公里，南北宽209公里，县域总面积约1.53万平方公里，占到整个玉树州总面积的7.8%，占整个青海省的2.2%。全县平均海拔4500米，空气含氧量只有海平面的40%—60%。是国家江河源自然保护区县之一。巴颜喀拉山脉横贯北部，通天河从西南部流过，成为称多县与玉树县①的自然分界线。黄河的南源卡日曲的支流之一拉浪情曲，以及长江的重要支流之一雅砻江上游扎曲，都发源于称多县北部群山中，故称多县堪称江河源头地区之一。全县辖称文镇、歇武镇、清水河镇、扎朵镇、珍秦镇、尕朵乡、拉布乡5个镇2个乡和赛河工作站，共57个村（牧）委会，251个农牧业生产合作社。总人口6.023万，其中藏族占98%以上。县人民政府所在地为称文镇。

据史书记载，元朝著名帝师八思巴曾在尕哇域讲经说法。当时从四面八方聚集在此聆听教诲的僧俗多达万人，"称多"由此得名，称多为万人聚集之意。称多，古为羌地。魏晋南北朝属苏毗国，唐为吐蕃辖地，元属"朵甘"地域，隶吐蕃等路宣慰使司，明属朵甘思宣慰使司，明末清初属和硕特蒙古政权辖地，后归钦差总理青海蒙古蕃子事务大臣衙门管理，民国初隶青海办事长官和西宁镇总兵，旋改隶蒙蕃宣慰使和甘边宁海镇守使，民国六年（1917年）属玉树理事，后归玉树县辖，民国二十六年（1937年）由玉树县析置称多县。②

称多县地势由西北向东南逐渐倾斜，北有起伏不大的昆仑山中支巴颜喀拉山，横亘北方，为长江与黄河的分水岭，主峰5267米，奔腾不息的通天河水自西向东流去，历来为一道天然屏障。南为通天河。西南由

---

① 1929年始设玉树县，县政府驻结古镇。1952年沿旧制设立玉树县，2013年7月3日，撤销玉树县，设立县级玉树市。

② 称多县志编纂委员会：《称多县志》，内部资料，2016年，第3页。

于通天河及其支流的下切作用，起伏很大，形成高山深谷。中部地势较为平坦，低山与丘陵相同。全县海拔最低点在直门达通天河水面，为3524米；最高的是赛航山，高达5500米，海拔4800米以上的高山常年积雪。称多县多山，间有滩地。境内较大的山有巴颜喀拉山及加浪拉，为通天河及扎曲河的分水岭，肖格尕当拉、加吾沙格拉、喀拉鲁那（长江与黄河分水岭）等，滩地有卡那滩、茸陇滩、多涌滩、具敏滩等。县境内地层以中新生代早期为主，地质构造比较复杂。称多县交通区位良好，地处玉树州东大门，214国道纵穿境内。境内主要河流有通天河、扎曲河、德曲河、细曲河、多曲河等，河流密布，河床落差大，水利资源丰富，全县水利资源总量达26.25亿立方米，水能蕴藏量152万千瓦，可开发量115万千瓦。全县森林面积212.2万亩，森林覆盖率9.7%。乔灌木种类主要有青杨、旱柳、大果园柏、云杉、高山柳、百叶香杜鹃、高山绣线菊和金露梅等。野生动植物资源繁多，有著名的冬虫夏草、川贝母、红景天、大黄和藏茵陈等200余种野生植物。野生动物80余种，其中以白唇鹿、马麝、雪豹、猞猁、高原羚等著称。

称多县气候属青藏高原气候系统。处于我国亚热带气候边缘，深居内陆，地处高原，大部分地区海拔在4000米以上，由于受印度洋西南季风和太平洋东南季风控制，水汽充足，比较湿润。但因地形复杂，气候差异大，气温日较差大，年较差小，全年只有冷暖季之别，无明显的四季之分。暖季气候凉爽，雨水较多，太阳辐射强，日照时间长；冷季寒冷，风大。独特的地理环境形成了称多县的资源优势。境内地域辽阔，草场广袤。全县草原辽阔，在可利用草场面积中，冬春草场面积为1873.2万亩，占全县总面积的81.4%，理论载畜量178万头只。全县耕地面积5.58万亩（含退耕还林地2.4万亩），属河谷地开垦而成。农作物种类主要有青稞、小麦、马铃薯、油菜、蔬菜等。县境内有零星冬虫夏草产区，年产500公斤左右，虫草采集已成为当地农牧民经济收入的主要来源之一。[①]

根据称多县三江源办公室提供的资料，称多县共有五个生态移民工程，分别是2003年投资建设的清水河生态移民工程，2004年投资建设的

---

① 称多县志编纂委员会：《称多县志》，内部资料，2016年，第3—5页。

扎朵生态移民工程，2006年投资建设的珍秦生态移民工程，2008年投资建设的拉布生态移民工程和2010年投资建设的称文生态移民工程。其中称文镇生态移民主要在查拉沟社区，各项工程的具体安置情况如表A1—1所示。

表A1—1　　　　　　称多县生态移民工程安置基本情况

名称	起始时间	安置人口	投资金额
清水河生态移民工程	2003年	387户1610人	1531万元
扎朵生态移民工程	2004年	137户594人	475万元
珍秦生态移民工程	2006年	224户810人	896万元
拉布生态移民工程	2008年	184户1039人	988万元
称文生态移民工程	2010年	620户3498人	2798万元

(二)　查拉沟社区移民类型

称文镇地处称多县西部，距青海省会西宁市750公里，距玉树州府所在地结古镇124公里，距西藏自治区拉萨市1521公里，距四川省省会成都1161公里，是称多县的政治、经济、文化中心。[①] 称文镇下辖上庄、下庄、雪吾、松当、白龙、岗察、拉贡7个村（牧）民委员会。[②]

称文镇查拉沟社区居委会成立于2009年8月，查拉沟社区常住人口是来自称多县称文镇、拉布乡、尕朵乡三乡/镇的生态移民搬迁户。查拉沟社区地处称多县政府驻地称文镇中心地段——称多县政治、经济、文化中心，管辖面积达5600亩。东至环城幸福路，西至称文镇查拉大道，南至幸福北路，北至环县路。称文镇查拉沟社区，早晚温差较大，春季风大，夏季温和多雨，秋季凉爽，冬季较长。总的气温偏低，年平均气温-1.6℃，无霜期较短，93—126天。平均海拔3800米。称文镇常住居民651户、总人口约2330人，其中男1250人，女1080人，劳力1802人，55岁以上及16岁以下为1750人左右（见图A1—1）。

---

① 称多县志编纂委员会：《称多县志》，内部资料，2016年，第3页。
② 同上书，第115—116页。

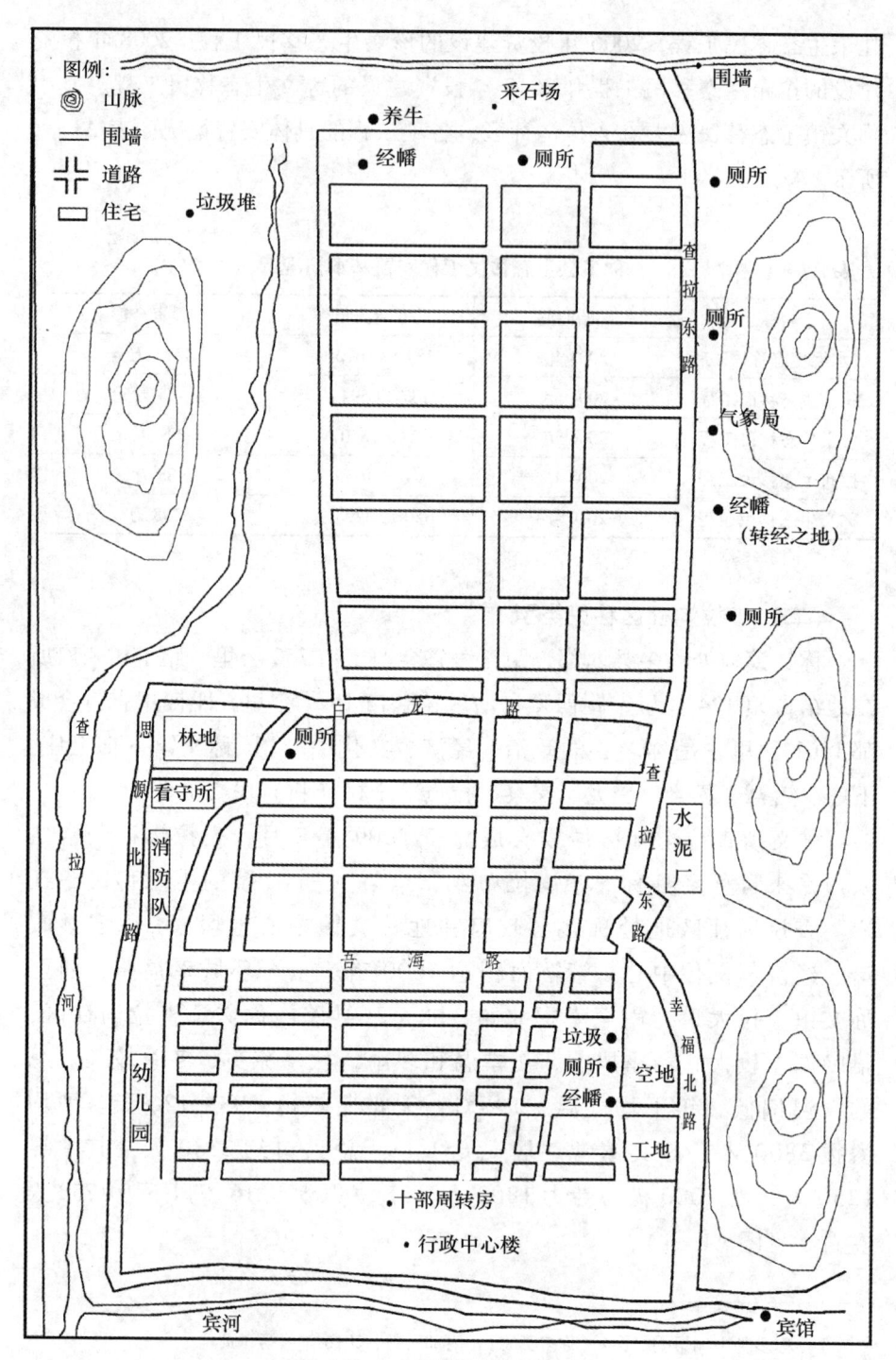

图 A1—1　查拉沟社区示意图

我们的住处距查拉沟社区三四公里的路程，为了方便调研，称文镇政府派查拉沟社区主任久卓嘎大姐和镇政府工作人员才仁扎西担当我们的翻译。8月2—5日，我们一直在查拉沟社区进行访谈。当地的工作时间从上午9：00开始，我们每天早晨7：00左右起床，8：00出门吃早餐。8：00的时候，县城街上大部分店铺都没有开门营业，只有三岔路口附近一家卖粉汤的人家与其旁边卖馒头的店铺开张，所以大部分时候我们在那里吃粉汤，有时候也在扎西路上一家店里吃韭菜盒子、喝粥。中午在扎西路上一家川菜馆吃饭，老板是四川人，服务员则是本地一位叫卓玛的小姑娘。晚餐则在县医院附近一家名为"鼎顶牛肉面馆"的餐厅吃拉面，量大味好，与内地的拉面不尽相同。

访谈中有时会遇见一些很有趣的人和事，比如在下文将谈及一位当过村长的名为千才的老党员，再比如秋英才藏等。此外，另有一位年轻的母亲，是两个孩子的继母，她为了丈夫以及丈夫和前妻所生的三个儿子，多年来没有生育的打算，好不容易怀孕了，却因为不注意而夭折。满心不解的她向活佛求助，于是活佛劝她搬到这里，这里可以使她的生活好起来，因而她就听从活佛的建议搬到了这里。藏族同胞的这种类似的关于命运的观念并不仅仅体现在这一个故事中，笔者在访谈中还遇见一位40多岁的中年人，但他已经是一个一两岁的小女孩的爷爷了。小女孩的父亲外出打工，爷爷就常年帮着照看孙女。有意思的是，这位小姑娘与笔者之一非常亲近，不论他牵她的手还是抚摸她的小脸蛋，她都会开心地笑出声，还会把手里的玩具主动给他玩。但是，当旁边的久卓嘎大姐抚摸小女孩的时候，她会立刻大哭出声，更不愿意把自己的东西与她分享。于是她的爷爷和久卓嘎大姐一致认为这个小女孩和他命中注定有缘分，详细询问中才发现小女孩父亲的属相与他相同，于是更加深了他们的这一看法。甚至还举出附近其他村子有小孩一出生就会说话等奇异事件来佐证类似的事情并不奇怪。

按照生态移民迁出地的不同类型，可以将地处称文镇查拉沟社区的生态移民划分为三个种类，即来自牧区的移民、来自半农半牧区的移民和来自农区的移民。我们将移民及其迁出地列表如下，可以清晰地看到这三种类型（见表A1—2）。

表 A1—2　　　　　　　　生态移民迁出地的三种类型

姓名	迁出地	迁出地类型
扎西昂加	称文镇宋当村	农区
永阳	称文镇拉贡村	农区
元配	称文镇岗茸村	半农半牧区
卓玛	尕朵乡卡吉村	半农半牧区
白马才旦	尕朵乡卡茸村	牧区
角嘎	拉布乡吴海村	牧区
更求代西	拉布乡郭吴村	半农半牧区
××	尕朵乡卡茸村	牧区
扎西求将	尕朵乡卡茸村	牧区
索南	拉布乡拉司通村	半农半牧区
索昂吾周	拉布乡得达村	农区
白马卓尕	拉布乡达哇村	半农半牧区
江永昂布	尕朵乡卡茸村	牧区
扎西	尕朵乡卡茸村	牧区
当正	尕朵乡科玛村	牧区
智美	尕朵乡布由村	半农半牧区
江才	拉布乡吴海村	牧区
才仁求真	称文镇岗茸村	半农半牧区
更多	称文镇上庄村	牧区
白军元旦	称文镇阿多村	半农半牧区
昂文巴毛	尕朵乡卡吉村	半农半牧区
拉毛松毛	尕朵乡科玛村	半农半牧区
土登嘎松	尕朵乡岗由村	牧区
才仁拉毛	尕朵乡卡吉村	半农半牧区
且措	尕朵乡卡吉村	半农半牧区
卓才	尕朵乡岗由村	牧区
扎西代吉	称文镇宋当村	农区
罗松	拉布乡拉达村	半农半牧区
千才	拉布乡拉达村	半农半牧区
秋英才藏	拉布乡拉达村	半农半牧区
元旦松包	拉布乡拉达村	半农半牧区

在我们访谈的31位村民中，来自农区的村民有4位，占访谈总数的12.9%，来自半农半牧区的村民有16位，占访谈总数的51.6%，来自牧区的村民有11位，占访谈总数的35.5%。也就是说，大部分被访者是来自半农半牧区的。那么不同迁出地的移民，他们在移民社区的生活适应性究竟有何特点？我们可从受访者的一些叙述中加以了解。

案例1：元配是一位老迈的男性，他是藏族人，从小在称文镇岗茸村长大，那里属于半农半牧区，靠放牧和种青稞过活。2011年他以25000元的价格从尕朵乡一户人家的手里买到了现在这处房产。岗茸村主要种植青稞和洋芋，似乎对这些从小相伴的农作物有着特殊的感情，这位67岁的老人现在还经常自己骑摩托车回岗茸村种地。说起种地，老人一边感慨种地之辛苦，一边也欣喜于耕地机械化带来的便捷，"还是种地辛苦，耕地的话每年要种四次，用牦牛拉。现在耕地比较轻松，国家发了播种机，都是机械"。

  笔者：种地辛苦还是放牧辛苦？
  元配：最好的还是半农半牧，没牛羊可以种地来养活自己。
  笔者：来自农区、半农半牧区、牧区的这三种人，哪种人更适应搬迁后的环境？
  元配：半农半牧区来的人更适应这里的环境，适应能力强，经验丰富。
  笔者：这三种人，哪一种适应能力最差？
  元配：不能说哪个是最差的，要看个人的智商。举个例子：一个放牧的家庭打算搬到县城，有牛羊卖4万块钱，到县城有智商的话，开个小卖铺，或给别人放利息，有收入。有些人有4万块钱，出去吃喝拉撒、赌博，钱就没了，这就要看户主的品德。看品德，有些打麻将、乱喝酒的就不行。（元配，男，67岁，藏族，2011年从称文镇岗茸村半农半牧区搬来）

案例2：更求代西是一位46岁的藏族女性，她的户口在拉布乡郭吴村，丈夫比她年长1岁，户口在珍秦镇。丈夫算是入赘，从珍秦镇"嫁"到了拉布乡，结婚后他们夫妇一直住在珍秦镇，租借学校的房子居住。

> 笔者：农区、半农半牧区、牧区来的三种人，哪种人适应能力强？
>
> 更求代西：半农半牧区来的人吧，这种人适应能力最强，无论种田还是放牧，全方位了解比较多，来这里容易适应。
>
> 笔者：农区、牧区比较呢？
>
> 更求代西：农区的适应能力好一点，因为农区大部分在城镇附近，所以对城镇附近的人了解比较多，牧区的人大多在山上，或在牧场上，和城里人接触非常少。
>
> 笔者：农区、半农半牧区、牧区来的三种人有什么特点？
>
> 更求代西：不好说，说不上。（更求代西，女，46岁，藏族，2011年从拉布乡半农半牧区搬来）

入赘婚这种婚姻形态是青海藏区较为常见的现象，笔者在调查中所遇到的这类情况不止一例，除了更求代西一家人之外，还有卓才一家。众所周知，在中国的宗法社会中，入赘婚往往遭人轻视，社会地位极低，因为人们普遍认为只有那些家境贫困、无力筹措彩礼或身有某种生理缺陷的男子才会"倒插门"。然而在青海牧区，藏族的入赘婚被视为一种正常的婚姻形式，入赘婚的家庭地位和社会地位与其他已婚男子的地位相等。周围人对于入赘婿本人也无任何歧视性看法。而在家庭财产的使用、分配及继承问题上，也与家庭其他成员有着同等的权利。①

《青海风土记》中对于青海民族②的入赘婚有简略记载，可为我们提供对于这一婚姻形式的大致了解：

> 青海人性情强悍，喜饮酒，好杀人；杀了人绝不偿命，不过赔赔命价。因是倾家荡产的不计其数。但做这些事的，都是男子，女子是决（绝）没有的。又，男子游手好闲，不做生产事业；生产事

---

① 周华：《藏族简史》（藏文版），民族出版社1995年版，第36—190页。
② 《青海风土记》中，作者杨希尧在扉页后的一张土人妇女的照片旁题道："青海民族复杂，约别之为汉回蒙番土五族。"但纵览全书，作者所言之"青海民族"主要为番族，即今所言之藏族。这一点也可从周希武为该书所作的序中看出。

业，认为是女子的天职。所以他们有了女子，不愿叫她出门；生了男子，千方百计总叫他脱离家门，免得惹祸招灾。青海盛行赘婚，全是这个原因。赘婚，便是女子招个男子做她的丈夫。男子出去，又给他家女子做丈夫。这样一来，赘婚就没有处分财产的权限，仰着老婆的鼻息，过他的日子，不轻易生事，财产就保得住了。至于结婚的仪式，不过不送聘礼罢了。[①]

除了家庭经济方面的原因外，造成入赘婚现象的另一个重要原因是女方家庭无男性后代或者缺乏男性劳动力。更求代西一家和卓才一家并不是同类型的入赘婚。更求代西与其丈夫皆是藏族人，而卓才的丈夫是青海湟源县的汉族人，如果说前一种是族内入赘婚，后一种则是族际入赘婚。族际入赘婚中的入赘婿往往是来藏区打工的汉族，社会地位较低，家庭经济情况薄弱，婚后随女方生活在藏区，有些人甚至在牧区长期生活，姓名改成了藏名，民族也改成了藏族，甚至周围的人都认为他是藏族。

案例3：索南是一位30岁的藏族青年，他初中毕业后即在西宁参军两年，之后一直在称多县执法大队上班，虽然是临时工，但一月650元的工资还是为家里提供了一笔可观的资金。他的老婆叫昂我求真，32岁，是访谈中少有的高中毕业生。2010年搬迁之后，老婆在称多县文乐学校当厨师，也算是一份较为稳定的工作。

笔者：农区、半农半牧区、牧区来的三种人，哪种人适应能力强？

索南：半农半牧区来的人好一点，耕地也懂，放牧也懂，虽然来这里耕地、牧场什么也没有，但生活上的经验，半农半牧区来的人了解得多。要是牧民的话只懂放牧，农民的话只懂耕地。

笔者：农牧对比呢？

索南：农民的话，适应能力好一点。像牧民的话，牛羊没了，

[①] 杨希尧：《青海风土记》第10卷，新亚细亚学会，1933年，转引自丁世良、赵放主编《中国地方志民俗资料汇编（西北卷）》，北京图书馆出版社1989年版，第269—270页。

只剩草地，现在回去肯定（要）买些牛羊，没钱了；耕田的话，现在他们不种地，地还在，回去还可以种。买牛羊贵，买种子还是比较便宜的。（索南，男，30岁，藏族，2010年从拉布乡拉司通村半农半牧区搬来）

案例4：扎西今年（2016年）52岁，老婆48岁。夫妇俩搬迁前在玉树州上打工，原本有两个女儿，结果玉树地震时19岁的大女儿不幸去世，只剩下一个15岁的二女儿。之前他们一直在州上租房子住，扎西靠给别人画壁画挣钱，老婆则长期病着，地震后移民社区房子一建好他们就搬过来了。

笔者：农区、半农半牧区、牧区来的三种人，哪种人适应能力强？

扎西：耕地的好一点，牧民的话不会耕地，耕地的到这儿来，干活搬个石头，稍微适应一点，牧民不会干。（扎西，男，52岁，藏族，从尕朵乡卡茸村牧区搬来）

案例5：智美是一位68岁的老人，他现在和他18岁的儿子相依为命。他的经历既让人感慨又令人钦佩，尤其对那些不熟悉藏文化的人来说，他的做法会让人觉得甚难理解。尕朵乡布由村距查拉沟移民社区有八九十公里的路程，那里是半农半牧区，智美老人之前就在那里生活。以前他有四五十头牛，生活虽算不上富裕，但也过得知足。后来，儿子刚出生老婆就去世了，于是他把家里的牛羊和草地全都捐给了寺院，目的只是给去世的老婆祈福和超度。没有了草地和牛羊，生活该怎么办呢？搬迁之前，他一直带着儿子乞讨，有时候也到亲戚朋友跟前要些吃的。当我们问他为什么没有再找一个媳妇时，他这样回答："再找一个，尕娃怎么办？如果再找一个，找个继母，不知道继母对儿子怎么样。"

笔者：三种人（农区、半农半牧区、牧区来的人），哪种适应能力强？

智美：都一样，都是重新开始，如果一天坐在家里不出去干活，

怎么成事情？在这儿生活刚开始。（智美，男，68岁，藏族，2010年从尕朵乡布由村半农半牧区搬来）

案例6：江才是一个裁缝，他是两个孩子的父亲。搬迁前他和老婆忠德文毛已经在吴海村生活了7年，为了方便孩子们上学，他们卖了仅有的十几头牛来到这里。他们的大女儿现在6岁，在县城幼儿园上学。现在他们一家人靠江才的缝纫技术挣着微薄的收入，同时期盼着能开一家自己的缝纫店。

笔者：三种人（农区、半农半牧区、牧区来的人），哪种适应能力强？

江才：牧区和农区相比的话，牧区的稍微好一点，牧区的话挤个奶自己够用了，剩下的钱自己可以存，农区的光种地，半农半牧区的最好。牧区的想当个农民就不会生活了，农民到牧区也不会生活，半农半牧区的人到哪里都能适应。（江才，男，47岁，藏族，2010年从拉布乡吴海村牧区搬来）

案例7：拉毛松毛一家是2015年从尕朵乡科玛村搬来的，搬来的目的主要是方便两个孩子上学。但是，老公因为挖虫草时摔了一跤，左臂折伤了，暂时没什么工作，她自己也因为身患疾病而只能待在家里，一家人的收入全靠挖虫草。

笔者：农区、牧区和半农半牧区，你觉得哪个更好？

拉毛松毛：牧民好，青稞多，有牛羊；农民好相处，农民干活比较闲，牧场风吹雨打。（拉毛松毛，女，43岁，藏族，2015年从尕朵乡科玛村半农半牧区搬来）

案例8：土登嘎松和妻子都没有上过学，他们之所以愿意从尕朵乡岗由村搬来，很大一部分原因是为了孩子上学。他们家有三个孩子，一个男孩、两个女孩，男孩12岁，在上六年级，两个女孩，一个在上五年级，另一个在上一年级。他们一家搬来这里已经五年了，搬迁后家里收入全靠挖虫草，每到挖虫草的季节，往往是全家人一起出动。

笔者：农区、牧区和半农半牧区三个地方，哪里好？

土登嘎松：半农半牧好，有牛羊，有耕地，（我）没种过地，看着知道，人家种过我知道。青稞四月种，九月收。（土登嘎松，男，38岁，藏族，2011年从尕朵乡岗由村牧区搬来）

案例9：才仁拉毛是一个"90后"，21岁，她在南昌司法警官学院上大学二年级。2013年从尕朵乡卡吉村搬来的这一家人，和移民点上大多数人家一样，靠挖虫草挣钱。每年挖虫草的时候，她都得请假回来和家人一起去挖虫草。

笔者：农区、牧区和半农半牧区三种区域，哪种好？

才仁拉毛：牧区很累，农区不好——穷，半农半牧区（属于）中间。牧区牛羊特别多，可以雇人，不用（自己）干。

笔者：这三种地方的人，哪里的好相处？

才仁拉毛：不知道，只要是藏族都好相处，本地最好相处。（才仁拉毛，女，21岁，藏族，2013年从尕朵乡卡吉村半农半牧区搬来）

笔者：三种地方，哪个好？

且措：牧区好，有牛羊肉，啥都有。

笔者：农区、牧区和半农半牧区来的三种人，哪里的人好相处？

且措：和州上比，这里的人好相处，这里的人热情。（且措，女，30岁，藏族，2012年从尕朵乡卡吉村半农半牧区搬来）

案例10：卓才是一位40岁的藏族女性，她的老公是汉族。他们一家2009年从尕朵乡岗由村搬到这里，她和她老公是在青海湟源县认识的。现在他们已经有了一个7岁大的孩子。

笔者：农区、牧区和半农半牧区三种地方，哪个好？

卓才：不知道。

笔者：从这三种地方来的人哪个好相处？

卓才：农民好相处，没有草山纠纷，啥都没有，牧区听说过有（有过纠纷）。（卓才，女，40岁，藏族，2009年从尕朵乡岗由村牧区搬来）

案例11：罗松是一个29岁的年轻藏族小伙，但他已经是3个孩子的父亲了。他觉得可能是命运的缘故吧，他上到了小学六年级就因为学习不好而不再上学了。他现在住的房子是属于父母的，他的父母一辈子住在牧区，不习惯在城市里生活，于是房子就由他们住着。罗松的经历也十分有特点，他在6岁的时候就出家当僧人了，一方面是他自己的想法，另一方面是家里人也劝说他当僧人的各种好处。僧人当了三年，虽然罗松自己感觉挺好，可是依然觉得没有当僧人的天赋，于是就还俗了。从他的话语里透露出，他之所以认为当僧人好，很大原因是寺院比牧区轻松得多。因此，他现在觉得还俗后很后悔，觉得自己没有当僧人的福气。

笔者：农区、牧区、半农半牧区，哪里的人好相处？
罗松：牧区的人好相处，单纯、天真、善良。
笔者：哪里的人适应性强？
罗松：牧区的人，可能是吃苦吃多了，有经验。遇到事自己解决，心胸宽阔。（罗松，男，29岁，藏族，2015年从拉布乡拉达村半农半牧区搬来）

案例12：千才是一个76岁的藏族老人，2009年他从拉布乡拉达村搬来，几乎是移民点的房子一分他就搬过来了。他是一个老党员，以前在村子里当过领导，他自己说他当社长①当了26年，村长当了32年，年轻的时候还当过兵，抬担架的。1958年，内地部队途经这里去拉萨，他就跟着部队走了。现在他一个人生活，没有人照顾。他和妻子在1983年或是1984年的时候就离婚了，据他说是由于两个人感情不和，整天吵架，

---

① 农村经济合作社（也被社员称为"生产队"）的领导人被称为社长，也称作"生产队长"，通过社员投票选举产生，由村所辖。

所以妻子自己走了，之后她就过世了。他的儿女不常来看他，孩子们当初都跟母亲走了。他有7个孩子，其中4个男孩、3个女孩，有当僧人的，有当尼姑的，剩下的不是嫁人了就是娶媳妇了。他说他有两个儿子在土登寺①当僧人，还有两个女儿当尼姑，另外有一个儿子是个大夫，还有一个则在学校打工。他认为这都是孩子们自己的选择，他记得离婚的时候最小的孩子是18岁。他对孩子们的记忆停留在离婚之时，至于孩子们之后的状况，他一无所知。

笔者：农区、牧区、半农半牧区，哪里的人好相处？

千才：农民好相处，农民单纯热情，牧区气候太冷，生活在那里冻死了，各有各的好。

笔者：适应能力哪个更强？

千才：还是农民，他们对气候适应好。（千才，男，76岁，藏族，2009年从拉布乡拉达村半农半牧区搬来）

案例13：QYCZ②是一位属虎的藏族女性，她和老公搬来这里不到两年就离婚了，两个孩子都留给了她，丈夫跟另外一个女人走了。她和丈夫属自由恋爱，两人没有正式结过婚也没有领过结婚证，因为她的父母并不看好那位未来的女婿，所以既不允许他们结婚更不会分给他们财产。但是这位勇敢果决的姑娘那个时候并没有听从父母的意见，两人相爱并生活在了一起，生米煮成熟饭，父母再也管不了他们了。说到这里的时候，QYCZ满是悔恨，她觉得现在后悔也来不及了，她怨恨丈夫不为孩子们着想，为了一个女人竟然抛弃了整个家庭。她说丈夫以前从没找过工作，整天只知道打台球。她似乎是想通过这一事件来说明丈夫本就不是一个品行良好的人，只是她没有早早认识到这一点。更有意思的是，那时候她的哥哥跟一个女人离婚了，就是这个女人勾引走了QYCZ的丈夫，

---

① 土登寺，一座藏传佛教萨迦派寺院，位于拉布乡拉布沟口，距拉布乡政府所在地8公里，寺院始建于1262年，创始人是阿旺热吞。参见称多县志编纂委员会《称多县志》，内部资料，2016年，第793页。

② 出于田野伦理要求，文中部分人名用其姓名的汉语拼音首字母代替，下同。

QYCZ 只好和孩子相依为命。

  笔者：农区、牧区、半农半牧区三种地方，哪里好？
  QYCZ：半农半牧区好，有地、有牲畜。
  笔者：农区、牧区、半农半牧区来的三种人，哪种好相处？
  QYCZ：都好相处。
  笔者：哪种人适应性好？
  QYCZ：半农半牧区来的人适应性好，他们习惯了；牧区搬到这里，没牲畜，不习惯；农民过来也可以。（QYCZ，女，37岁，藏族，2009年从拉布乡拉达村半农半牧区搬来）

  案例14：元旦松包是一个42岁的藏族男性，他的媳妇40岁，他们一家在2011年玉树地震时从拉达村搬到这里。搬来这里之前，他们在玉树州上打工、租房子住，2000年的时候他就到州上打工了，租金是一个月200元。他之所以搬到这里，就是为了这个房子。

  笔者：农区、牧区、半农半牧区来的三种人，哪种好？
  元旦松包：农民好，牧民太累了。（元旦松包，男，42岁，藏族，2011年从拉布乡拉达村半农半牧区搬来）

  总体来看，根据迁出地的不同，称多县的生态移民可以划分为三种不同的类型，即来自农区的移民，来自半农半牧区的移民和来自牧区的移民。其中，来自半农半牧区和牧区的移民最多。对于这三种区域移民适应能力的评价，多数受访者认为从半农半牧区搬迁来的移民可能适应能力会更好，因为这种类型的移民对于耕种和放牧两种技能都很熟悉，其次是农民，最弱的可能是牧民。但是牧民在艰苦环境中所培养出的吃苦耐劳的精神可能会增强他们的环境适应性。也就是说，搬迁的移民普遍认为，牧民对基于草地和牲畜的游牧生产方式的依赖性最强，这种生产方式导致他们的生存技能单一，一旦脱离其赖以生存的草地，就很难用旧有的技能适应新的环境。

  部分见闻如图 A1—2 至图 A1—9 所示。

图 A1—2　查拉沟社区入口

图 A1—3　取水

图 A1—4　厕所（左）

图 A1—5　2014 年一访查拉沟社区

图 A1—6　2016 年二访查拉沟社区

图 A1—7　查拉沟社区的雅啦索藏文化服饰厂

图 A1—8　傍晚移民在县城广场跳舞 　　图 A1—9　距县城 5 公里的尕藏寺

二　搬迁原因与意愿

　　查拉沟社区居民选择搬迁的原因可以概括为三个方面：一是原本在牧区没有房子，或是在其他地方打工而租房子居住，听闻国家政策免费提供房子便选择了搬迁；二是为了方便孩子上学，这些家庭选择搬迁是为了给孩子提供更好的教育条件；三是家庭贫困，在牧区没有牛羊或者牛羊很少，经济状况较差，这些移民希望通过搬迁来改善生活条件，以及享受政策补助。从这三种搬迁原因来看，造成移民搬迁的原因都是内因，也就是说都来自移民自身客观存在的社会经济问题，而非其他外部强制因素的影响。国家的生态移民工程只是移民搬迁的外部拉力而不是强制因素。这与许多学者所论述的国家政策对移民搬迁的强制性推动有着本质的不同。

当然，我们在不同的移民点看到了造成移民搬迁的不同原因，的确有一些地区的移民搬迁存在强制性因素，但是，笔者认为这一问题所反映的是政策制定的程序问题。所谓政策制定的程序问题，就是说不同地区移民在搬迁原因和是否自愿方面存在的差异，应该是政策制定之前所应了解的状况，而非之后才关注的问题。政策应该是在充分了解移民迁出地的社会经济状况和普查移民搬迁意愿的基础上制定的，而不是仅仅出于某个工程方案。如果说查拉沟社区移民身上所体现出的被动性是来自生存状况的逼迫，那么，在搬迁意愿这一问题上移民则有很多的自由选择空间。这也就不难理解为什么在问及"您是否自愿选择搬迁"时，所有被访者一致回答是自愿的。从另一个角度来看，移民搬迁的三类原因正是生态移民迁出地所存在的和应该被予以重视的问题，也是迁入地所应该着力改善和提高的重点。仅从这三类原因来看，三江源生态移民工程在称多县社会治理中实际上扮演了最低生活保障的功能，为那些缺房、少地、没牛羊的藏族移民提供了一个改善原有生存处境的契机。

此外，笔者在行文中多处变换对移民的称呼，有些地方称他们为移民，有些地方称他们为村民。移民只是在论及生态移民这一问题时的指称，所指当然就是经历搬迁的藏族农牧民。而村民是移民搬迁安定之后的指称，所指则是搬迁到新社区的藏族农牧民。之所以笔者格外强调对移民不同状况的称谓转换，是希望尽量避免由学者本身研究所带来的污名化问题。所以我们尽量根据藏族农牧民的不同状况和当地人的习惯而用不同的称谓，把移民一词仅限于搬迁后生活没稳定之前，并逐渐淡化这一称谓。

（一）搬迁原因：房子、教育和补助

1. 没房子

在问及选择搬迁的原因时，不少居民都说"没房子"，由于笔者调查的疏忽，他们在搬迁之前是如何居住的，我们并没有掌握更为详细的信息。不过仔细分析这一问题，虽不准确，应能得出一些切实的知识。根据访谈中话里话外所了解到的情况，笔者认为查拉沟社区居民所说的"没房子"有三个层面的意思：第一种意思是说，由于家里经济条件差，成家之后一大家子人居住在一套房子里，家里那些已成婚的夫妇都没有单独属于自己的住房;第二种意思是说,迁出地的住房条件太差,达不到我们称为"房子"的标准,如被访者汉族马生福所说的土块房子,或者一些移民的房子因灾难而塌陷,比如地震;第三种意思是说,移民在搬迁前一直租借别人的房子居住,这种情况多是外出打工的夫妇。

由于条件原因,老家没房子,刚好有这个政策就搬来了。在老家,房子房子没有,啥都没有,家里没钱,房子盖不上。(扎西昂加,男,33岁,藏族,2010年从称文镇宋当村农区搬来)

没房子,刚好国家有政策,就来了。(永阳,女,44岁,藏族,2011年从称文镇拉贡村农区搬来)

买的房子,两万五,称文镇的人,买的是尕朵乡的房子,没有房产证,(我)原来是称文镇岗茸村的人。会一两句汉语,这个社区买房子的有,见过四五家,租房子的有——打工的农民工,租金一个月100元到500元。(元配,男,67岁,藏族,2011年从称文镇岗茸村半农半牧区搬来)

我们都是尕朵乡卡吉村的,2010年搬来,迁出地海拔4000米左右,农村户口,文盲,(宗教信仰)萨迦派,藏族,两个女儿,老大6岁,收入主要靠挖虫草,一年一万多元,在卡吉村挖。搬迁前草山是集体的,但我家不种地也不放牧。(我们这个地方虫草特别多)父母有几十头牛,女儿出嫁给两三头,儿子结婚再给两三头,慢慢就没了,国家发这个房子后才来这儿结婚的。(卓玛,女,藏族,2010年从尕朵乡卡吉村半农半牧区搬来)

卖了牛羊,没房子,所以搬来了。从尕朵乡卡茸村搬来,住在这里已经五年了,哪年搬来的已经不记得了。(白马才旦,男,34岁,藏族,从尕朵乡卡茸村牧区搬来)

牧场牛羊没有、土地没有、房子没有,清水河镇有三间房子——土块房子,下雨害怕塌,拉布乡吴海村退耕还林,一亩地都没了。(马生福,男,大通县人,44岁,汉族,户口迁到拉布乡,来这里五年了,从牧区搬来)

在我们所有的访谈对象中,汉族男性马生福是其中比较特别的,因为在这样的藏族社区中出现一个汉族人是非常稀少的事情。因此，我们有必要略述马生福的经历。马生福今年（2016年）44岁，原籍在大通县。大通县是青海省西宁市下辖的一个县，行政全称是大通回族土族自治县。马生福的老婆角嘎是藏族人，与他同岁。角嘎是拉布乡吴海村人，那里是牧区。两人于1997年7月结婚，马生福的户口也随之迁到了拉布乡吴海村。但是他们并没有住在那里，而是在清水河镇谋生。搬到查拉沟社区之前，马生福夫妇已经在清水河镇生活了13—14年。那时他在建筑工地打工，1999年建筑工地付给大工的工资是1天40元，小工是1天15—20元。马生福就靠着打零工、和水泥、搬砖等工作维持生活。角嘎父母家总共有6个儿子、5个女儿，100多头牛，每人分8—9头牛，现在也没牛了。1994年的时候雪灾多，牲畜被狼吃的吃、死的死，所剩无几。这也就是他们夫妇婚后不在吴海村生活而到清水河镇的原因，是艰苦的生活逼迫他们从吴海村搬到清水河镇，又从清水河镇搬到称文镇。

更求代西，户口在拉布乡郭吴村。老公47岁，户口在珍秦镇，老公从珍秦镇"嫁"到拉布乡。结婚后一直住在珍秦镇，租借学校的房子，搬迁前是住在珍秦镇的，2011年来到这里。（更求代西，女，46岁，藏族，2011年从珍秦镇半农半牧区搬来）

户口不办，房子也要不上，没有房子，所以搬到这里。（姓名不详，男，32岁，藏族，2010年从氚朵乡卡茸村牧区搬来）

本来在卡茸村有个小小的房子，地震时倒了，重建的资金也没有，国家给了80平（方）米的房子，在氚朵乡没人住，一直留在那里。（扎西求将，男，47岁，藏族，2010年从氚朵乡卡茸村牧区搬来）

（在拉司通村）没房子，拉布乡拉司通村离玉树州最近，玉树地震时这个村子或多或少都有损伤，灾后重建每户房子本来是80平（方）米，但是这个村子后来每家改为120平（方）米的房子，父母家拨了80平（方）米的那个房子，在这个基础上又加了两三万块钱。（索南，男，30岁，藏族，2010年从拉布乡拉司通村半农半牧区搬来）

那边没有房子，结婚时没房子，住在州上，租房子，在州上当

小工，这个60平（方）米的房子是国家给的。（索昂吾周，男，37岁，藏族，2011年从拉布乡得达村农区搬来）

没有房子，一直是租的，租金也要考虑，为了这个房子待在这儿。（白马卓尕，女，48岁，藏族，2010年从拉布乡达哇村半农半牧区搬来）

之前在州上打工，地震后在尕朵乡卡茸村搭帐篷住了几个月，那边说可以搬过来，有房子了，就搬来了，乡上开会讲的。（扎西，男，52岁，藏族，从尕朵乡卡茸村牧区搬来）

搬来之前住在（玉树）州上过了三四年，老公调到这里工作，没房子，住了两年帐篷，老公在州上农牧局（上班）。我们借住的是哥哥的房子，哥哥有补助，没有在这里住过，哥哥生活在尕朵镇，她老婆是有工作的。（且措，女，30岁，藏族，2012年从尕朵乡卡吉村半农半牧区搬来）

那里没房子。（卓才，女，40岁，藏族，2009年从尕朵乡岗由村牧区搬来）

在那边没有房子。（扎西代吉，女，32岁，藏族，2009年从称文镇宋当村农区搬来）

没房子呗，没劳力，听说有补助，上午分房子，下午就搬过来了，一直待在这里。（千才，男，76岁，藏族，2009年从拉布乡拉达村半农半牧区搬来）

家里没房子，这个房子一分钱不要。（QYCZ，女，藏族，2009年从拉布乡拉达村半农半牧区搬来）

为了这个房子，那边啥都有，房子自己修的话没资金，给房子很高兴。都是没房子的，经济条件不好，名额不够，我们是最前面自愿去的，后面有人不愿意，没分到，房子是抽签的，这就是命运的安排。（元旦松包，男，42岁，藏族，2011年从拉布乡拉达村半农半牧区搬来）

白玛嘎卓也是一位较特殊的受访对象。她的前夫和现在的老公都是汉族人，前夫已经去世，现在这个老公是孩子的继父，玉树地震时前夫死了，他来自陕西。当时他们在玉树州上打工，租房子住，有一天，早晨起来她送孩子去上学，老公还在睡觉，没来得及起床就被砸死了——是在玉树大地震中遇难的。那是2010年4月14日7时49分，青海省玉树藏族自治州发生7.1级地震，此后余震不断，地震造成大量人员伤亡和房屋倒塌。当笔者问白玛嘎卓为什么又找了一个汉族老公时，她说"我喜欢汉族，（是）民和县的"，再问及"你是藏族吗？"她笑着用汉语说"我藏不藏汉不汉的"。

对房子的需求是移民搬迁的动力之一，那么，是什么原因引发了移民对房子的这种需求呢？从移民的叙述来看，地震对一部分移民造成了较大影响，其中一个后果就是损毁了房屋。上述访谈中的扎西求将、索南、扎西三位移民正是由于地震毁坏了原有房屋，因此需要移民点上政府分配的房子来重新安家。当然，也有部分移民搬迁之前长期租借别人的房子，所以希望趁着移民点分配房子的机会获得房屋，从而减少房屋花费。此外，房子本身与政策补助挂钩，也是吸引移民为此搬迁的重要原因。更重要的是，不论是来自农区、半农半牧区还是牧区的移民，房子都是家的象征，是心灵安定的处所，这一点即使帐篷也不能取代，我们从且措的叙述中就可以感受到这一点。

2. 孩子上学

移民出于孩子上学便利的考虑而选择搬迁，一定程度上体现出查拉沟移民社区的优越地理位置。也就是说，移民社区的新建，给移民提供了一个优化教育资源配置的机会，有利于教育资源流动和教育机会的均等。同时，这一行为本身也为将来该地区社会阶层的流动奠定了基础。

> 他们说搬过来有补助，安排就业，孩子们上学有好处。（白军元旦，男，49岁，藏族，从称文镇阿多村半农半牧区搬来）
>
> 为了让孩子上学。（昂文巴毛，女，31岁，藏族，2009年从尕朵乡卡吉村半农半牧区搬来）
>
> 两个孩子在这边上学，孩子二年级。家里比较贫困才搬来，现在也没后悔，为了孩子，而且这边治安好。（拉毛松毛，女，43岁，藏族，2015年从尕朵乡科玛村半农半牧区搬来）
>
> 小孩要上学。（土登嘎松，男，38岁，藏族，2011年从尕朵乡岗由村牧区搬来）

是因为孩子上学才搬过来的。（才仁拉毛，女，21岁，藏族，2013年从尕朵乡卡吉村半农半牧区搬来）

为了让孩子上学。（更多，男，54岁，藏族，从称文镇上庄村牧区搬来）

供孩子上学。我有一个9岁的女儿，9月升小学四年级，在称多完小上学（称多县完全小学），（我家）是从尕朵乡卡茸村搬来的，移民点没搬迁之前，在县城租房子住了两年，县城岳父岳母有房子。老婆的父母过来了，就一起跟着来县城了，（我们）自己租房子住，每月房租200元。（江永昂布，男，37岁，藏族，从尕朵乡卡茸村牧区搬来）

之前在那边租房子，后来科玛村长开会，说这边有房子，看谁愿意搬，关系到女儿上学，我们就搬过来了。（当正，女，33岁，藏族，从尕朵乡科玛村牧区搬来）

小孩要上学，上幼儿园，3个孩子，一个6岁上幼儿园，一个4岁，一个2岁。没有小孩就不搬，放牧，收入稳定。（罗松，男，29岁，藏族，2015年从拉布乡拉达村半农半牧区搬来）

上学方便。（扎西求将，男，47岁，藏族，2010年从尕朵乡卡茸村牧区搬来）

方便孩子上学是另一个影响搬迁的重要原因，从这一原因至少我们可以看出，藏族农牧民已经提高了对孩子教育的认识水平。到城镇居住，为孩子提供良好的幼儿和中小学教育成为半农半牧区家长们对于现状的一个重要衡量标准。从另一个角度来看，青藏高原半农半牧区生活的偏远性和不确定性已经深深影响到下一代藏族人的未来发展，地域的广阔和人口的分散使得城镇化的集中式教育成为半农半牧区家长们的必然选择。在城镇优良的教育条件对藏区农牧民的吸引力加强的同时，我们似乎也在逐步见证着教育移民对藏区所产生的深远影响。如果说三江源生态移民工程是一项短期内略显急促和激进的生态保护举措的话，教育对藏区农牧民的影响则是一项长远而慢速的弥补机制。

3. 家庭贫困

生态移民工程本身兼具生态保护和扶贫开发的双重功能，因此，有些移民正是出于改善窘迫的生存境况和享受移民社区宽松的政策环境而选择搬迁的。

> 先搬来的是特贫困的，当时开会时说最贫困的家庭都搬过来，我在其中，还说国家一年给一两万（元）的补助，但没有给就搬来了。（智美，男，68岁，藏族，2010年从尕朵乡布由村半农半牧区搬来）

> 当时拉布乡开会，如果不搬，移民点的房子就会没收，所以就搬来了。一般搬的是家里特贫困的，还有五保老人，富人在那边有自己的生活。我十几头牛，生活也没什么保障，就搬来了。（江才，男，47岁，藏族，从拉布乡吴海村牧区搬来）

> 开了个会，说谁愿意搬？我们就搬来了，在岗茸村老家也没什么牛了，父亲住在移民点小女儿家里。（才仁求真，女，35岁，藏族，从称文镇岗茸村半农半牧区搬来）

从智美老人和江才的话语里，我们能够看出搬来查拉沟社区的部分移民的特点，政策执行时，优先照顾贫困人群和五保老人是政策的良性体现，也正是笔者所说的三江源生态移民工程具有最低生活保障功能的本意所指。但同时，我们也应该注意到由这一善意行为所造成的一些不良结果。某种程度上来说，正是因为搬迁的人群不少是贫困户和五保户，所以对于这部分移民来说，在新的环境下改善生活质量和再就业的难度更大，所需要投入的前期资本也就越多。对于贫困户来说，只要有足够的劳动力，寻找到适合的工作岗位，他们就能逐步摆脱贫困的处境。但是对于五保家庭来说，这样的难度就会大很多，尤其对于老人们来说，搬迁与其说是改善生活质量，倒不如说是寻找一个环境更好的养老处所。这在一定程度上造成了移民社区气氛的沉闷，而非朝气蓬勃。在这样的情况下，移民社区的管理自然需要更多的人力和财力，而移民的后续发展也更加艰难。此处笔者无意指责或归咎什么人或事，而是要客观地分析造成移民社区发展的多种原因，为我们真正地认识问题的本质厘清思路。

（二）搬迁意愿：欣喜、复杂和地震

受访的移民都是自愿搬迁的，不少人怀着期盼和高兴的心情来到移民社区。在选择搬迁的过程中，既有因为期盼得以实现带来的欣喜，也有对陌生环境的不适应造成的郁闷，更多的移民则对于搬迁后孩子的教育条件、国家的补助政策和属于自己的房屋感到喜悦。

问及"当时你们愿意搬迁吗"，他们大多这样叙述。

当时愿意搬迁，刚来时心情不好，水土不服，表面没什么，主要是心里面，坐的时间长了，心情好一点了。（扎西昂加，男，33岁，藏族，2010年从称文镇宋当村农区搬来）

当时愿意搬迁，享受补贴政策，每年燃料费3000元。（永阳，女，44岁，藏族，2011年从称文镇拉贡村农区搬来）

愿意搬来，刚来时小孩在教育方面有个归宿，还是觉得蛮高兴的。（白马才旦，男，34岁，藏族，2011年从尕朵乡卡茸村牧区搬来）

当时愿意搬迁，儿子在县城上学，（老婆说）刚来时不习惯，清水河草滩大，认识的人多，串串门，刚来这里没有认识的人，山沟沟里，说个话认识的人没有。（马生福，男，44岁，汉族，从拉布乡吴海村牧区搬来）

刚搬来时挺高兴的，为了孩子上学，搬到这里之前搭帐篷住县城，一年不到，就有了移民政策，有了房子就搬过来了。（扎西求将，男，47岁，藏族，2010年从尕朵乡卡茸村牧区搬来）

搬迁时村里开了一个会，自愿搬迁，没房子。愿意搬迁，刚来的时候再心情好（心情特别好，笑声朗朗），感谢国家给了我们这个房子，不然我们的房子都成问题了。（白马卓尕，女，48岁，藏族，2010年从拉布乡达哇村半农半牧区搬来）

搬到这里可以，这边方便，我也没有牛，耕地也没有，就搬过来了，那边没有房子，愿意搬迁。（扎西，男，53岁，藏族，从尕朵乡卡茸村牧区搬来）

搬迁不后悔，回去了也没有房子，这里有国家补助。（智美，

男，68岁，藏族，2010年从歹朵乡布由村半农半牧区搬来）

当时愿意搬迁，刚来时看见有属于自己的房子，感觉挺开心的。（江才，男，47岁，藏族，2009年从拉布乡吴海村牧区搬来）

搬的时候愿意。（白军元旦，男，49岁，藏族，从称文镇阿多村半农半牧区搬来）

愿意。（土登嘎松，男，38岁，藏族，2011年从歹朵乡岗由村牧区搬来）

愿意搬迁。（才仁拉毛，女，21岁，藏族，2013年从歹朵乡卡吉村半农半牧区搬来）

当时愿意搬迁。（且措，女，30岁，藏族，2012年从歹朵乡卡吉村半农半牧区搬来）

愿意搬迁。（扎西代吉，女，32岁，藏族，2009年从称文镇宋当村农区搬来）

愿意。（罗松，男，29岁，藏族，2015年从拉布乡拉达村半农半牧区搬来）

愿意。（QYCZ，女，37岁，2009年从拉布乡拉达村半农半牧区搬来）

愿意。（元旦松包，男，42岁，藏族，2011年从拉布乡拉达村半农半牧区搬来）

虽然就搬迁意愿来看，移民都是出于自愿而搬迁。但是，有些移民在生理和心理上都有一个适应过程，就像扎西昂加和马生福所说的刚搬迁后水土不服和心情不好的问题。当然，也并非所有人都愿意搬迁，从下面移民千才的讲述来看，也有人出于某些考虑而没有搬迁。

问：当时愿意搬迁吗？
答：愿意。
问：为什么愿意？
答：我是那边没房子，这里给房子，还想着有点补助。
问：为什么有些人不愿搬？
答：刚开始流传，移民过来要搬到内地，有的说搬过来了虫草都不让挖。①

相对于其他移民因为搬迁而感受到的喜悦之情，索昂吾周的情绪则颇显复杂，这种复杂是意外的大灾难在人心理上造成的创伤，也是对于世事无常的感叹。2010年4月14日发生的玉树大地震波及称多县拉布乡、歇武镇、称文镇、尕朵乡、珍秦镇等地，② 上文中我们已经看到不少移民受到了地震的影响，房屋和财产受到了损失，因此不得不选择搬迁。

笔者：当时搬迁愿意吗？

索昂吾周：不愿意也没办法，搬迁时各搬各的，公布了一个固定的时间，要求在一个月之内搬迁。

笔者：在老家为什么自己不盖房子？

索昂吾周：自己盖，土块房，没钱，到州上活好找一点，后来地震了（2010年4月14日玉树地震），租的房子塌了，我和两个孩子压在土里，一个两岁，（另）一个七八个月，是老婆把我们挖出来的，挖了三四十分钟，称多县到州上最近。不愿意搬迁也没办法。③

三 搬迁家境与喜忧

民族志文本在写作过程中，由于经过作者的加工整理，往往是能够见到问题和现象而忽视了那些有生命有个性的人。事实上，调查过程中的每一个被访者——家庭都是故事的主角，他们体验并创造着他们的生活，他们才是故事的真正讲述者。对每一个被访者家庭状况的了解，就是了解移民生活的故事，在每一个简短的故事背后，都是充满着喜怒忧伤的生活经历。同时，通过他们的简单叙述，我们可以初步了解移民迁出地的类型、生产方式、经济状况、子女数量、工作就业、收入来源、草场土地的安排等各方面的内容。

---

① 受访者：千才，男，76岁，藏族，2009年从拉布乡拉达村半农半牧区搬来。
② 称多县志编纂委员会：《称多县志》，内部资料，2016年，第65页。
③ 受访者：索昂吾周，男，37岁，藏族，2010年从拉布乡得达村农区搬来。

我们是2010年从称文镇宋当村尕藏寺搬来的，距县城十几公里，来自农区，以前是农民，父亲有地时那时种地，现在这里是我们夫妇和3个子女，老大是女孩，7岁，在县城完小上一年级，骑摩托车接送上学，结婚后没地，不种地，父亲种青稞。（扎西昂加，男，33岁，藏族，2010年从称文镇宋当村农区搬来）

（在女主人永阳家访谈，母亲和弟弟都在她家里，母亲和弟弟原来是赛河乡的）我们是2011年从称文镇拉贡村搬来的，来自农区，现有1子1女，老大16岁，在三江源学校"湟源牧校"上学。以前主要种的是青稞、洋芋，收入主要靠挖虫草，一年两个人能够收入6000（元），其他收入没有。（永阳，女，44岁，藏族，2011年从称文镇拉贡村农区搬来）

我们那里原来是半农半牧区，以前放过牧，还种过青稞，现在还种地，在岗茸村。以前牛特别多，有60—70头牛，30—40只羊，牛羊卖完就搬来了，2011年搬来的。过去放牧是村集体的草地，没划分，随便放牧，有个冬季草场、夏季草场。我的家庭，妻子已过世了，以前主要是我干，在牧区一般是男人到山上放羊，女的挤奶，家里活（家务活）女人干。牦牛白的、黑的都有，棕色的也有。（元配，男，67岁，藏族，2011年从称文镇岗茸村半农半牧区搬来）

我们都是尕朵乡卡吉村的，2010年搬来，迁出地海拔4000米左右，农村户口，家里有2个女儿，老大6岁，收入主要靠挖虫草，一年一万多元，在卡吉村挖。搬迁前草山是集体的，但我家不种地也不放牧。（我们这个地方虫草特别多）父母有几十头牛，女儿出嫁给两三头，儿子结婚再给两三头，慢慢就没了，国家发这个房子后才来这儿结婚的。（卓玛，女，藏族，2010年从尕朵乡卡吉村半农半牧区搬来）

我是从尕朵乡卡茸村搬来的，住这儿已经5年了，哪年搬来已经不记得了。我家有3个儿子，老大一年级。搬迁前是牧民，总计有9口人的草地，100多头牛，草地借给亲戚了，牛该宰的宰、卖的卖，已经没有了。搬迁后在工地上打小工，1天150元，时间长的按月给，其他技术没有。来这里学的开车，开拖拉机，自己有这个技术，缺资金，到这儿车也多了，自然就学会了，以前那里没车，没驾照，现在正在考。(迁出地草地禁牧了吗？)没禁牧，也没有减畜。(白马才旦，男，34岁，藏族，2011年从尕朵乡卡茸村牧区搬来)

我叫马生福，汉族，大通县人，44岁，户口迁到拉布乡，老婆角嘎是藏族人，44岁。角嘎户口是拉布乡吴海村人，属于牧区，1994年7月结婚，不在吴海村住，那时户口在吴海村，结婚后在清水河镇生活，搬迁前在清水河镇住了13—14年，当时是在建筑工地打工，大概是1999年，大工工资1天40元，小工工资1天15—20元，来这里5年了。搬迁后打零工——和水泥、搬砖，活不好找，去年(2015年)1天150元，今年(2016年)1天120元，工程少，语言关系，灾后重建已经搞完了，40多(岁)了，在县城岁数大的不要，天天干的没有，包工头多半把小工带来了，人不够了才找你。老婆父母家总共有6个儿子、5个女儿，100多头牛，每人分个8—9头牛，现在也没牛了，1994年雪灾多，狼吃的吃、死的死，牧区草上山一家一户的没有分，五六家会合起来有一片草山。(马生福，男，44岁，汉族，从拉布乡吴海村牧区搬来)

我叫更求代西，46岁，老公47岁，户口在珍秦镇，老公从珍秦镇"嫁"到拉布乡。我的户口在拉布乡郭吴村，结婚后一直住在珍秦镇，租借学校的房子，搬迁前住在珍秦镇，2011年来到这里。以前是农村户口，搬这里后改城镇户口，我们都是噶举派。一直想把户口迁到郭吴村，拖到现在还没办成。刚来这里，拉布乡给了18000元，现在两个17岁以下小孩每年补助4800元。以前(男主人)有很多牛羊，因为一场雪灾，死亡非常多，之后病的病、卖的卖，就没了。郭吴村属于半农半牧区，养牛羊的有，很少，主要是种地，种青稞、洋芋，我放过牧，以前父母在世时有牛羊，现在没了，曾经放过20多头牛，会骑牛，11—21岁放牧，21岁结婚后就再没放过。我种过青稞，父母在时，放牧耕地都有，现在什么都没了，现在除了这个孩子的待遇，家里什么都没有。我还是觉得放牧辛苦，放牧的话不分白天黑夜，每天都要早起，种地一年就辛苦三四次。老公没种过地。(更求代西，女，46岁，藏族，2011年从拉布乡郭吴村半农半牧区搬来)

我32岁，老婆25岁，萨迦派，农村户口，上过小学三年级，在称多县完小上的学，2010年从歇朵乡卡茸村（纯牧区）搬来，最早搬来的有6年了，也有2—3年的，我原来是称文镇上庄村的人，属于农区，自己年纪很小，没种过地，没多少经验，主要是父母种青稞，23岁结婚后户口迁入妻子所在的卡茸村，主要是为了挖虫草，卡茸村虫草比较多，所以选择迁到卡茸村，刚去时老婆家有50—60头牛、1匹马，结婚后，老婆分了六七头牛，让我们去牧区，没去，结果把牛全部卖了，1头牛卖了2500元，借用父母的房子，和父母一起住在称文镇，全家所有的积蓄主要靠挖虫草。（××，男，32岁，藏族，2010年从歇朵乡卡茸村牧区搬来）

我是称文镇白龙村人，户口在婚后迁到卡茸村，挖虫草眼睛不好，挖不上，47岁，我们都是萨迦派，老婆41岁，2子1女，老大15岁，在县城完小上五年级，农村户口。我们都是文盲，老婆当时是牧民，到了上学的年龄时她却在放牧。2010年从歇朵乡卡茸村二社搬来，（那里是）纯牧业。老婆有草山，有牛羊，现在牛羊也没了，草山租了，草山是个体的，不知道有多少，每年租金850元，草山面积非常小。（扎西求将，男，47岁，藏族，2010年从歇朵乡卡茸村牧区搬来）

我叫索南，30岁，初中毕业后参军两年，是在西宁。老婆名字叫昂我求真，32岁，高三毕业，能听懂汉语但不会说，噶当派，农村户口。我在称多县执法大队上班，临时工，1个月650元，2010年从拉布乡拉司通村搬来，海拔3200—3300米，拉司通村是半农半牧区，耕地多，草山是集体的，主要种青稞、洋芋，近几年种洋芋的也多。搬迁后主要挖虫草、打小工，老婆是在称多县文乐学校"零就业"——最低保障，主要针对高中、大学毕业生，没找到工作前先给他们这样的就业机会，等找到正式工作后就可以不干了。她干了7年了，当厨师，文乐学校是孤儿学校，在称多民族中学斜对面，歇藏寺往东一点。孤儿学校有400多个学生，大多是15—16岁，藏族学生较多，半汉半藏的也有，有父母双亡的孩子，也有单亲家庭的孩子。拉布乡距县城43公里，拉司通（村）被称为中国魅力小城——拉布乡政府所在地，拉司通村旁边有拉布寺，村距乡政府100—200米。一是有名的"玉树第一棵树"，在拉布寺寺院旁边，关于这棵树，有个传说，有个活佛叫江永罗松江措，他把这棵树从内地用牦牛拉过来，种在拉布，然后每年这么繁殖，越来越多，以前玉树根本没有树；二是这个地方有拉布寺；三是村子独特的建筑特色。（索南，男，30岁，藏族，2010年从拉布乡拉司通村半农半牧区搬来）

我叫索昂吾周，37岁（2016年），老婆更求卓玛38岁（2016年），萨迦派，2个小孩，2个儿子，老大9岁，三年级。以前是农村户口，现在是城镇户口，我能听懂汉语和会说汉语，我一年级都没上过，再就（就是）学着，2011年从拉布乡得达村搬来，距这儿27公里，15—16岁开始当小工。（你怎么不给老婆教汉语？）我字都不认识，怎么教。以前是农民，小工当的时间长了，搬迁后在县城当小工，老板让干啥就干啥，搬砖、和水泥，给别人当司机，以前有驾照，2009年拿的，现在活不好找，工程越来越少，老婆没打过工，照看2个孩子，1个（上）幼儿园。（索昂吾周，男，37岁，藏族，2010年从拉布乡得达村农区搬来）

我叫白马卓尕，48岁，前夫和现在的老公都是汉族，前夫已去世，现在这个老公是孩子的继父，玉树地震时前夫死了，当时在州上打工租房子住，老公是汉族，早晨起来我送孩子上学，老公、孩子在睡觉，没来得及起床就被压死了，老公是陕西省的。噶当派，2个儿子，大儿子20岁，小儿子17岁，在学唐卡绘画，称多县城有个大老板，雇了个唐卡绘画大师，专门给贫困的孩子教唐卡，画师是从玉树市来的，去年（2015年）8月去学的，已学了1年，要学3年。以前是农村户口，现在是城镇户口，2010年从拉布乡达哇村搬来，达哇村是半农半牧区，达哇村巴仁社的，搬迁前在州上住了近10年，照看孩子，老公在打工，在别人开的焊接厂打工，做门窗炉子等。（白马卓尕，女，48岁，藏族，2010年从拉布乡达哇村半农半牧区搬来）

我叫江永昂布，37岁，和妻子一样是格鲁派，没上过学，有一个9岁的女儿，9月升小学四年级，在称多完小上学，摩托车接送孩子上学，害怕出现交通事故，我们从尕朵乡卡茸村搬来，卡茸村是牧区，距这里约60公里，移民点没搬迁之前，在县城租房子住了两年，县城岳父岳母有房子，老婆的父母过来了，就一起跟着来县城了，自己租房子住，每月房租200元，没干别的活，每年去挖虫草，结婚后放过两年牧，结婚前就是个牧民。两年间主要是挖虫草，另外到县城周围的山上采药，卖给医院，采藏药一年挣1000—3000元，一家三口都挖虫草，今年（2016年）挖了700多根，卖掉了，平均每根30元。还是牧区好，无论是吃的还是喝的，在牧区有牛羊，在这里饮食只能凑合，当时在牧区，不用为吃的担心，现在牛羊没了，草地有，集体的。（江永昂布，男，37岁，藏族，从尕朵乡卡茸村牧区搬来）

老公叫扎西，52岁，我48岁，老公干活去了。原来有两个女儿，在（玉树）州上打工，玉树地震时19岁的大女儿被压死了。二女儿15岁（2014年曾访谈过），我们家是农村户口，从尕朵乡卡茸村搬来，属于牧区，我没有放牧，也没牛，全靠打工，以前在州上打工租房子住，在州上住了八九年，老公一个人打工，画壁画，我长期病着，哪里有活干就去哪里干，少的时候一年能挣6000元左右，多的时候9000元左右，地震以后来这里，房子一建就搬过来了，现在女儿在称多县民族中学寄宿上学，（2016年）9月升初三，老公不在，去拉布打工画画了，在那边住着，干完活回来一次，一年能挣10000元左右。结婚前老公就会画画，老公是拉布乡的，我们两人是在尕朵乡那边打工时认识的，自由恋爱。（扎西的老婆，女，48岁，藏族，从尕朵乡卡茸村牧区搬来）

访谈中有一些藏族妇女没有给出自己的姓名，只是说出了丈夫的名字，以此说明丈夫是家里的主事人。这样的情况在藏区比较常见，一方面显示出女性在家庭里的从属地位，另一方面则表现出习惯于牧区生活的藏族女性在性格上的腼腆和羞涩，她们的淳朴使她们不善于用言辞表露自己的想法。印象最深的是，我们在调查中遇到一位年轻的藏族女性，怀里还抱着一个正在哺乳期的孩子，家里丈夫不在。当我们试图从她那里了解一些情况时，她只是偶尔朝我们微笑，更多时候则是自顾自地抚弄怀里的孩子，半个小时的访谈中她几乎一句话都没说。无奈之下，我们只得离开。

我叫当正，33岁，老公40岁，老公叫罗索丁，有两个女儿，老大15岁，在玉树州第三高级中学上学，读高一，这个学校在县城。我家是从尕朵乡科玛村三社搬来的，老公原来是清水河镇的，户口迁到了尕朵，来这里之前在称文镇租了个房子让大女儿上学，住了15年，老公修房子，哪里有活去哪里干，州上没去干过，搬迁后现在老公在野牛沟修路，1天挣140元，干了1个月左右，没回来过，我没打过工，是因为有虫草，老公把户口迁到了尕朵，来这儿时，房子啥时候建的就啥时候搬的。（当正，女，33岁，藏族，从尕朵乡科玛村牧区搬来）

我2010年从尕朵乡布由村搬来，距这里八九十公里，属于半农半牧区，以前有四五十头牛，后来捐的捐、卖的卖，就没了，草地捐给寺院了，儿子刚出生老婆就去世了，只有一个儿子，18岁，在上高三，我和儿子一直相依为命，生活了这么多年。（智美，男，68岁，藏族，2010年从尕朵乡布由村半农半牧区搬来）

我叫江才，47岁，户口在珍秦镇，我会做裁缝。我老婆叫忠德文毛，38岁。家里有两个孩子，老大6岁，女儿，在县城上幼儿园，教派是噶当，现在是城镇户口。来这儿之前住在吴海村——牧区，住在吴海（村）7年左右，老婆是拉布乡的，以前想把户口迁到拉布乡，后来地震了就没办成，搬迁前还有十几头牛，搬迁后就卖了，是父母给的，在吴海（村）放牧，草山是集体的，牛卖了五万（元）左右，来这儿后，我有时缝纫，外面有活干就出去干活，我们一起干。我就会裁缝，主要做藏袍，或藏袍里的衬衫，移民点内外都做，想开个大一点的缝纫店，资金没有，没开成。（江才，男，47岁，藏族，2009年从拉布乡吴海村牧区搬来）

我叫才仁求真，35岁，老公41岁，叫多吉才丁，老公是化隆县的，安多藏族，两个儿子，老大11岁，小学五年级，萨迦派，农村户口，夫妇都是文盲，我们从称文镇岗茸村（和翻译扎西同村）搬来，半农半牧区，房子啥时候建的就啥时候搬来的，岗茸比这儿海拔略低，岗茸村在查拉沟社区西边20公里左右的地方，比这儿热一点。搬迁前，耕地草地都有，草地是集体的，爸爸有草地，我们俩没有，来这儿之前，主要是放牧，有时在县城打工，回家时有时步行，有时骑自行车，搬来前老公给别人修个房子、帮个小工、和个水泥、搬个石头，一天130元左右。（才仁求真，女，35岁，藏族，从称文镇岗茸村半农半牧区搬来）

我叫更多，54岁，农村户口，没上过学，从称文镇上庄村搬来。搬迁前的职业是放牧，搬迁后啥都干不了，啥收益都没有。老婆残疾，先天的，胳膊和背有残疾。2个孩子上小学，称多县小学，1个孩子上藏中。3个女儿嫁出去了。还有1个儿子在移民点住着。孩子们成家不再分房子。（更多，男，54岁，藏族，2009年从称文镇上庄村牧区搬来）

我叫白军元旦，49岁，藏族，母亲87岁，跟我一起住，农村户口，上过小学，来自称文镇阿多村，这边有4户。搬迁前海拔3800多米，搬迁前的职业是赶牛、种地，有草场200多亩，养了七八十头牛羊，牛羊卖了70000—80000（元），现在价格高，后悔了，搬到这里后悔也没用。现在没工作，这个家里没人有工作。收入没有，国家给一点点补助。（白军元旦，男，49岁，藏族，从称文镇阿多村半农半牧区搬来）

我叫昂文巴毛，农村户口，没上过学。2009年从尕朵乡卡吉村搬来，这附近卡吉村搬来的只有5—6户。卡吉村到这里路远着呢，车走了3个小时。搬过来的时候啥都没有，是自愿搬的。卡吉村是半农半牧区，家里有十几亩地，种青稞，有草场，草场是集体的，家里有30头牛，没羊，我一生下来就没养羊了，不知道什么原因。搬迁前靠牛羊，青稞种了自己吃。（昂文巴毛，女，31岁，藏族，2009年从尕朵乡卡吉村半农半牧区搬来）

我叫拉毛松毛，43岁，去年（2015年）搬来的，从尕朵乡科玛村搬来，半农半牧区，土地有，母亲种着，地里种青稞，集体的草场，草场放着，搬来后没有工作。老公没什么工作，挖虫草摔了一跤，左臂折伤了。以前牧区有40多头牛，一年一年吃完了。身体一直病着，待在家里，家里主要靠挖虫草，现在价格也不高了。（拉毛松毛，女，43岁，藏族，2015年从尕朵乡科玛村半农半牧区搬来）

我叫土登嘎松，38岁，格鲁派，经常去的寺院是色康寺，这个村子都是格鲁派，农村户口，老婆和我都没上过学。搬迁前有草场，草场是集体的，现在亲戚用着，村里还分社，一个社的在自己的地里放牧，牛羊少得很，卖了。从尕朵乡岗由村搬来，搬来这边5年了，搬迁前后海拔差不多。搬迁前啥工作没有，家里没有土地和草场，收入靠挖虫草，现在也没工作，还是靠挖虫草。以前村子算是纯牧区，挖虫草在5月10日到6月29日，去尕朵乡挖虫草，今年（2016年）挖虫草挣了5000—6000（元）。今年（2016年）虫草少了，因为虫草没长，往年能挣一两万（元），家里人一起去挖。家里有3个孩子，1男2女，男孩12岁，六年级，两个女孩，一个五年级，一个一年级。（土登嘎松，男，38岁，藏族，2011年从尕朵乡岗由村牧区搬来）

我叫才仁拉毛，1995年出生，21岁，经常去的寺院是帮夏寺，农村户口，在南昌司法警官学院上大二，2013年从尕朵乡卡吉村搬来，村子离这边大概100公里。搬迁前没草场，也没有土地，以前收入靠挖虫草，要去达赛寺挖，那是属于我们村的，去挖虫草，不用出证明，村长都认识。现在收入也靠挖虫草，现在父母没工作。（才仁拉毛，女，21岁，藏族，2013年从尕朵乡卡吉村半农半牧区搬来）

我叫且措，30岁，农村户口，没上过学，2012年从尕朵乡卡吉村搬来，搬来之前住在（玉树）州上过了3—4年。搬迁前我自己没工作，没有地和草场，家里收入靠虫草和工资，老公在县上农牧局上班。我一个人挖虫草，挣了6000多（元），就在尕朵乡挖虫草，尕朵乡挖虫草不用交钱，外地的要交。牧区没有草场，分草场的时候没有分。家里有3个小孩（男），都不是我生的，怀里抱着的（这个）小女孩是我生的。3个男孩的亲妈妈在西宁。大的初三毕业，会说汉语，在县民族中学，叫多杰才让，老二叫俄金才加，在县完小上六年级。最小的叫才人公博，在县完小上四年级。（且措，女，30岁，藏族，2012年从尕朵乡卡吉村半农半牧区搬来）

我叫卓才，40岁，经常去的寺院是色康寺，农村户口，老公的户口一样，2009年从尕朵乡岗由村搬来，搬迁前随便坐着（闲待着），没啥工作，地没有，草山有，但草山是集体的，收入靠挖虫草。搬迁后挖虫草,但我挖的不多,挣了5000(元),家里人一块去的,小孩挖不了,才7岁,老公是汉族人。老公会说藏语,他住的时间长,习惯了。老公是青海湟源的,我们是在村子里认识的,没结婚之前我在村子里一个人待了11年,嫁给汉族人,家里没意见,父母都不在了。(卓才,女,40岁,藏族,2009年从尕朵乡岗由村牧区搬来)

我叫扎西代吉,32岁,藏族,宁玛派,农村户口,没上过学,老公上过五年级,2009年从称文镇宋当村搬来,距这里5公里。搬迁前没工作,农区,现在地父母种着。搬迁后没工作,爸爸是木工,做装修。有两个女儿,大女儿13岁,叫西然卓玛,小女儿四年级,11岁,叫才仁永尕。老公是汉族人,是浙江人,我18岁的时候,老公来这里干活,然后遇见的。(小孩子将爸爸的父母叫作姥爷姥姥,将妈妈的父母叫作爷爷奶奶。当地人对男主人没有看法,男主人的户口是宋当村的,他没保留浙江的户口,因为母女三个都在这边,浙江那边没房子,也是农村户口。)(扎西代吉,女,32岁,藏族,2009年从称文镇宋当村农区搬来)

我叫罗松,29岁,萨迦派,经常去的寺院是土登寺,距这里40多公里,农村户口,2015年10月从拉布乡拉达村搬来。上到了六年级,可能是由于环境的改变,也可能是自己的原因,学习不好,感觉上不上学无所谓。搬迁前是牧民,土地用来种青稞,收入靠放牧和种青稞。现在随便闲着,打算做点小生意。牛羊由一些亲戚朋友看着,卖了5—6头小牛。(罗松,男,29岁,藏族,2015年从拉布乡拉达村半农半牧区搬来)

我叫千才,76岁,农村户口,没去过学校,2009年从拉布乡拉达村搬来,房子一分就搬过来了,搬迁前随便坐着,活也干不了,现在啥都干不了,今年(2016年)老党员(政府)给了点钱,拉布乡的,500(元),我入党的时间长了,以前当过村上的领导,社长当了26年,村长当了32年,年轻的时候当过兵,抬担架的,没享受过什么补助。地和草山都有,干不了,缴到社上了,没劳动能力了,啥都没有,草山费有,现在只有户口了,户口还在那边,草山费每年1010元。牛羊啥都没有,上缴了,不能转给亲戚,没劳力就不行,必须上缴。(房子怎么分?)县上分到村上,村上分到社上,自愿过来的,有的不愿意,愿意的都过来了。分房子镇上领导有,村上领导也有。社上有8户,这边房子一排一排抽签,我就抽到这个了。(千才,男,76岁,藏族,2009年从拉布乡拉达村半农半牧区搬来)

我叫QYCZ,属虎,和老公离婚了,搬过来不到两年就离婚了,两个孩子都在我这里,老公找了另外一个女人走了。农村户口,2009年从拉布乡拉达村东科社搬来。搬迁前跟父母一块种地,现在没啥干的,看小孩。搬迁前收入靠挖虫草和种地,那会儿有40多头牛,在拉布镇上待了几年,然后搬过来了,只能在社里挖,刚开始有传言——不能挖虫草。(实际上)能挖,300根,挣了五六千元,那边虫草也不多。家里的子女都出嫁了,就剩我一个。牛羊,家里父母放着。(QYCZ,女,37岁,藏族,2009年从拉布乡拉达村半农半牧区搬来)

我叫元旦松包,42岁,媳妇40岁,不是仲达村的人,萨迦派,农村户口,没上过学,2011年地震的时候从拉达(村)东科社搬来,搬迁前打小工,能出去打工就去。以前收入靠打工、挖虫草,挖是挖不多,每月1500元,以前在(玉树)州上租房子住,2010年到州上,为了生活,活好找,租金200(元)每月。土地和草山以前有,放着呢。(元旦松包,男,42岁,藏族,2011年从拉布乡拉达村半农半牧区搬来)

从众多移民所讲述的家庭状况来看,移民所反映的问题集中在搬迁前后家庭收入来源的变化上。移民在搬迁之前家庭收入的主要来源是种植青稞、放牧牛羊和挖虫草,搬迁造成他们原有收入来源的丧失。搬迁后,挖虫草、打零工、草场租金及政府补助成为人们最主要的收入来源,拥有一技之长并能以之生存的移民只占很少的一部分。加之移民文化程度较低,造成搬迁后移民只能"随便坐着"或者"随便闲着"。此外,搬迁之前,他们的经济状况其实并不是很好,且一家最少有两个孩子,对房子的需求以及孩子的教育需求是推动他们搬出原住地的主要动力。

四 搬迁"好处""不便"与"担忧"

查拉沟社区的生态移民属于集中安置,自主搬迁。搬迁过程并没有政府的统一调配,政府只给出了搬迁时间,具体搬迁事宜则由移民自己安排。调查得知,移民主要是用拖拉机、卡车或者农用车完成搬迁的。对于那些无车可用的移民来说,只能向朋友借用。

搬的时候按条件,比如有多少头牛。条件差的,经过搬迁户的同意就搬下来了;条件好的,有很多牛羊,(他们)没搬,即便他们想搬下来,也放不下牛羊,没人照看。(白马才旦,男,34岁,藏族,2011年从尕朵乡卡茸村牧区搬来)

拖拉机,自己搬的。(白军元旦,男,49岁,藏族,从称文镇阿多村半农半牧区搬来)

自己搬的——卡车。(昂文巴毛,女,31岁,藏族,2009年从尕朵乡卡吉村半农半牧区搬来)

下面的对话可以为我们呈现移民搬迁过程的不同画面,简单而又明了。

问:怎么搬的?
答:用农用车搬的,8月搬的。(土登嘎松,男,38岁,藏族,2011年从尕朵乡岗由村牧区搬来)

搬迁的时候用车,亲戚朋友帮忙。(罗松,男,29岁,藏族,2015年从拉布乡拉达村半农半牧区搬来)

用大点的三轮车,一趟搬过来,汽车再装一点。(才仁拉毛,女,21岁,藏族,2013年从尕朵乡卡吉村半农半牧区搬来)。

搬的时候骑马过来的。(更多,男,54岁,藏族,2009年从称文镇上庄村牧区搬来)

搬迁之后,面对新的生活环境,有的人心情欢乐,对新房子充满了满足感和幸福感；有的人面对新的环境和未知的境况则充满了忧虑，甚至对搬迁产生了后悔的情绪。问及"刚搬来时的心情"，移民大多是这样叙述的。

刚来的时候心情好（笑声朗朗），感谢国家给了我们这个房子，不然我们的房子都成问题。（白马卓尕，女，48 岁，藏族，2010 年从拉布乡达哇村半农半牧区搬来）

钱给得多，房子——国家给的，学校也好，那个心情好呗。（白军元旦，男，49 岁，藏族，从称文镇阿多村半农半牧区搬来）

好，高兴，不用干活了，所以高兴，搬过来干的活少，以前自己干的多。（昂文巴毛，女，31 岁，藏族，2009 年从尕朵乡卡吉村半农半牧区搬来）

这里的天气暖和，有房子，心情好，很高兴。（土登嘎松，男，38 岁，藏族，2011 年从尕朵乡岗由村牧区搬来）

兴奋和激动，到一个新的地方总会有（这样的心情）。（才仁拉毛，女，21 岁，藏族，2013 年从尕朵乡卡吉村半农半牧区搬来）。

刚开始不熟悉，有点难过，现在好了。（且措，女，30 岁，藏族，2012 年从尕朵乡卡吉村半农半牧区搬来）

（心情）比较好一点，就想找个工作，不那么辛苦，现在的话（感觉）还是牧区好，至少有稳定的工作。（罗松，男，29 岁，藏族，2015 年从拉布乡拉达村半农半牧区搬来）

哈东西都没有，到这里，镇上、县上给了点东西，刚搬的那年，拉布的钱给得多。刚来时拉布给了 18000 元。草山分了，下午搬来，心里很高兴！是第一个到这儿的。刚来时没电、有水，不是自来水，行政区建完了，没水了，有个小河。（千才，男，76 岁，藏族，2009 年从拉布乡拉达村半农半牧区搬来）

很明显，多数移民由于解决了住房、孩子上学的问题或是享受到了优惠的国家政策而感到喜悦。但同时，他们也对将来的工作和生活问题产生了略微的忧虑。此外，也并不是所有移民都是心情喜悦的，移民更多地觉得搬迁之后心情不怎么样，因为离开了草场。

搬过来时心情不怎么样，为了孩子，为了草山就搬了，放弃了草山。(更多，男，54岁，藏族，2009年从称文镇上庄村牧区搬来)

从笔者和搬迁移民的几组对话中，可以进一步体会他们刚搬来时的心情。

笔者：刚来时心情怎么样？
更求代西：不好说，刚来时院子没修，院子没有。
更求代西的老公：就想着总算有个房子了。①

笔者：刚搬来时的心情怎么样？
索昂吾周的老婆：刚来时觉得总算有个房子了，来这里以前在（玉树）州上租房子住，付房租费，房子没有，这里就不想来了，现在不用付房租了，感觉挺高兴的。
索昂吾周：总算有个房子了。②

笔者：搬来时心情怎么样？
扎西代吉：当然是开心。
扎西代吉的女儿：我也开心，因为这里地方大，以前院子小，种地种过一两年。③

问：搬来时的心情怎么样？
答：心情挺好，有房子给。
问：搬来好还是没搬好？
答：条件好的话那里好，我们在这里也很幸福。④

---

① 受访者：更求代西，女，46岁，藏族，2011年从拉布乡郭吴村半农半牧区搬来。
② 受访者：索昂吾周，男，37岁，藏族，2010年从拉布乡得达村农区搬来。
③ 受访者：扎西代吉，女，32岁，藏族，2009年从称文镇宋当村农区搬来。
④ 受访者：元旦松包，男，42岁，藏族，2011年从拉布乡拉达村半农半牧区搬来。

（一）搬迁后的好处

移民认为搬迁有很多的好处，主要是孩子上学方便，有自己的住房，能享受国家补助，交通便利。其中大多数移民认为搬迁后的好处是孩子上学方便。仅从这一点就可以看出，人们思想观念已经在悄然发生着变化，家长们对教育的重视程度可见一斑。从移民搬迁原因到移民认为搬迁后的好处再到移民谈论教育问题时的想法，无疑都能明显地感受到查拉沟社区的移民对于孩子教育的重视要超出我们过去的认知。虽然我们不能确知这一思想转变是何时以及因何而产生的，但是我们切切实实看到了家长们的实际行动——为了改善孩子的教育条件而宁愿选择搬迁，即使生活艰难，依然愿意留在城镇，只是希望孩子们能接受良好的教育，一句"我们的未来一直寄托在孩子身上"，真是道出了移民所有的期望。

> 子女上学方便，小孩上学接送方便。（扎西昂加，男，33岁，藏族，2010年从称文镇宋当村农区搬来）
>
> 搬来最大的好处，不用付房租，以前和母亲、弟弟租房子住，在县城租了将近十几年，今年（2016年）母亲74岁，弟弟33岁。现在弟弟从赛河乡阿多村单独领了个房子，姐姐也单独领了个房子。（永阳，女，44岁，藏族，2011年从称文镇拉贡村农区搬来）
>
> 搬到这里最大的好处是子女上学方便。（马生福，男，44岁，汉族，从拉布乡吴海村牧区搬来）
>
> 最大的好处是送孩子上学方便，其他的基本都一样。（更求代西，女，46岁，藏族，2011年从拉布乡郭吴村半农半牧区搬来）
>
> 搬迁后的环境好，学生上学方便，最主要是教育方面，活也好找。以放牧为主，拖拉机用不上，县城比去年（2015年）活也少了，灾后重建工程期间，工程特别多，现在工程也少了，夫妇二人都打工。搬这里挺好的，离学校也近，两个女儿，老大在称多完小上三年级，接送上学，有时骑摩托车，有时开车，到学校有2公里。（小孩为什么自己不走着上学？）担心偷小孩，听说社区里两三个小孩丢了，最后抓住了偷小孩的人，小孩找着了。（××，男，32岁，藏族，2010年从尕朵乡卡茸村牧区搬来）

搬到这里最大的好处是能享受国家的一些补贴，打工——在这里活好找一点。（索南，男，30岁，藏族，2010年从拉布乡拉司通村半农半牧区搬来）

搬到这里最好的是送孩子方便，路也方便。（索昂吾周，男，37岁，藏族，2010年从拉布乡得达村农区搬来）

搬到这里最好的是能供孩子上学，交通也比较方便，生活还是牧区好。（江永昂布，男，37岁，藏族，从尕朵乡卡茸村牧区搬来）

生态移民，对搬迁的人还可以，稍微有点活干，生活就有保障了。（江才，男，47岁，藏族，2009年从拉布乡吴海村牧区搬来）

子女上学方便。（才仁求真，女，35岁，藏族，从称文镇岗茸村半农半牧区搬来）

学校、交通方便，但生活水平下降了。（更多，男，54岁，藏族，2009年从称文镇上庄村牧区搬来）

电、路、学校（比较好）。（白军元旦，男，49岁，藏族，从称文镇阿多村半农半牧区搬来）

交通方便了，能上学。（昂文巴毛，女，31岁，藏族，2009年从尕朵乡卡吉村半农半牧区搬来）

啥好处没有，主要是为了两个孩子，孩子在孤儿院里，是前夫的孩子，前夫病逝了，家里一点收入都没有，自己又有病，（孩子）放在那里好一点。孩子住校，不用接送，暑假和寒假才过来。（拉毛松毛，女，43岁，藏族，2015年从尕朵乡科玛村半农半牧区搬来）

小孩上学方便，其他的也没啥，在牧区的话要住校，小孩上学不交钱，牧区也不需要交钱。教育条件这里好，每年考试的话，都是县完小考得好。（土登嘎松，男，38岁，藏族，2011年从尕朵乡岗由村牧区搬来）

这里气候好，上学方便。（且措，女，30岁，藏族，2012年从尕朵乡卡吉村半农半牧区搬来）

最方便的是上学。（卓才，女，40岁，藏族，2009年从尕朵乡岗由村牧区搬来）

学校方便。（扎西代吉，女，32岁，藏族，2009年从称文镇宋当村农区搬来）

小孩上学，主要是（因）这个问题来的，不上幼儿园上不了一年级，对小孩有好处。（罗松，男，29岁，藏族，2015年从拉布乡拉达村半农半牧区搬来）

最好的是那边搬过来的几个邻居。（千才，男，76岁，藏族，2009年从拉布乡拉达村半农半牧区搬来）

最主要是孩子，学校近，有房子，最好的是学校。（QYCZ，女，37岁，藏族，2009年从拉布乡拉达村半农半牧区搬来）

房子和地（院子）。（元旦松包，男，42岁，藏族，2011年从拉布乡拉达村半农半牧区搬来）

（二）搬迁后的不便

被访者所提到的搬迁带来的不便几乎涵盖生活的方方面面，包括饮食、交通、社区环境、人际交流、消费，等等。其中饮食方面主要是对牛羊肉减少的不适应，交通方面则是出于孩子上学不便的考虑，社区环境主要是对厕所、水和治安的抱怨，人际交流体现为移民搬迁后与原有社会关系的割裂，消费方面则是对城市生活花销增加的无奈。移民区路边有很多野狗，走在社区的街道上，总是有一种胆战心惊的感觉，担心会突然出现一只凶猛的狗向你扑来。这些野狗之前都是有主人的，后因种种原因而被抛弃。说到养狗的问题，我们就此了解过移民的看法。

笔者：养狗干什么？

元配：以前放牧——养狗，一家有两三只，防狼、防小偷。岗茸村距这里20多公里，海拔比这里高，野生动物多，有雪豹、鹿、狼。

笔者：狗吃什么？

元配：吃糌粑、肉汤、骨头，那个时候牛羊也多。

笔者：查拉沟（社区）养狗吗？

元配：现在养狗的少了，牛羊也没有了，不需要防狼，家里什么也没有，不用防小偷，只有我自己，还剩个摩托车。（开玩笑地笑

着说)①

    笔者：牧区为什么养狗？

    土登嘎松：防小偷、防狼。

    笔者：现在为什么不养狗？

    土登嘎松：万一咬到人家的话不好。②

实际上，《青海风土记》中对于牧民养狗的风俗有所记录，可供我们了解狗在牧区的作用与特性。

    因为保护羊只，各帐房养着大番狗两三条，身量有二尺高低，自首至尾有三尺左右，凶猛无比，凶恶的狼见了也要退避。客人经过部落时，不敢下马，在马上抽出刀来，遮护自己双腿，不然，就免不了被狗咬伤。但是狗的猛扑横咬，无论如何总不能免，甚至狗已受了刀伤，它还是在那里发威。不过他们有个惯例，客人不得把狗杀伤，若是犯了这个禁例，休想带着头脑回去。但是他们也有相当的办法，每逢客人到来或经过，不管认识不认识，差不多全部有男妇出来，一面招呼，一面替他挡狗，所以被狗咬伤的时候很少。这种狗有些怪性子，就是两个帐房虽是相连，他们往来又密，可是甲帐的人要往乙帐去，须先通知一声，叫乙帐的人出来挡他的狗；若是没有通知，径自直入，对不起，老狗来挡驾了。因为它只认得自己帐房的人，不认得别帐房的人，但是一层，不管任何帐房的妇女，随意可以往来，别的部落的妇女，亦可径行直入，那凶猛的狗仿佛是熟视无睹的！若是内地的小狗，怕没有这种特性吧！③

虽然元配和土登嘎松都说现在养狗少了，可是就笔者所观察到的现

---

① 受访者：元配，男，67岁，藏族，2011年从称文镇岗茸村半农半牧区搬来。
② 受访者：土登嘎松，男，38岁，藏族，2011年从尕朵乡岗由村牧区搬来。
③ 杨希尧：《青海风土记》第10卷，新亚细亚学会，1933年，转引自丁世良、赵放主编《中国地方志民俗资料汇编（西北卷）》，北京图书馆出版社1989年版，第276—277页。

象，移民社区存在的野狗数量绝不会少于10只。它们平时都徘徊在社区路边、厕所周围，有些野狗看起来还非常凶猛。我们不排除移民搬迁时将狗带到城镇，之后由于养不起或者其他原因而将狗舍弃，从而造成社区内野狗成群的现象。

  最不方便的是上厕所，公用的只有2个厕所，称文镇移民点只有2个。（扎西昂加，男，33岁，藏族，2010年从称文镇宋当村农区搬来）

  搬到这里最不好的是孩子接送有点不方便，现在摩托车接送小孩上学，我们以前是农村户口，现在是城镇户口，小孩杂费都得交，比如住宿费、饮食费都得交。农村户口孩子享受待遇多，变城镇户口后扶贫贷款取消了，（变城镇户口后悔吗？）后悔了，希望变回农村户口。（母亲说）以前这个地方，以前农村户口到民政局要个粮食都容易得很，现在变城镇户口了，难得很。没搬迁，在拉贡村有格桑花助学基金，这里没了。上面要求变户口，取消所有低保，除尕朵乡，其他全变成城镇户口了，尕朵乡包村干部没让变城镇户口。（永阳，女，44岁，藏族，2011年从称文镇拉贡村农区搬来）

  挖虫草期间路途遥远、不便利，坐车包车能容纳7个人，每人50元，要2个多小时，100多公里，搭帐篷住一段时间，挖完返回。整个挖虫草期间，我们俩都挖，挖虫草期间雇保姆照看孩子，一个小孩给2000元，两个孩子给4000元。（卓玛，女，藏族，2010年从尕朵乡卡吉村半农半牧区搬来）

  （搬迁后）最大的好处……不好说。（马生福，男，44岁，汉族，从拉布乡吴海村牧区搬来）

  搬这里最不方便的是自来水没通，路边共用的自来水只有1个，在院子里自己挖了个井，冬天会冻结，冻结时我们到2公里远的称文镇雪吾村达哇社去取水，是神山圣水——泉水，那个地方冬天水不结冰，水特别清，几天去取一次水。路边小房子的自来水冬天偶尔会结冰，移民点每家每户自来水没有，自来水的井，每两家门口就有个自来水井，不知什么原因，水根本就没通。（索南，男，30岁，藏族，2010年从拉布乡拉司通村半农半牧区搬来）

最不方便的是没有水。(索昂吾周,男,37岁,藏族,2010年从拉布乡得达村农区搬来)

身体上有点不适应,经常生病。(白马卓尕,女,48岁,藏族,2010年从拉布乡达哇村半农半牧区搬来)

最不方便的是取水问题,我家被盗过两次,藏袍、电视、藏毯丢了两次。(江永昂布,男,37岁,藏族,从尕朵乡卡茸村牧区搬来)

没什么不方便的。(才仁求真,女,35岁,藏族,从称文镇岗茸村半农半牧区搬来)

生活上,肉啊比原先少了,生活质量下降了。(更多,男,54岁,藏族,2009年从称文镇上庄村牧区搬来)

搬过来后悔了,一个家没一个人工作,邻居家也一样。(白军元旦,男,49岁,藏族,从称文镇阿多村半农半牧区搬来)

生活上不方便。(昂文巴毛,女,31岁,藏族,2009年从尕朵乡卡吉村半农半牧区搬来)

最主要的是水的问题,这里没有自来水,水是从查拉河挑来的,每天都要拉,有时候自来水有一点点,水费自己没交过。(土登嘎松,男,38岁,藏族,2011年从尕朵乡岗由村牧区搬来)

搬迁后不好的是开销多、有病,每一次逛街不知道买了啥,(钱)就没了。(才仁拉毛,女,21岁,藏族,2013年从尕朵乡卡吉村半农半牧区搬来)

没什么不方便的。(且措,女,30岁,藏族,2012年从尕朵乡卡吉村半农半牧区搬来)

没啥不方便的。(卓才,女,40岁,藏族,2009年从尕朵乡岗由村牧区搬来)

下水道很臭,冬天经常停水,停水了用摩托车从河边拉。(扎西代吉,女,32岁,藏族,2009年从称文镇宋当村农区搬来)

用水不方便。(罗松,男,29岁,藏族,2015年从拉布乡拉达村半农半牧区搬来)

水不方便,没有厕所,再找其他地方,这里有个厕所,拆了不到一个月。(千才,男,76岁,藏族,2009年从拉布乡拉达村半农

半牧区搬来)

水困难，治安那些都好，好得不得了。(QYCZ，女，37岁，藏族，2009年从拉布乡拉达村半农半牧区搬来)

水，刚搬来有水，现在没有。(元旦松包，男，42岁，藏族，2011年从拉布乡拉达村半农半牧区搬来)

首先，用水问题是移民搬迁后生活不便的最主要问题。基本生活设施的建设是移民社区治理的物质基础，这些基本的社区物质条件直接影响到移民对于新社区的评价和心理归属感。事实上，不论是移民提及的饮水问题还是厕所问题，都属于社区基本生活设施建设的范畴，这是一个社区得以建立的最基本条件。但是，笔者在调查过程中发现，事实上村子里每隔两三户人家就有一个自来水井，就数量而言已经足够满足移民生活所需。问题在于玉树地区冬天气温极低，造成水管冻结。这与当地气候特征有很大关系，高寒是称多县气候的基本特点，这里只有冷暖之别，而无四季之分，全年冷季长达8—9个月，暖季只有3—4个月，并没有真正意义上的夏天。[1] 1961年到2014年的54年中，称多县的年平均气温为－4.49℃，最冷年为1997年（－6.70℃），最热年为2009年（－2.60℃），最热年平均气温比最冷年高4.10℃。[2] 至于公共厕所，据我们观察，查拉沟社区共有6个公共厕所，这些厕所在我们所绘制的查拉沟社区地图上均可看到。调查期间，查拉东路路边的两个公共厕所显然已经荒废许久，成了羊群的休憩之所。

(三) 搬迁后的担忧

移民对今后生活的担忧主要体现在六个方面，即身体健康、孩子学费、孩子前途、虫草、工作收入及国家补助。不少移民都身患疾病，这既与其原有生活环境状况有关，也与牧区薄弱的医疗卫生条件有关，所以我们经常看到移民将无病无灾、身体健康视为很大的福分。而除了健

---

[1] 称多县志编纂委员会：《称多县志》，内部资料，2016年，第75页。
[2] 铁吉新、赵全宁、马林：《气候变暖背景下称多县近54年气候变化特征分析》，《青海草业》2015年第4期。

康状况之外的其他担忧，其实本质都是对于生活来源的忧虑，只是这种忧虑体现在不同的侧面而已。问及"您是否担忧今后的生活"，我们的报道人是这样述说的。

担忧，主要担忧这个脚再次瘫痪，就照顾不好老婆、孩子。（扎西昂加，男，33岁，藏族，2010年从称文镇宋当村农区搬来）

担忧今后的生活，最担忧的是孩子的学费，小学不交，上大学都要交。（白马才旦，男，34岁，藏族，2011年从尕朵乡卡茸村牧区搬来）

担忧，最担忧的是虫草量越来越少，找不上活怎么办。（××，男，32岁，藏族，2010年从尕朵乡卡茸村牧区搬来）

对今后的生活有担忧，最大的担忧是以后的活越来越少，家庭支出有点担忧。（索昂吾周，男，37岁，藏族，2010年从拉布乡得达村农区搬来）

担忧，最担忧孩子的前途，再（要是）我俩的话吃饱就行了。（白马卓尕，女，48岁，藏族，2010年从拉布乡达哇村半农半牧区搬来）

担忧，老公得了关节炎，我自己得了肝包虫，怕以后打不上工、挣不上钱。（扎西的老婆，女，48岁，藏族，从尕朵乡卡茸村牧区搬来）

不担忧，以前乞讨的时候，连个背包都没有，现在有什么好担忧的。（智美，男，68岁，藏族，2010年从尕朵乡布由村半农半牧区搬来）

担忧，怕以后没活干，怕供不起儿子的学费。（才仁求真，女，35岁，藏族，从称文镇岗茸村半农半牧区搬来）

担忧以后没有补助。（更多，男，54岁，藏族，2009年从称文镇上庄村牧区搬来）

主要担心肉、燃料和酥油。（昂文巴毛，女，31岁，藏族，2009年从尕朵乡卡吉村半农半牧区搬来）

最担忧的是孩子的学习成绩，教育上让他们好好学习，不要像我一样。（土登嘎松，男，38岁，藏族，2011年从尕朵乡岗由村牧区搬来）

我妈妈不生病，爸爸不生病，再出去工作。（才仁拉毛，女，21岁，藏族，2013年从尕朵乡卡吉村半农半牧区搬来）

吃的、穿的就（靠）老公一个人的工资，1个人养着6个人。（且措，女，30岁，藏族，2012年从尕朵乡卡吉村半农半牧区搬来）

非常担忧，最怕家里供不了小孩上学，家里经济条件不好。小孩子耳朵肿着，里面全是脓，医生说长大了必须做手术，时间长了不好治，但现在没钱，妈妈胆结石，没钱做手术。（卓才，女，40岁，藏族，2009年从尕朵乡岗由村牧区搬来）

担忧经济条件，二十几岁就想出去了，打个工，学门手艺，父母不让，怕学坏，让赶紧找个媳妇，父母思想单纯，主要是吃饱喝足，现在社会光吃饱喝足不行。（罗松，男，29岁，藏族，2015年从拉布乡拉达村半农半牧区搬来）

（双手合十抚脸）两个孩子能吃上国家的饭最好。（QYCZ，女，37岁，藏族，2009年从拉布乡拉达村半农半牧区搬来）

事实上，不论是对工作、教育还是健康的忧虑，移民的担忧都源自搬迁所造成的收入和支出方面的变化。当然，并不是说搬迁之前移民的家庭收入就很高，而是搬到城镇生活增加了他们的生活成本。或者说，搬迁暂时加重了他们这方面的忧虑。党的十九大报告指出："完善公共服务体系，保障群众基本生活，不断满足人民日益增长的美好生活需要，不断促进社会公平正义，形成有效的社会治理、良好的社会秩序，使人民获得感、幸福感、安全感更加充实、更有保障、更可持续。"[1] 而解决生态移民对未来生活的担忧，正是移民社区治理的关键所在。

---

[1] 《习近平在中国共产党第十九次代表大会上的报告》，2018年3月9日（http://www.xinhuanet.com/politics/19cpcnc/2017-10/27/c_1121867529.htm）。

第 二 章

社会适应

一 吃穿住行

（一）吃

移民搬迁后受到城镇饮食习惯、物价和收入水平的影响，自身的饮食结构发生了变化。这些变化因为移民迁出地的不同而有所差异。对于来自牧区的移民而言，饮食结构的变化，相对于来自农区和半农半牧区的移民来说更加剧烈。总体来说，移民的饮食结构逐渐从糌粑、牛羊肉过渡到蔬菜和米面，其中，牛羊肉在饮食结构中所占的比例受市场价格的影响而下降，蔬菜在饮食结构中的比例大为提升。尤其对于牧区搬来的移民，要实现从牛羊肉到蔬菜的变化，还是需要一些时间的适应。牧区移民的饮食结构总体上呈现由单一到复杂的变化，正如移民马生福所说，搬迁后饮食变得"混杂"，饮食制作也必然会经历一个由粗糙到精细的过程。搬迁后，移民的一日三餐普遍是早晨糌粑、中午米饭或炒菜、晚上面片。此外，一些移民对于不同的蔬菜，适应性有所不同，他们对油白菜（油菜）的适应较其他蔬菜快，村民江才就觉得，"对现在的饮食比较适应，油白菜吃得稍微习惯一点，其他菜感觉没油，吃肉感觉能吃饱"①。

不论是牧民还是农民，搬迁前后，糌粑都是他们的主食，即把青稞炒熟磨成细粉，尤其是早餐，人们都习惯于吃糌粑。在牧区，除糌粑外，人们很少食用其他粮食制品。食用糌粑时，要拌上浓茶或奶茶、酥油、

---

① 受访者：江才，男，47岁，藏族，2009年从拉布乡吴海村牧区搬来。

奶渣、糖等一起食用。糌粑这种食物是适应游牧生活的产物，因为它既便于储藏又便于携带，食用时也很方便。[1] 酥油是从牛奶、羊奶中提炼的食品，在藏区人们普遍喜欢喝酥油茶，这一习惯即使在移民搬迁后都没有改变。此外，奶茶也是移民生活中重要的饮品。牧民在牧区时饮食结构以牛羊肉为主，奶茶和酥油茶中含有的维生素和茶碱可以补充由于饮食中蔬菜缺乏而引起的维生素不足，帮助消化。[2] 与此同时，不可忽视的是，城市中的饮料如可乐、橙汁、雪碧等也早已进入移民的生活。尤其在节日期间，很多人家的茶几或者桌子上都摆满了桶装的饮料。

过去他们很少食用蔬菜，主食为糌粑，副食以牛肉、羊肉为主。一般在入冬后宰杀的牛肉、羊肉一时食用不了，多切成条块，挂在通风之处，使其风干。冬季制作风干肉既可防腐，又可使肉中的血水冻住，能保持风干肉的新鲜色味，是藏族人民喜爱的生食牛肉。每年秋季制作，将鲜牛肉割成条，穿成串，撒上食盐、花椒粉、辣椒粉、姜粉，挂在阴凉通风处，风干后即成，味道麻脆酥甘，酸香满口，咀嚼时无渣塞牙。在西藏高寒地区，食品不易霉烂变质，去水又保鲜，故时至今日，吃风干牛肉之风仍极盛行。[3] 笔者在称多县清水河镇调查时，便见到了这种风干的牛羊肉。那时正是下午4：00多钟，经过一个多小时的访谈颇有些疲倦，男主人便从厨房里直接拿出一大片风干肉甩在草地上邀请我们食用，但我们最终还是没有勇气亲口品尝。谈及饮食，无论男女，他们都有切身的体会。

> 饮食一样，蔬菜啊、糌粑，最主要的是吃点糌粑，搬迁前后饮食差不多一样，肉买不起，以前也是吃菜，家里没钱。（扎西昂加，男，33岁，藏族，2010年从称文镇宋当村农区搬来）
>
> 现在吃蔬菜多，还有牛羊肉、糌粑，主要是价格原因，菜便宜。（永阳，女，44岁，藏族，2011年从称文镇拉贡村农区搬来）
>
> 以前吃牛羊肉、奶子、酸奶、糌粑，现在主要是面食、蔬菜、

---

[1] 称多县志编纂委员会：《称多县志》，内部资料，2016年，第804页。
[2] 同上书，第804—805页。
[3] 同上书，第806页。

糌粑，没牛羊了，肉也买不起，菜有点吃不习惯，现在这里1斤牛肉25元，1斤羊肉26—27元。以前没吃过菜，在这里主要吃辣子、白菜。有些菜吃不习惯，比如薑，对身体非常不好；有些菜还可以，老婆喜欢吃白菜，但我不喜欢。以前在牧区没什么菜，也不会炒，现在到这里慢慢学会了，没人教你，自己琢磨着炒，看着亲戚邻居家有人做客，他们炒菜时（我们）看着就学会了，很想到饭馆里打工，但不认识（汉）字就去不成，略懂一点藏文，现在饮食比较适应了。（白马才旦，男，34岁，藏族，2011年从氽朵乡卡茸村牧区搬来）

饮食一样，我不经常吃糌粑，老婆经常吃糌粑，现在（以）面食为主，我炒面吃得少，老婆吃得多，小孩大部分时间在学校。一般中午吃米饭，晚饭吃面。曲拉、炒面贵，饮食习惯混杂。（马生福，男，44岁，汉族，从拉布乡吴海村牧区搬来）

吃的在这里好多了，因为打工这里稍微多一点，挣钱多一点，面食、蔬菜、米饭、糌粑，吃菜刚开始有点不习惯，还是想吃以前的东西，种种条件的原因，现在吃不上，以前有曲拉啊酥油啊……刚开始吃菜时有点不适应，最大的反应就是吃上一两口就饱了，没胃口，持续了几个月，慢慢就适应了。（更求代西，女，46岁，藏族，2011年从拉布乡郭吴村半农半牧区搬来）

饮食变化不大，早上炒面，中午米饭，晚上面条，饮食非常适应。（××，男，32岁，藏族，2010年从氽朵乡卡茸村牧区搬来）

以前牛羊肉、曲拉、酥油、糌粑，现在吃得好，主要是蔬菜、糌粑，在白龙村是夏天吃菜，自己种白菜，老婆在牧区不吃菜，主要吃青稞糌粑。对现在的饮食比也较适应。（扎西求将，男，47岁，藏族，2010年从氽朵乡卡茸村牧区搬来）

早上糌粑，中午米饭、炒菜，晚上面片，饮食没什么变化。（索南，男，30岁，藏族，2010年从拉布乡拉司通村半农半牧区搬来）

老家是农区，农区很少吃牛羊肉，自己没有，主要吃糌粑，搬迁前后吃的一样，老家自己种大白菜、洋芋，搬迁后早晨糌粑，中午炒洋芋、（吃）米饭、馍馍，晚上面条。吃菜不多，肉也不多，买不起，哪个便宜吃哪个，饮食方面比较适应。（索昂吾周，男，37

岁，藏族，2010年从拉布乡得达村农区搬来）

以前主要吃牛羊肉，酸奶、牛奶，到这里变为以面食、蔬菜为主。（江永昂布，男，37岁，藏族，从尕朵乡卡茸村牧区搬来）

搬迁前后吃的一样，吃的，以前稍微好一点，大女儿没去世时打工挣点钱，在超市帮忙当服务员，生活稍微好一点。早上糌粑、馍馍（饼子和馒头），中午有时炒点菜，有时泡点面，晚餐（吃）面片。以前钱多一点，啥都可以买，现在挣得少一点，稍微有点困难。

来这之前在县城租房子住，吃的都好，移民点比县城好，以前要交房租，现在搬迁后早餐糌粑，中午炒个菜什么的，晚上面片。（当正，女，33岁，藏族，从尕朵乡科玛村牧区搬来）

搬迁前酥油、炒面、曲拉，现在的话，早上糌粑，中午不吃，晚上儿子回来炒菜、做面片。搬迁前后饮食也没大的区别，平时也不喜欢吃菜，夏天主要靠国家补助，回牧区买牛羊肉、酥油等。平时不怎么喜欢吃菜，也从没下过馆子，汉族吃的鸡鱼等我们都不喜欢，就吃牛羊肉，以前是牧民，没买过什么菜，也没吃过什么菜，习惯了。和儿子每年买一头牛，有冰箱存放，从牧区买的，这里的肉不随便买，现在市场卖的，怕是病死的，不敢买，到牧区买宰了之后的牛肉，包车拉回来，车费单趟200元或300元，贵呢！再（要是）不贵的话，人家不去。（智美，男，68岁，藏族，2010年从尕朵乡布由村半农半牧区搬来）

搬迁前主要吃牛羊肉、酥油、糌粑，在牧区时偶尔一星期吃一两次菜，比如蒜薹、芹菜。搬迁后，肉吃不上，酥油之类的买不起，来这里菜吃得多了，现在只能吃些菜，菜吃得习惯吃不习惯，也得吃，买不起就不吃，通常吃油白菜、橄榄。（吃菜、吃肉感觉有什么不一样？）油白菜吃的稍微习惯一点，其他菜感觉没油，吃肉感觉能吃饱。对现在的饮食比较适应。（江才，男，47岁，藏族，2009年从拉布乡吴海村牧区搬来）

以前在老家大部分是酥油、糌粑，现在比以前变化大，平时炒点菜，过去夏天只能吃上自己种的菜——油白菜。菜可以吃习惯，现在吃菜，能吃上啥就吃啥。（才仁求真，女，35岁，藏族，从称文镇岗茸村半农半牧区搬来）

搬迁前吃的是酥油、炒面，牧区不吃蔬菜。现在吃洋芋、酥油、炒面，搬过来吃蔬菜，这边也吃肉，但肉太贵。（更多，男，54岁，藏族，2009年从称文镇上庄村牧区搬来）

以前主要吃酥油、肉，现在吃蔬菜、面包。现在酥油、肉贵，但是酥油、肉好，想吃得很，身体也好，种了一点菜，地没有。（白军元旦，男，49岁，藏族，从称文镇阿多村半农半牧区搬来）

肉是以前的牛羊，（牛羊）没卖，一样地吃着呢（现在吃的和以前一样）。牛羊，亲戚看着呢，不用给钱。（昂文巴毛，女，31岁，藏族，2009年从尕朵乡卡吉村半农半牧区搬来）

搬迁前主要吃炒面和肉，搬迁后很少吃肉，还是肉好吃，对身体来说，肉好。（拉毛松毛，女，43岁，藏族，2015年从尕朵乡科玛村半农半牧区搬来）

以前吃炒面，蔬菜也吃。现在跟以前一样，没有种蔬菜。现在蔬菜多，菜店多，以前蔬菜从镇上买。（土登嘎松，男，38岁，藏族，2011年从尕朵乡岗由村牧区搬来）

米饭、面片，糌粑偶尔吃，搬迁前后吃的差不多。（才仁拉毛，女，21岁，藏族，2013年从尕朵乡卡吉村半农半牧区搬来）

搬迁前主要吃炒面、蔬菜，搬迁后吃的一样，这里物价高一点。（且措，女，30岁，藏族，2012年从尕朵乡卡吉村半农半牧区搬来）

搬迁前主要吃炒面和面粉，老公不吃，老公吃馍馍，我喜欢吃糌粑，现在跟以前一样。（卓才，女，40岁，藏族，2009年从尕朵乡岗由村牧区搬来）

搬迁前主要吃米饭和糌粑，早上糌粑，中午米饭，晚上面片。搬迁后吃的没什么不一样的。（扎西代吉，女，32岁，藏族，2009年从称文镇宋当村农区搬来）

搬迁前吃的主要是青稞、炒面和酥油。早上炒面，中午有菜，自己种的土豆，晚上喝粥。搬迁后早上炒面，中午炒个菜、做米饭，晚上牛肉面片，夏天吃不上。炒菜好吃，但没糌粑好吃。现在吃的有营养，但是几天不吃肉，不习惯。（罗松，男，29岁，藏族，2015年从拉布乡拉达村半农半牧区搬来）

搬迁前主要吃糌粑、肉，菜也吃着，自己种着白菜、萝卜、洋芋，现在吃糌粑、菜、肉。糌粑好吃，人老了，习惯了，爱喝茶，吃糌粑、酥油。不太习惯现在的饮食，吃的话，涨肚子，肉也吃不了，最好是炒面。（千才，男，76岁，藏族，2009年从拉布乡拉达村半农半牧区搬来）

搬迁前吃的是糌粑，米和面也吃。搬迁后糌粑、面、米、蔬菜，啥都吃，最好吃的还是肉。（元旦松包，男，42岁，藏族，2011年从拉布乡拉达村半农半牧区搬来）

通过和多位受访者的对话，也可以感受到他们搬迁前后的饮食变化、适应和喜好。

问：这里吃得好还是以前吃得好？
答：这里吃得好，早上糌粑，中午随便吃，炒个洋芋、吃个馍馍，晚饭面片。
问：你会做饭吗？
答："阿拉巴拉"（藏语音译，汉语意为"一点点"）可以。①
问：你会炒什么菜？
答：有啥吵啥。②
问：以前吃什么？
答：以前吃酸奶、肉、白菜。
问：现在呢？
答：现在吃菜和糌粑。喜欢吃糌粑、白菜、洋芋、萝卜，菜瓜也种着。
问：吃哪个好？
答：两个都好，天天吃糌粑吃腻了，换个口味，糌粑是不可缺少的。
问：会炒菜吗？

---

① 受访者：白马卓尕，女，48岁，藏族，2010年从拉布乡达哇村半农半牧区搬来。
② 受访者：扎西的老婆，女，48岁，藏族，从尕朵乡卡茸村牧区搬来。

答：会炒菜，搬过来之后学的，父亲做饭做得好，看着就学会了。①

《玉树调查记》中对于当时玉树藏族的饮食习俗也有些简略的记载，我们不妨用来与上文移民所叙说的餐饮习惯进行对照。

"食品以糌粑为主，时佐以牛羊。糌粑以酥油及茶下之。烹肉不甚熟，亦无盐梅②，亦有不火食者，忌炒食，云炒则腥味招魔。饮茶，杂以牛乳，和咸③少许。牛乳菁华，谓之酥油；其渣滓，谓之曲拉，番多下茶食之。

"番地瘠确而田少，青稞亦不易得，贫民多食牛羊肉及曲拉，时掘脚麻④食之，亦有种蔓菁而食其根者，叶以饲畜。

"客来，则进木匣一，中区为二，一盛糌粑，一盛曲拉，上覆以酥油，奉茶请客，随意和食。接迎官长，则以圆漆盒盛糌粑，上覆酥油少许。食时各有碗及刀，不相乱也，无箸，以手抟之。碗多用桦木及葡萄根为之，富者包以银。"⑤

此外，《青海风土记》中也有与此相关的记录，我们可以一并观之。

"他们吃的东西，大宗是肉类（有完全吃生肉的部落），小宗是炒面，其余的东西就是牛乳的各种产品。肉类，系牛羊肉，猪肉是绝对不吃。牛羊，自己生产，不容外求。不过只要是肉，就拿来吃，决不像内地的人定要吃什么肥的、羯的、好的、新鲜的，还要用刀子杀了的。吃的方法，除了生吃，就是煮着吃，更不像内地人有炒、煎、炖、煮、烧、黄焖、清蒸的许多法子。炒面，是用羊毛和皮子由内地中换去的青禾（形似麦，色黑，内地人认为杂粮之一种）在锅内炒熟，再用手磨推作面粉，便成炒面。每顿饭时，先喝茶，喝茶十足，然后在碗内搁一些面，拌而食之。牛乳制成的东西不少，比方酥油、酸乳、胶乳、乳渣、乳饼、乳饭，等等，算是美

---

① 受访者：秋英才藏，女，37 岁，2009 年从拉布乡拉达村半农半牧区搬来。
② 盐和梅子，盐味咸，梅味酸，均为调味所需。"盐梅"一词，在此处代指调味品。
③ 此处，咸通盐。
④ 脚麻，今通译作蕨麻。
⑤ 周希武、田雯、张澍：《〈青海玉树调查记〉黔书〈续黔书〉》（合订本），中国台湾华文书局 1968 年版，第 157—158 页。

味,非充饥要品,所以他们十分珍重。他们吃饭情形:每天清晨起来,用粪烧茶一锅(砖茶及松潘茶),男女围着灶头两旁坐下,主妇在各人碗内放酥油一片、炒面一撮,盛茶给大家饮。且饮且谈,经一两小时之久,各人茶已喝足。这时酥油因浮在茶面,也被喝完,炒面仍沉在碗底。各人将碗交给主妇,主妇从双格木匣中(一格装酥油,一格装炒面)再取酥油一大片、炒面一大撮,搁在碗中,交付各人用手搅拌,炒面酥油融合成面泥,然后徐徐吃之。吃了后,再喝茶一二碗,起身做事。一日之间,每隔一二小时,照前次方法吃炒面一回。有出帐作事的人,定要他喝上些茶,吃上些炒面;甫经①回来,也照样饮食一次。有客到帐房来,也拿这些东西款待。若是尊客到来,格外给一块馍吃(馍是由内地带去,经年搁在帐房,其干非常;因为天气寒冷,虽是经年,也不会坏)。余每饮(内地每吃必饭,故云'吃';青海人多饮少吃,故云'饮'),主妇给馍一块,优礼再没有了。有钱的人亦买些挂面搁在帐房,预备待客的。"②

糌粑和牛羊肉的吃法,《玉树州志》中的记载则更为详细。

"作为主食的糌粑,就是在铁锅里把青稞炒熟,然后磨成粉,因而也叫炒面。其吃法有两种,一种叫泼霞,另一种叫生。吃泼霞时,先把掺有曲然③的糌粑铺在碗底或放在碗边,压实压平,然后放酥油,斟奶茶,一边喝茶,一边让酥油化开,等茶快要喝完时,就用舌尖把酥油和奶茶已经浸湿的表层糌粑舔完,然后再斟奶茶,这样重复几次就把碗里的糌粑舔完了。这种吃法在有的地方也叫智麻。所谓生,则是现在碗里放酥油和砂糖(有的不放糖),斟上奶茶,等酥油化开后,放上满碗糌粑和曲然,然后用大拇指和小拇指护住碗边,用另三个手指扣压炒面,轻轻地从左向右转动几圈,即可把一碗炒面拌好。拌好的炒面用手捏成疙瘩,即为生,牧区称达哈。糌粑富含脂肪、糖和蛋白质,吃起来既有酥油的芳香,又有曲然的酸甜,还有青稞面的香味,而且营养丰富,耐饥御寒,是玉树藏民居家外出必备的食物。

---

① 甫经,才,刚刚的意思。
② 杨希尧:《青海风土记》第10卷,新亚细亚学会,1933年,转引自丁世良、赵放主编《中国地方志民俗资料汇编(西北卷)》,北京图书馆出版社1989年版,第273页。
③ 曲然即曲拉。

"牛羊肉有煮吃、冻吃、干吃等多种吃法。煮吃即手抓肉,把带骨肉剁割成大块肉,放进锅里,加水并放适量食盐,待开锅后少煮片刻,即可捞出来。这种煮法叫开锅肉,其特点是熟而不烂或半生不熟,味道鲜美,软嫩可口。食用时左手抓肉,右手拿刀,边割边吃。所谓冻吃就是冬天吃冻肉,一般吃冷冻两月以上的冻肉,其吃法是用刀削一块吃一块,味道特别鲜嫩,拌以佐料,其味更佳;所谓干吃就是吃风干肉。把牛羊肉割成条或切成块,装进柳篓、背斗等透风的器具里,放在房顶上或吊挂在屋檐下,经冷冻后风吹日晒而变成非常酥软的肉松,这种干肉,保持着天然鲜美的味道,且愈嚼肉味愈鲜愈浓。这是玉树人加工储存牛羊肉,特别是牛肉的独特方式。"[1]

(二) 穿

着装习惯很多时候受到气候环境、职业类型、生产方式、文化传播等多方面的影响。第一,汉服(现在服饰姑且称之为汉服,便于理解)的影响范围广大。即使是牧区生活的牧民,也早已经习惯藏服、汉服混搭的穿着习惯,甚至很多移民在牧区时很小就开始穿汉服了。第二,经常外出打工的居民出于工作方面的考虑,早已改变了穿衣习惯。第三,藏族男女在着装的适应能力上存在差别。一些没有外出打工经历的藏族中老年女性习惯于穿藏服,即使搬到移民社区,这种习惯依然无法改变。第四,民族重大节日对移民的着装有所影响,即使是平日里习惯穿汉服的人们,在重要的节日时也会选择穿藏服,因为在这样的节日里,服饰是民族文化的象征和外在体现,是本民族成员彰显民族文化和民族认同的重要方面。第五,藏服和汉服的便利性和舒适性对人们的穿衣习惯有影响。正如智美老人所说:"以前买不起藏服,后来穿的话感觉特别不舒服,系个腰带,腰这儿特别疼,袖子特别长,干个活也特别麻烦……好看是藏服好看,虽然藏服好看,但年纪大了,架个炉子、起床,特别麻烦,做个饭也特别麻烦,汉服光着身子就可以穿。"第六,移民在不同的季节会选择不同的服饰。冬季的时候人们往往会选择穿藏服,因为藏服

---

[1] 玉树藏族自治州地方志编纂委员会:《玉树州志(下)》,三秦出版社2005年版,第884—885页。

比汉服更加防寒保暖,能够适应藏区严寒的冬季气候。所以很多移民像土登嘎松一样,"天冷穿藏服,天热穿汉服"。

穿汉服,打工时平常穿藏服不方便,盛大节日穿藏服。非常适应这里的穿衣习惯。(扎西昂加,男,33岁,藏族,2010年从称文镇宋当村农区搬来)

现在经常穿的是汉服,到寺院去拜佛、盛大节日穿藏服。现在穿汉服方便,容易干活,十六七岁以前穿藏服。(永阳,女,44岁,藏族,2011年从称文镇拉贡村农区搬来)

穿汉服方便,偶尔穿藏服。(卓玛,女,藏族,2010年从尕朵乡卡吉村半农半牧区搬来)

汉服,小时候穿藏服,一直穿到10岁,10岁以后开始穿汉服,穿着方便,盛大节日穿藏服,比较适应这里的穿衣习惯。(男主人穿着红色的圆领半袖衫,上面印着西安交通大学"仲英书院"基金赠衣。)(白马才旦,男,34岁,藏族,2011年从尕朵乡卡茸村牧区搬来)

我平时穿汉服,老婆打工时穿汉服,平时穿藏服。(马生福,男,44岁,汉族,从拉布乡吴海村牧区搬来)

汉服,比较适应,没来这里之前,老公就一直穿藏服,来这里后穿汉服,干活方便。(更求代西,女,46岁,藏族,2011年从拉布乡郭吴村半农半牧区搬来)

除了盛大节日,一直穿汉服。老婆从小到大一直穿藏服,在活佛面前说过,今生只穿藏袍,不穿汉装,其他什么都不穿。(男主人是县城里长大的,穿着汉装。)(××,男,32岁,藏族,2010年从尕朵乡卡茸村牧区搬来)

扎西求将:一直这么穿汉服,盛大节日穿藏服。老婆穿藏服,她不喜欢穿汉服,从小到大就这么穿着放牧,穿习惯了,没打过工,找不着活,一直都想找活,可是跟汉族人交往时语言也不通,不知该怎么说。年纪大的女的,一般都穿藏服。孩子说:"不穿藏服,偶尔穿,穿上有点重。"(扎西求将,男,47岁,2010年从尕朵乡卡茸村牧区搬来)

夫妇都穿汉服，在拉布时、念经时穿藏服。（索南，男，30岁，藏族，2010年从拉布乡拉司通村半农半牧区搬来）

夫妇都穿汉服，干活方便，时间长了，打工时就开始穿汉服，一般老人穿藏服，年轻人穿汉服。穿衣习惯方面，比较适应，赛马会去寺院穿藏服。（索昂吾周，男，37岁，藏族，2010年从拉布乡得达村农区搬来）

穿着汉服，好的藏服钱要呢（花钱较多），阿拉巴拉（汉语意为一点点）藏服不喜欢穿（用汉语说的）。（白马卓尕，女，48岁，藏族，2010年从拉布乡达哇村半农半牧区搬来）

从1岁到17岁穿藏服，后来穿汉服，夏天穿藏服有点热，冬天还是穿藏服，暖和。夏天穿汉服，非常方便。（江永昂布，男，37岁，藏族，从尕朵乡卡茸村牧区搬来）

女主人穿着藏服，以前也穿藏服，不怎么穿汉服，平时穿藏服习惯了，别人穿汉服，看着方便，自己穿着有点不适应，挖虫草的时候穿（汉服），老公穿汉服，老公劳动，穿藏服不方便。（扎西的老婆，女，48岁，藏族，从尕朵乡卡茸村牧区搬来）

平时不怎么穿藏服，主要穿汉服，以前就这么穿，老公平时穿汉服，老公穿汉服方便一点，穿汉服舒服，穿藏服，早上起床难一点。（当正，女，33岁，藏族，从尕朵乡科玛村牧区搬来）

之前在牧区穿藏服，搬到这里就开始穿汉服，到这儿干活穿汉服方便。现在老婆穿着藏服，老婆以前就穿藏服，习惯了，穿汉服感觉腰特别冷。（江才，男，47岁，藏族，2009年从拉布乡吴海村牧区搬来）

现在穿汉服，偶尔穿藏服，小的时候能穿啥就穿啥，小的时候穿藏服多一点，到这穿汉服多一些，13岁左右开始穿汉服，之前也没什么钱买汉服，只能穿个老家的藏袍。（才仁求真，女，35岁，藏族，从称文镇岗茸村半农半牧区搬来）

有时穿藏服，有时就这么穿着（便服）。便服方便，走路方便，穿着也方便。冬天穿藏袍，羽绒服没有。（更多，男，54岁，藏族，2009年从称文镇上庄村牧区搬来）

穿的都差不多，藏服干活时穿着不方便，冬天穿藏服，冬天冷，

钱不多，阿拉巴拉（汉语意为一点点）穿着呗。（白军元旦，男，49岁，藏族，从称文镇阿多村半农半牧区搬来）

两种都穿，上身便服，下身藏服。一般老人过节（穿）藏袍。（昂文巴毛，女，31岁，藏族，2009年从尕朵乡卡吉村半农半牧区搬来）

一直穿藏服，挖虫草的一个月穿便服，藏服穿着好，原先穿着习惯了。（拉毛松毛，女，43岁，藏族，2015年从尕朵乡科玛村半农半牧区搬来）

有时候藏服，有时候汉服，天冷穿藏服，天热穿汉服。藏服舒服，我习惯穿藏服，我是藏族（人）。（土登嘎松，男，38岁，藏族，2011年从尕朵乡岗由村牧区搬来）

偶尔会穿藏服，节假日穿，平时穿汉服多。藏服好看，汉服穿着方便。父母穿汉服多，父亲是土族（人）。（才仁拉毛，女，21岁，藏族，2013年从尕朵乡卡吉村半农半牧区搬来）

搬迁前后穿的一样，两个（藏服、汉服）都穿，去远的地方就穿藏服，汉服好，走路方便呗，老公经常穿的是制服。（且措，女，30岁，藏族，2012年从尕朵乡卡吉村半农半牧区搬来）

经常穿便服，穿过藏服，逛街时穿藏服，逛街这样去（穿便服）有点难看。穿汉服方便，冬天穿藏服，冬天冷得很。老公穿便服，藏服他没穿过。对这里的穿衣习惯比较适应着。（卓才，女，40岁，藏族，2009年从尕朵乡岗由村牧区搬来）

汉服，只有节日才穿藏服，因为太重了，袖子有点紧绷。汉服藏服一样的，两个都可以。（扎西代吉，女，32岁，藏族，2009年从称文镇宋当村农区搬来）

平时穿汉服，过节穿藏服，可能是这个社会的原因，穿藏服不方便，汉服比较好穿，藏服看上去好看，弄得一个人穿不上——穿衣服需要人帮忙，自己穿不上。（穿衣）适应，上学就穿这样。（罗松，男，29岁，藏族，2015年从拉布乡拉达村半农半牧区搬来）

两个都穿，现在经常穿汉服，藏服不方便，手脚不利索，难穿。好看是藏服，方便是汉服，当干部，穿汉服。冬天棉裤、棉衣，做的裤子。（千才，男，76岁，藏族，2009年从拉布乡拉达村半农半

牧区搬来）

　　一直是汉服，嫌麻烦，老婆穿藏服，有时候穿汉服，挺适应的。好是藏服好，看样式就好，汉服方便。（元旦松包，男，42岁，藏族，2011年从拉布乡拉达村半农半牧区搬来）

看着他们的穿着，对于远道而来的我们，忍不住就想探知究竟。

　　对话1：
　　问：平时穿藏服还是汉服？
　　答：一直穿汉服，做什么都方便，运动方便，以前买不起藏服。
　　问：穿藏服不方便吗？
　　答：以前买不起藏服，后来穿的话，感觉特别不舒服，系个腰带腰这儿特别疼，袖子特别长，干个活也特别麻烦。一般一身藏服400—500元，好看是藏服好看，虽然藏服好看，但年纪大了，架个炉子、起床，特别麻烦，做个饭也特别麻烦。汉服，光着身子就可以穿。
　　问：妇女穿藏服不嫌麻烦吗？
　　答：男女装有很大区别，女装不那么大，袖子不长，男装前面特别大，袖子也特别长。
　　问：男装为什么比女装大？
　　答：男装肩膀必须放一尺半，袖子三尺以上，女装一般肩膀一尺左右，袖子领口也得放一尺，女的身材小，男的身材大，男女有区别。①

　　对话2：
　　问：平时穿汉服还是藏服？
　　答：两个都穿，去寺院里念经穿藏服，平时大部分穿汉服。
　　问：哪个舒服？
　　答：平时坐着就感觉汉服好一些，也不知道怎么个好法。

---

① 受访者：智美，男，68岁，藏族，2010年从尕朵乡布由村半农半牧区搬来。

问：冬天穿什么？

答：冬天就是（穿）有毛的那种衣服。①

（三）住

牧区迁来的移民，搬迁前住的是帐篷，而农区和半农半牧区搬来的移民在搬迁前则居住在土房子或者平房里，就此而言，农区和半农半牧区的移民对于搬迁后稳定的居住环境更加适应。对于牧民来说，居住空间的改变主要体现在流动性向固定性的转变；而对于农区和半农半牧区的移民来说，更多的是住房面积的扩大和房屋质量的改善。但不可忽略的是，正是由于移民中许多人是玉树地震的亲历者，他们对于房屋的安危会格外在意。因此，许多人不满意移民社区的住房，正是由于房屋在地震中出现了裂缝和坍塌，而后并没有经过维修。预制板建造的房屋，尤其刺激移民的敏感神经。此外，房屋漏水、面积狭小，也影响到移民对房屋的评价。相对于住房格局和结构对移民适应性的影响，房屋质量才是移民关心的重点。

在牧区时，因以放牧为主要生产方式，居住地常因迁移草场而难以固定，故住帐房。

帐房有牛毛帐房、帆布帐房、尼龙帐房、布帐房数种。牛毛帐房又分大小两种。大牛毛帐房样式相同，但大小尺寸又不一样，藏语称"巴"，文字上写作"札各"。四方形，有四个角，上小、中大、下大。一般里边支两杆，上横一杆，外边八个杆子，14条拉绳，均为皮绳，但绳两端多用铁橛子，没有橛子的用牛羊角，钉好后用牛粪盖住，以便结绳固定。夏天多用木橛子。帐房大小根据牛毛褐子②宽窄幅度区分，有7幅的、9幅的、11幅的、13幅的、15幅的……21幅的，均为单数，不用双数。21幅的移帐时需用4头牛驮运。大帐房内可容坐百人以至二三百人，

---

① 受访者：QYCZ，女，37岁，藏族，2009年从拉布乡拉达村半农半牧区搬来。

② 牛毛褐子，即回族及撒拉族、东乡族、土族、裕固族、藏族、汉族等民族民间传统手工织品。流行于甘肃、青海、西藏等地。制作时先将粗羊毛或牦牛毛洗净晒干，经手工捻成毛线，然后以手工织成。手工纺织褐子的起源可追溯至先秦时期，至明代，西北地区尤盛，以甘肃河州（今临夏）民间作坊所织最为著名，其中"呀呀褐""撒拉褐"为佳品。颜色以黑、黄居多，此外还有紫红、大红、赭石、油绿等。按织法不同，可分为"铁裹锦""麦穗子"等。是西北地区各民族农牧民缝制袍、褂、坎肩等服装的传统面料。藏族、裕固族等民族僧人至今仍保留用紫红色褐子缝制袈裟的习俗。参见徐海荣主编《中国服饰大典》，华夏出版社2000年版，第246页。

相当于一个小礼堂。第二种，即小牛毛帐房，内有一横二竖三杆。但外边无杆，外有8条拉绳，藏语称"桑加"，原年错地区称"拿各""拿久"，现在多为五保户的住房。以上两种帐房，锅灶均在中间，灶顶一幅牛毛褐子，遇天热烟多时可揭起，逢雨天雪天寒冷晚间又可盖上，形同天窗。站在门口面向锅灶，左边称"毛巴"，即添牛粪处，为女主人住处。右边即出灰处，这边称"泡巴"，即男主人住处。左边门口为倒牛粪处，旁边放锅具奶桶。左中坐人，左后放皮袄等衣物。右边前放牛鞍马鞍，其余地方可坐人，稍宽敞。左右坐人的地方都铺有羊毛毡片，富者铺栽绒毯。整个帐房后边堆放皮袋、毛袋、箱子，内装青稞、曲拉、面粉、大米、茶叶等食品，上用"撒然"（牛毛制厚单子）覆盖。富户东西多时，帐房内放成凹字形。灶两边均有火塘，可烤火温茶水。过去晚上一般点酥油灯或用牛羊油照明，现在有点煤油灯的，酥油灯仍为多数。过去无被子，仅有皮袄，日穿夜盖，现在被子不少。进帐房左手处，有的垒一小墙，放磨炒面的石磨子，手石磨几乎家家都有。搭帐房时，一般选择避风近水，水草丰美处，但因称多地区常刮七八级大风，帐房时常被风刮得摇摇晃晃。帐房外多数户都拴狗养狗，狗是牧人最忠实的伙伴，守护着家园和牛羊。牛毛帐房上方或外围悬挂经幡，与现在房屋上相同。布帐房，大的称"贡毛切"，最大的可容二三百人；小的称"勾然""查叉"（勒拿），即上边和中间两边用牛毛褐子，其他用布。布帐房上多有图案。大布帐房上有龙、鹿、蝙蝠、香子、吉祥八宝（鱼、法轮、法幢、花朵、海螺、吉祥结等），有的有"寿"字。帆布、尼龙帐房中华人民共和国成立后方有，分为大方形帐房和马脊梁帐房。到现在，帐房的种类五花八门，人们只是在夏季到远山放牧时用，大都是用来在夏季草原上开赛马节、聚会等活动时搭帐房。[①]

农业的土房又称碉房。碉房藏语称"空巴"，分石头垒的和土房两种。中华人民共和国成立前两层房多系富户才有。现在两层房较普遍，也有平房式住宅。两层房，上层住人，下层圈牲畜，放牛粪，放饲草。住人的上层又分住室、伙房、库房，上下时有梯子，有木制梯子或石砌台阶梯，梯旁有一皮绳，可扶抓上下。有的房屋多层，房顶为平台，最

[①] 称多县志编纂委员会：《称多县志》，内部资料，2016年，第807—809页。

下层有通道如地道，特暗，光线几无。院子大门一般朝东，有小院。也有三层楼房的，下二层与上述情况同，最顶层为一间或两间居室。家境较好的不用石块砌，而用木头做成，但这种房较少。石垒的绝大多数系片石砌成，十分精细好看。过去房顶平台上一般用作打碾场，用连枷打青稞。碉房二层楼梯多设有厕所，农业碉房多建在山脚旁，靠山一边尚平。现在，这种碉房已很少见，许多地方作为古房屋建筑遗迹特意保存了下来。①

以前住的是平房，土木结构，以前的房子大。现在住的是平房（见图A2—1、图A2—2），现在的房子60平（方）米，四间屋子，这个房子太小了，刚来时也有这个感觉，还是对这个满意。以前热一点，搬迁前环境好，最主要是有寺院——尕藏寺。寺院有的话，就好；寺院没有，就不好。每次见到寺院，心情就会好一点。（扎西昂加，男，33岁，藏族，2010年从称文镇宋当村农区搬来）

图A2—1　空置的房屋　　　　图A2—2　居民房屋内部

对现在的住房不太满意，主要是对房子大小不满意，门换了两次，小区内门没换的几乎没有，不结实。（永阳，女，44岁，藏族，2011年从称文镇拉贡村农区搬来）

以前住黑帐篷，现在是平房，这个房子比帐篷好嘛，对现在的住

---

① 称多县志编纂委员会：《称多县志》，内部资料，2016年，第809—810页。

房还比较满意，住房子，不漏水，挡个风，这是和帐篷唯一不同的。（白马才旦，男，34岁，藏族，2011年从尕朵乡卡茸村牧区搬来）

满意，我们没有选择，没有房子。不满意的是，房子顶棚是预制板，怕地震。（更求代西，女，46岁，藏族，2011年从拉布乡郭吴村半农半牧区搬来）

以前住的是平房，父母住的是灾后重建房，80平（方）米的混凝土结构。现在住的是平房，60平（方）米，对现在的住房非常满意。（××，男，32岁，藏族，2010年从尕朵乡卡茸村牧区搬来）

以前是土块房，对现在的住房满意。（扎西求将，男，47岁，藏族，2010年从尕朵乡卡茸村牧区搬来）

以前是平房，拉司通（村）的房子好，120平（方）米。（索南，男，30岁，藏族，2010年从拉布乡拉司通村半农半牧区搬来）

以前在（玉树）州上租房子住的，对现在这个房子不满意的地方，盖的是预制板，害怕地震，漏水，我被压过，所以害怕。（灾后重建的房子，顶棚是用橡胶做的，他家现在自己新盖的一间房子里面用的是木头顶棚。）（索昂吾周，男，37岁，藏族，2010年从拉布乡得达村农区搬来）

以前租的那个是土块房子，对现在这个房子满意。（白马卓尕，女，48岁，藏族，2010年从拉布乡达哇村半农半牧区搬来）

以前住黑帐篷，这里房子好，暖和又不漏水，对现在住的比较满意。（江永昂布，男，37岁，藏族，从尕朵乡卡茸村牧区搬来）

搬迁前在（玉树）州上租房住，对现在这个房子满意，不用花钱，送的。结婚后在珍秦镇上还住了10年左右，打工。（扎西的老婆，女，48岁，藏族，从尕朵乡卡茸村牧区搬来）

以前住平房，在县城租房，一天一块钱，现在平房60平（方）米，对现在的住房挺满意的，以前到处租房子，现在有了自己的房子。（当正，女，33岁，藏族，从尕朵乡科玛村牧区搬来）

以前住黑帐篷，对现在的住房满意，当然房子好。黑帐篷里面住着，刮风风刮进来了，下雨帐篷漏水。（智美，男，68岁，藏族，2010年从尕朵乡布由村半农半牧区搬来）

在牧区住黑帐篷，现在是平房，房子比帐篷好，又不漏水，又不吹风。帐篷下雨漏水时，里面架个火就稍微好一点，对现在的住房比较满意。移民点的房子住不下人，自己又建了一间。（江才，男，47岁，藏族，2009年从拉布乡吴海村牧区搬来）

搬迁前住的是石头房，现在是平房，差不多，都一样，对目前的住房感觉还可以。（才仁求真，女，35岁，藏族，从称文镇岗茸村半农半牧区搬来）

搬迁前住帐篷，冬天也是帐篷。现在住60平（方）米的平房。房子还可以，漏水，房子是2008年分的，2009年搬过来的，贫困户都搬过来了。（更多，男，54岁，藏族，2009年从称文镇上庄村牧区搬来）

搬迁前住石头房子，150平（方）米，搬迁后房子60平（方）米，特别小。满意不满意，没办法了。（白军元旦，男，49岁，藏族，从称文镇阿多村半农半牧区搬来）

以前土房子，帐篷不住，比这个小，小得多，现在平房。现在住得好，房子也好，交通也方便，啥问题没有，好着呢。（昂文巴毛，女，31岁，藏族，2009年从尕朵乡卡吉村半农半牧区搬来）

搬迁前借住人家的房子，住过帐篷，那时候帐篷烂掉了，房子好住，刮风下雨房子好。现在比以前住得好，这边交通方便，治安好。（拉毛松毛，女，43岁，藏族，2015年从尕朵乡科玛村半农半牧区搬来）

以前住过帐篷，在扎多镇租房子住，在那边打工，修房子，一天挣15元，干了三四年，房租100—200元，住了五六年，大概是(19)97—(19)98年的时候，那年最大的雪灾，草山上牲畜死了，30多头牛全没了，现在住得好。（土登嘎松，男，38岁，藏族，2011年从尕朵乡岗由村牧区搬来）

搬迁前住的是平房，现在住的房子还行，房子没有质量问题。（才仁拉毛，女，21岁，藏族，2013年从尕朵乡卡吉村半农半牧区搬来）

搬迁前住的是帐篷，搬迁后住的是平房。这个房子比较好，暖和舒服，不怕风雨。（且措，女，30岁，藏族，2012年从尕朵乡卡吉村半农半牧区搬来）

搬迁前租的房子，搬迁后住平房。对现在的住房条件满意着，房子没什么问题。（卓才，女，40岁，藏族，2009年从尕朵乡岗由村牧区搬来）

搬迁前住的一个小房子，80平（方）米比现在大，租金150元一个月。感觉现在住得好，这个是我们自己的房子，以前是租的。（扎西代吉，女，32岁，藏族，2009年从称文镇宋当村农区搬来）

以前住老土房，很小时住过帐篷，（后来）不住帐篷是气候原因，父母年纪大了，帐篷弄不上。现在住平房，现在好一点，比较结实，有些裂的，有些漏雨。这边没水，我们这一带都不放水，骑摩托车拿塑料桶接，有个自来水，300米（远）。这一带人住得少，不给放水，因为嫌浪费，水随时开着，不交水费。（罗松，男，29岁，藏族，2015年从拉布乡拉达村半农半牧区搬来）

搬迁前没住过帐篷，以前刚开始有个房子，后面就没房子了，老婆跟我离婚了，就没房子了，现在住的是平房。（千才，男，76岁，藏族，2009年从拉布乡拉达村半农半牧区搬来）

以前住土房子，跟父母住一块儿，个人的没有，现在住平房。现在好，现在生活好，有补助可以挖虫草，价格也可以。房子地震的时候有点裂缝，顶上是预制板，没找人修，自己想干，没资金。（QYCZ，女，37岁，藏族，2009年从拉布乡拉达村半农半牧区搬来）

搬迁前住的是土房子，租的，就这么大。现在住的是平房，对现在的房子很满意，房子顶棚是预制板，其他没啥。（元旦松包，男，42岁，藏族，2011年从拉布乡拉达村半农半牧区搬来）

（四）行

由于受农区和牧区自然及经济条件的限制，移民在搬迁前只能选择步行或骑马的交通方式。搬迁后，大多数移民的交通出行发生了改变，摩托车成为普遍的交通工具。一方面，由于县城交通便利，公路体系健全；另一方面，移民区与称多县完全小学相距至少3公里，家长们为方便孩子上下学，基本上都用摩托车接送，条件好的家庭则用面包车或者小汽车。

搬迁前出门骑自行车，现在骑摩托车。（扎西昂加，男，33岁，

藏族，2010年从称文镇宋当村农区搬来）

搬迁前后出门都是骑摩托车。（永阳，女，44岁，藏族，2011年从称文镇拉贡村农区搬来）

搬迁前出门步行，现在出门搭便车。交通方便，路也好，比较满意。卡吉村是土路，路面灰尘那边大，这边好点。（卓玛，女，藏族，2010年从尕朵乡卡吉村半农半牧区搬来）

以前出门骑马，现在骑摩托车，妻子不会骑摩托车，现在这里的交通比较方便。（白马才旦，男，34岁，藏族，2011年从尕朵乡卡茸村牧区搬来）

以前出门步行，现在骑摩托车。对这里的交通比较满意，有出租车。（马生福，男，44岁，汉族，从拉布乡吴海村牧区搬来）

以前出门步行或者骑摩托车，现在就是骑摩托车。（更求代西，女，46岁，藏族，2011年从拉布乡郭吴村半农半牧区搬来）

以前骑摩托车，现在有时候开面包车，有时候骑电动车，拖拉机是搬迁后买的。（××，男，32岁，藏族，2010年从尕朵乡卡茸村牧区搬来）

以前步行，现在骑摩托车。（扎西求将，男，47岁，藏族，2010年从尕朵乡卡茸村牧区搬来）

以前出门骑摩托车，现在开面包车，交通这边好一点。（索南，男，30岁，藏族，2010年从拉布乡拉司通村半农半牧区搬来）

搬迁前后都是骑摩托车，老婆不会骑，交通这里好一点，方便，买个菜方便一点。老家买菜远一点，有时去（玉树）州上或（称多县）县城买菜，有时去乡上买菜，远得很。（索昂吾周，男，37岁，藏族，2010年从拉布乡得达村农区搬来）

现在步行，有时候坐拖车，当地人叫三马子（有三个轱辘）。这儿交通好，路好。（白马卓尕，女，48岁，藏族，2010年从拉布乡达哇村半农半牧区搬来）

搬迁前出门骑马，现在出门骑摩托车。这边交通好，今天刚从牧区过来，县城全是油路，老家牧区是沙石路。（江永昂布，男，37岁，藏族，从尕朵乡卡茸村牧区搬来）

搬迁前出门步行，现在出门家里有小车，6万（元）左右，买

了两年了,这里交通好。(扎西的老婆,女,48岁,藏族,从尕朵乡卡茸村牧区搬来)

以前出行骑摩托车,老公有个摩托车,现在买东西步行,这里交通还可以。(当正,女,33岁,藏族,从尕朵乡科玛村牧区搬来)

以前出门骑马,现在儿子有摩托车。交通状况,现在牧区、城市都一样,牧区也修路了。(智美,男,68岁,藏族,2010年从尕朵乡布由村半农半牧区搬来)

在牧区时出门步行、骑摩托车,现在主要骑摩托车,交通这里好。(江才,男,47岁,藏族,2009年从拉布乡吴海村牧区搬来)

以前步行、骑自行车,现在骑摩托车。(才仁求真,女,35岁,藏族,从称文镇岗茸村半农半牧区搬来)

以前骑马,现在有一个女式摩托车,再别的啥都没有,对这里的交通满意。(更多,男,54岁,藏族,2009年从称文镇上庄村牧区搬来)

搬迁前出门骑马,没有路,搬迁后出门骑摩托车、骑自行车,交通这里好。(白军元旦,男,49岁,藏族,从称文镇阿多村半农半牧区搬来)

搬迁前出门骑马,搬迁后出门骑摩托车。对交通状况满意,但是车和摩托太多,不敢走,这里没有红绿灯。(昂文巴毛,女,31岁,藏族,2009年从尕朵乡卡吉村半农半牧区搬来)

搬迁前出门坐别人的车,搬迁后出门也坐别人的车,胳膊受伤了,不能骑摩托车,交通状况这边好。(拉毛松毛,女,43岁,藏族,2015年从尕朵乡科玛村半农半牧区搬来)

搬迁前出门骑马,10岁、11岁(时)就会骑了,现在出门骑摩托车,对这里的交通满意。(土登嘎松,男,38岁,藏族,2011年从尕朵乡岗由村牧区搬来)

搬迁前出门用面包车,现在也一样。这边交通状况好,毕竟这边是县(城),那边是镇。(才仁拉毛,女,21岁,藏族,2013年从尕朵乡卡吉村半农半牧区搬来)

搬迁前出门骑摩托车,或者开小汽车,搬迁后出门开汽车,这里的交通好。(且措,女,30岁,藏族,2012年从尕朵乡卡吉村半

农半牧区搬来）

　　搬迁前出门靠走路，现在出门骑摩托车，在报废厂里买的，花了300（元），平时用旧摩托车接孩子，交通状况好。（卓才，女，40岁，藏族，2009年从尕朵乡岗由村牧区搬来）

　　以前没有车，出门步行。现在出门骑摩托车或开（小）汽车，夏天骑摩托车接送小孩上学，冬天汽车。夏天早上汽车，有时候用车做工。现在交通好，现在有停车的秩序。（扎西代吉，女，32岁，藏族，2009年从称文镇宋当村农区搬来）

　　搬迁前出门骑马，现在还有马，草场也骑摩托车，赶牛也骑——就是放牧的时候也骑摩托车，车（小轿车）上不去。搬迁后出门骑摩托车、走路，城市里骑摩托车。交通挺方便的，什么时候想去随时可以打车。（罗松，男，29岁，藏族，2015年从拉布乡拉达村半农半牧区搬来）

　　搬迁前出门借人家的马，自己没有马，现在出门骑摩托车，三轮摩托。对现在的交通满意，主要是水的问题。（千才，男，76岁，藏族，2009年从拉布乡拉达村半农半牧区搬来）

　　搬迁前出门步行，马也不敢骑，害怕。搬迁后出门骑摩托车，不太会骑，这几天刚学。对现在的交通状况满意，孩子上学，如果有一家人有车的话，就顺便带上了。（QYCZ，女，37岁，藏族，2009年从拉布乡拉达村半农半牧区搬来）

　　搬迁后出门骑摩托车，骑4年了，去办事方便，这边交通状况好。（元旦松包，男，42岁，藏族，2011年从拉布乡拉达村半农半牧区搬来）

　　称多县城内的交通状况十分便利，但是由于没有公共汽车和出租车，小汽车和摩托车就成为人们出行最主要的交通工具。但是小汽车价格昂贵，只有经济条件宽裕的人家才能买得起。相比之下，摩托车便捷实惠、易操作、速度快的特点成为人们出行的首选。虽说马在牧区是最主要的交通方式，但是改革开放以来，很多牧区的交通状况得到改善，摩托车在牧区也早已普及。我们可以从《玉树州志》的记载中了解那个以牛羊为主要运输方式的年代。

(20世纪)50年代以前,牛和马是玉树交通运输的全部载体。外出远行的除步行赶路外一般以马代步,至于商贾往来驮运货物,牧人迁窝搬家,农区送粪运粮等,皆靠牛驮马背。其路程也是以"马站""牛站"计算,而不是以里程论长短,通常以马的日行为一马站,以牛的日行为一牛站。出行除了主要以马代步外,还可骑牛代步。供乘骑的牦牛藏语称"那洛",多为无犄角而易驾驭的高大健壮的牦牛,穿透的鼻孔里套有一环牛鼻桊①,备有牛鞍具。由于牦牛行走缓慢,加之奔跑起来摇晃不稳,所以真正骑使②的很少,只有赶着驮牛群搞远途运输时才偶尔骑一段路程,权当缓脚歇步,使走累了的人得到片刻休息。在牧人搬家的长途迁徙中,往往在"那洛"背上吊两个柳框,里面铺上羊皮,让孩子坐在里面,晃悠在缓步慢行的牦牛背上,或酣睡,或玩耍,既舒服又快乐。③

二 收入来源

查拉沟社区生态移民的收入来源主要由四个部分构成:挖虫草、政府补贴、低保和打工,其中虫草收入和政府补贴是移民收入的最重要构成部分。除此之外,只有极个别村民有工作收入,如××和白马卓尕的老公通过运货挣钱,扎西求将是环卫工人,索南在执法大队当临时工,土登嘎松的老婆开有烧烤店,卓才清理厕所等。虽然移民从事的工作处于社会中下层,收入略显微薄,但是仍可为其提供可观的收入。相比之下,那些没有工作的移民家庭,收入则充满了不确定性。从移民收入来源的构成看,移民的收入都是来自外生因素,而非自己的一技之长或是能力。这就会造成收入的不确定性和变动性。虫草会受到气候、季节和价格的影响,不同的人挖虫草的能力也不同;政府补贴则不可能长久存在;低保只照顾少数特困家庭;打工则受限于语言、年龄、性别和文化水平。这些外生的收入来源,并不如耕种土地和畜养牲畜稳定,因此移

---

① 桊,牛鼻上穿戴的小铁环或小木棍儿。
② 骑使,即骑乘和使用。
③ 玉树藏族自治州地方志编纂委员会:《玉树州志(下)》,三秦出版社2005年版,第890页。

民对生活缺乏安全感，觉得搬迁后收入有所减少。

　　收入主要靠政府补贴，我是个环卫工人，在称多县环卫局每个月700元，干了快3年了，一年四季每天早上5：30起床，在街上打扫卫生，虫草挖不来哦！（残疾人，一个眼睛没有了——左眼，戴着一副黑色的墨镜，他不是正式的环卫工人，替别人工作，别人一个月1600元。）别人的活让我干，从中抽取月工资700元，这样干了将近3年。老婆也挖不了（虫草），眼睛不好，大儿子去挖虫草，跟着舅舅去挖，今年（2016年）挖了90多根，9岁开始去挖，挣的钱全部给家里了，现在收入比搬迁前多。（大儿子说：上学比挖虫草好，挖虫草比较累。）（扎西求将，男，47岁，藏族，2010年从尕朵乡卡茸村牧区搬来）

　　现在的老公有高原反应，高的地方去不了，买了个拖拉机往县城运货，搬家具，拉沙子，拉砖。收入靠挖虫草、打工和政府补贴，收入比以前好多了，以前在州上租房子，打个小工，挣的钱也用在房租上了，现在省的比以前多。（白马卓尕，女，48岁，藏族，2010年从拉布乡达哇村半农半牧区搬来）

　　现在收入靠政府补贴、挖虫草、采药。（江永昂布，男，37岁，藏族，从尕朵乡卡茸村牧区搬来）

　　现在收入全靠政府补贴，收入比以前少了，以前一个人的钱，现在一家都没有（现在一家挣的钱没有以前一个人挣得多）。工作找不到，干的活少，人多。（白军元旦，男，49岁，藏族，从称文镇阿多村半农半牧区搬来）

　　收入靠挖虫草和国家补助，4（万）—5万（元），在尕朵乡挖，只能在自己乡上挖虫草，一块儿去，挖虫草期间孩子放假1个月，孩子也跟着去挖。以前好，以前支出不多，现在啥都要买，牛粪都要买。没去打工，打工的地方没有，也没有提供过技术培训。（昂文巴毛，女，31岁，藏族，2009年从尕朵乡卡吉村半农半牧区搬来）

　　原先收入多，原先肉和酥油、牛奶都不需要买，还可以卖钱。（拉毛松毛，女，43岁，藏族，2015年从尕朵乡科玛村半农半牧区搬来）

父亲会汉语，一个叔叔给介绍的工作。以前身体好的时候打过工、开过车，有驾照。父母年纪太大，又体弱多病，都有病，干个重活干不了。我家从我上大学开始负担重了，刚生个妹妹，负担又重了。（才仁拉毛，女，21岁，藏族，2013年从尕朵乡卡吉村半农半牧区搬来）

现在好，工资高了。（且措，女，30岁，藏族，2012年从尕朵乡卡吉村半农半牧区搬来）

老公今年（2016年）打工的地方没有，现在清理厕所，谁家有（需要）清（理）谁家，一家给200（元），有的给100（元），不是天天有，就他一个人干。收入这里好一点，在杂多也是清厕所，自己乞讨，乞讨了3年，有的人给，有的人不给，一个月最多1000元。（乞讨有没有人看不起？）没有。支出主要是吃的，有钱的话花在2个小孩身上比较好，让他们能上学。政府没有帮助，就拿点补助，孩子16岁了，没有补助，就弟弟有。牛粪从县上买，一年20袋，一袋8块钱，煤1吨，1500元1吨。挖虫草带帐篷住了一个月，挖虫草跟前不能扎帐篷，爸爸骑摩托车过去，我自己走路走两个多小时。今年（2016年）挖虫草挖了100多根，眼睛不好，全家一共挖了五六百根，那边天天有人收（虫草）。（卓才，女，40岁，藏族，2009年从尕朵乡岗由村牧区搬来）

搬到这里以后经济条件变好了，搬迁后收入增长了，因为有很多装修的生意。（扎西代吉，女，32岁，藏族，2009年从称文镇宋当村农区搬来）

没事做，出去打工，不让做，怕学坏。没出去打工，没见识，只能（在）这里找工作，也找不上工作。（罗松，男，29岁，藏族，2015年从拉布乡拉达村半农半牧区搬来）

现在收入减少了，再（就是）一天闲着，没事干，前几个月到州上打工。小孩生病，亲戚朋友没有，老婆不会骑车，就回来了，认识的人没有。我们家草山没虫草，所以我们家不去挖。（不长虫草）气候原因，下雨多，腐烂快，不下雨也不长。去年（2015年）去别人的草山（挖），交草山费1500元，没长，今年（2016年）也没长，所以没去。打工——房子建得少，打工（老板）自己带（人）

过来,全都是汉族人,四川那边的,我们没有打工的地方。有的活,都是汉族人。打算做个小生意——小买卖,想卖个牛奶、酥油和酸奶,从亲戚朋友清水河那边带过来,可能是合伙。可能是知识的原因,学历的话,高三毕业吧,比较好找(工作)。老婆没找过工作,主要是看孩子。主要是找不上工作,找上的话,一个月有稳定收入,找不上,准备搬回牧区。(罗松,男,29岁,藏族,2015年从拉布乡拉达村半农半牧区搬来)

搬迁前收入主要靠种地和挖虫草,现在啥收入没有,到了这里好一点。(千才,男,76岁,藏族,2009年从拉布乡拉达村半农半牧区搬来)

和搬迁前相比,现在有孩子补助,收入还可以。打工的汉族人多,现在工作不好找,找工作都是通过熟人,工作不好找的原因是自己没啥手艺。(元旦松包,男,42岁,藏族,2011年从拉布乡拉达村半农半牧区搬来)

搬迁后,收入靠最低生活保障,修围墙、拉沙子,5月中旬至6月中旬挖虫草,每年四五千元的收入,在老家挖虫草,6月中旬到10月底干其他活,一个月最多4000元。希望能找个干活的地方打工,不好找,有时候干活的地方没了,有时有,一直有干的活才好,最多一个月挣4000元,去年(2015年)、前年(2014年)还可以,灾后重建时活多,现在活少了,活本身就少。搬迁前后收入差不多,到了这里没啥进步,也没啥退步。(扎西昂加,男,33岁,藏族,2010年从称文镇宋当村农区搬来)

搬迁后,收入一是靠挖虫草,5月15日到6月25日是挖虫草的时间;二是靠小孩的补助,还有燃料费。1岁到17岁,每个孩子补助5600元,老人60岁以上每人补助5600多元,含60岁。干是愿意干,就是找不着活,曾干过小工,1天100元,修路,什么活都干。现在修房子全部是承包,国家把钱直接拨给老板了,老板用的大工、小工直接带过来了,用不上藏族人了。(永阳,女,44岁,藏族,2011年从称文镇拉贡村农区搬来)

现在种地是回岗茸村去种,自己骑摩托车回去种,种青稞、洋芋(从小这么叫),播撒化肥。种青稞:一般情况下两块地一年之内不同时种，第一次是8月25日左右，把地翻一次。另一块地，10月再翻一次，第二年的3—4月再种下去，9—10月收割，10月14—15日收青稞。3月底至4月初在一块地开始播种。两块地不同时种，同时种效果不好，不好好长了，不浇水，靠雨水，水的来源太困难了，一年除草2—3次，人工除草。种青稞，不分男女，都干，挤奶也一样，不分男女。（元配，男，67岁，藏族，2011年从称文镇岗茸村半农半牧区搬来）

一年最主要的收入来源是虫草，偶尔打工，搬东西、搬煤说不定，一天70—100元。（卓玛，女，藏族，2010年从尕朵乡卡吉村半农半牧区搬来）

燃料费一年补3000元，给小孩的补助是1人1年5500元，还有挖虫草。（白马才旦，男，34岁，藏族，2011年从尕朵乡卡茸村牧区搬来）

这里挣不上多少，在清水河挣得多，那边寺院上干活修个房子。（马生福，男，44岁，汉族，从拉布乡吴海村牧区搬来）

以前每年挖虫草打打小工，有时到珍秦镇挖，有时到拉布（乡）挖，到对方的地方挖虫草要交草山费，珍秦每人交1500元，拉布没去过，去（那里）挖，也要交草山费。珍秦挖虫草，一年挣2000元左右，那边虫草不好，5月中旬到6月底挖虫草期间，到各个地方挖虫草。挖完，空闲时间，老婆在家看孩子，老公在县城或偶尔到珍秦打小工，和水泥、搬砖。现在活也找不上，一是语言不通，二是工程少。称多县（城）比珍秦（镇）活好找一点，珍秦（镇）主要是以牧业为主，县城工程稍多一点。（更求代西，女，46岁，藏族，2011年从拉布乡郭吴村半农半牧区搬来）

下面是笔者和土登嘎松[①]的一段对话，从中也可透视搬迁后移民的一些生计策略。

问：以前不挖虫草时干什么？

---

① 受访者：土登嘎松，男，38岁，藏族，2011年从尕朵乡岗由村牧区搬来。

答：随便坐着。

问：现在干什么？

答：就这么坐着。

问：为什么不打工？

答：老婆在县上摆烧烤，我接送孩子，县完小的下面，没有店名。

问：什么时候挖虫草？

答：七八岁就开始挖了，老人们讲着，那边有虫草、那边有虫草……就这么讲着呗。

问：虫草哪里的最好？

答：只是知道长得好，说不来。

问：虫草没长起来的原因？

答：天气原因，近几年价格好一点，因为虫草少了，今年（2016年）1根虫草20—30元，一家一个月挖了400—500根，往年1根十几元。

问：老婆的烧烤店怎么样？

答：就是煤气费200（元），租金一个月500（元），早上8：00出门，晚上8：00—9：00回来，我过去接。

问：为什么是老婆开烧烤店？

答：我不会弄。

问：烧烤店是什么时候开的？

答：搬到这里就开了。

问：生意怎么样？

答：每天（挣）100—200块钱，生意还可以。

问：您目前工作最大的障碍是什么？

答：没有知识，没有手艺。会汉语的话找工作有好处，自己文化水平不够。

称多县境内有零星冬虫夏草产区，年产500公斤左右，虫草采集很早成为当地农牧民经济收入的主要来源之一，每年5月下旬即开始挖虫草。称多县各地均有出产，其中尕朵乡较多，尕朵乡临近曲麻莱县的巴干一带更多。收购较好时,全县可达到 2000 公斤。① 农业生产效益差,春播备耕、田间作业生产流程简单,产量效益逐年递减,1 亩地所得收益平均不到 300 元,人们从事农业生产的积极性不高。农业生产需付出较多资金和劳力投入,人们认为得不偿失,各农业点耕地撂荒、外出务工、弃农还牧现象普遍存在,农田利用率不高,农业总体发展水平呈下滑趋势。"种青稞:一般情况下两块地一年之内不同时种……同时种效果不好,不好好长了,不浇水,靠雨水,水的来源太困难了……种青稞,不分男女。"② 从元配老人的叙述里,我们略微可以看到农民耕种青稞的艰难。

农牧民在农牧业生产效益不景气的总体背景下,虫草产业成为主要收入来源。但近几年虫草价格起伏波动大,产量逐年下降,致使过度依赖虫草收入的农牧民群众购买力下降,甚至影响到生计,导致返贫。③ 大多数农牧民增收办法单一,外出劳务难,即使务工,也只能从事重体力、低层次、低报酬的工种,收入也相对少。低水平的劳动力文化结构,对半农半牧区发展最致命的影响是多数群众无实现人生理想、自身价值的思想基础和动力源泉,使其安于现状、自主自救、改善生产生活条件的意识淡薄,农牧业生产依然处在靠天养畜和种田的发展阶段。④

> 搬迁后收入来源是虫草,自己还买了个拖拉机,7500 元。还有一辆面包车,53000—54000(元),有一个电动车 3000 元,拖拉机主要是拉拉沙子啊……干活用的,大部分是在县城干活,挖虫草在卡茸村。(每年夫妇二人 5 月 15 日开始到 6 月 24 日这个时间段,孩子由男主人的父母照看,父母照看的主要是上幼儿园的这个孩子,老大跟过去一起挖,老大是 9 岁的女儿。)毕业生不放假,初三、高三毕业生不放假,挖虫草期间,其他学生放假。女儿今年(2016 年)挖了 100 多根,不算最厉害的,有些厉害的小孩跟大人一样,(我们)两口子总共挖了 800 多根,按根卖,今年(2016 年)平均每根

---

① 称多县志编纂委员会:《称多县志》,内部资料,2016 年,第 114 页。
② 受访者:元配,男,67 岁,藏族,2011 年从称文镇岗茸村半农半牧区搬来。
③ 称多县志编纂委员会:《称多县志》,内部资料,2016 年,第 249 页。
④ 称多县志编纂委员会:《称多县志》,内部资料,2016 年,第 248 页。

22元，挖虫草最小的小孩是6岁，男女都有，6岁的（小孩），有些比女儿（9岁）挖得好，挖完就卖了，由于条件原因，家里有积蓄的，价涨高了再卖。刚挖的是湿的，有的晒干了卖，湿的1根22元，看虫草大小，一般是平均卖，大的，有的卖40—50元，小的几元。晒干的虫草1斤50000多元，卡茸村的虫草好一点，称文镇的虫草1斤30000多元。从查拉沟往北走，5—6公里处有虫草，女儿找虫草，是跟父母学会辨认的。过了这个季节，虫草都腐烂了，越来越少了。在称多县，尕朵乡虫草最多，杂多县虫草最多、最好、最有名，富得很。杂多县是半农半牧区，距州上100公里，距称多县城180—190公里，杂多县只有本地的可以挖，外地的，交费也不可以挖，在杂多（县）工作执教的可以去挖。别的县的人到杂多地界挖虫草发生过人命——去年（2015年）。尕朵乡这边交草山费就可以挖，在卡茸村，外地来的每人交7000元就可以挖。有人愿意租拖拉机，也会跑州上，自己开着。（××，男，32岁，藏族，2010年从尕朵乡卡茸村牧区搬来）

收入主要靠挖虫草，虫草阿拉巴拉（汉语意为一点点）不多，全家都去挖虫草，今年（2016年）两个人，挖了160—170根，卖了1700多元，花了20天时间。上学的小孩要回来，草地有，（但）不多，到了挖虫草的季节，一般不会错过。（受访者，信息不详）

收入主要靠政府补贴、挖虫草、打工，现在的收入稍微好一点，每年去挖虫草，我今年（2016年）挖了100根，执法大队的工作是临时的，随时可以解聘，文乐学校在挖虫草季节学生都放假，单亲家庭或者父母双亡的学生，亲戚带学生去挖虫草。（索南，男，30岁，藏族，2010年从拉布乡拉司通村半农半牧区搬来）

搬迁后收入主要靠政府补贴、挖虫草、民政低保。儿子放假晚，干点活，生活还没什么问题，（我）去世前儿子有一个好一点的前途就好了。现在的收入没以前多，以前是牧民，什么东西都不用买。儿子放假了，除了挖虫草，也不干什么，10岁开始跟着我挖虫草，在布由村挖，后来我干不动了，儿子自己去挖，儿子挖了六七年，现在我找是找不上，跟着儿子一块过去。今年（2016年）我挖了100根，儿子挖了600根，没卖，在家里放着，冬天过节的时候虫草价稍微高一点，那时候再卖，1斤能卖65000元左右。700根晒干了，有3两多一点儿，一根湿的最好可以卖100多元。（智美，男，68岁，藏族，2010年从尕朵乡布由村半农半牧区搬来）

搬迁后收入主要靠移民补助、民政低保，烤火费每年有1000元。来这之前他们说生活补助每年6000元，头两年给了，（后来）再没给，现在主要靠民政低保，每人每年1600元或1800元，我家发3个人的。现在的收入没以前多，以前稍微好些，现在还要给孩子买衣服或上学用的东西，花钱的地方稍微多一些。（每年去挖虫草吗？）去是去，我不能去拉布乡挖虫草，户口没迁过去，老婆找虫草不是很厉害，平时去，今年（2016年）去了，挖了100根，卖了4000多元，小孩没去挖。小孩长大了以后，如果有虫草肯定去挖。老婆今年（2016年）去挖虫草时我在家照看孩子，我如果交草山费就可以去挖，没钱交，一年交3500元。（江才，男，47岁，藏族，2009年从拉布乡吴海村牧区搬来）

搬迁前收入靠挖虫草和打工，现在也靠挖虫草、打工。搬迁后我没打过工，干不动，稍微干一点，病情就会恶化。一年干的活勉强够用，一年干下来没有存款，不怎么挣钱，够吃就行。（扎西的老婆，女，48岁，藏族，从尕朵乡卡茸村牧区搬来）

翻译丹布讲："我也挖过虫草，从小学六年级到高二都去挖。"33岁的当正，她是从尕朵乡科玛村牧区搬来的，下面是笔者和她的简短对话。

问：搬来后家里收入靠什么？
答：现在家里主要靠老公打工。
问：不挖虫草吗？
答：老公找不上虫草，我还可以，清水河那边没虫草，所以找不上虫草。（科玛是纯牧区，女主人没有草地和牛羊，爸爸妈妈有，有30多头牛，羊没有，草地挺多的——集体的。）每年去科玛挖虫草，一家人一块去，老公打工，他不挖虫草，因为小女儿1岁，今年（2016年）没去，带小孩。（以前女主人和大女儿去，2015年女主人一个人挖了500根，大女儿初三考试没去。）虫草是哥哥帮我卖的，卖了4000多元，不觉得卖少了，在科玛村挖，女儿不怎么会挖，最多挖100多根，女儿不怎么喜欢挖（虫草）。

由于受地区自然条件差、生产力水平低、产业结构单一、农牧民思想观念落后、无一技之长等诸多因素的影响，后续产业发展困难。实现较快转产已经成为当前亟待解决的问题，尤其是搬迁牧民已成无畜特困户，在转产过程中只能依靠饲料粮补助款勉强维持生活，以城镇居民最低生活消费水平为例，按1户4人计算，一年需要最低生活消费10380元，现行生态移民生活和燃料补助每户2000元/年的标准明显过低。①

问及有关政府组织培训的问题，他们大多是这样叙说的。

在宋当村办过——政府组织过培训，把我也叫过去了，造鞋厂，大约是2013年、2014年，（参加培训的人）没搬迁的和搬迁的都有。（扎西昂加，男，33岁，藏族，2010年从称文镇宋当村农区搬来）

什么产业都没有，就靠国家的补助，低保没有。草场补助有，忘了多少，燃料补助1年3000元。房子再没有出钱，国家给的。羊，托人看着，给人家钱，1000元1年。（更多，男，54岁，藏族，2009年从称文镇上庄村牧区搬来）

有过培训，裁缝、铁匠、做饭都培训过，但就业的地方没有，没有长期的地方，起不了什么作用。培训是免费的，还有误工补贴，是县上组织的。想法有，钱没有，条件没有。（白军元旦，男，49岁，藏族，从称文镇阿多村半农半牧区搬来）

希望政府提供汽车方面的培训，学个开车——挖掘机技术，学其他的，字也不认识，如果学计算机得认识字。（索昂吾周，男，37岁，藏族，2010年从拉布乡得达村农区搬来）

（希望提供什么培训？）裁缝，会一点点，缝是会缝，不会接，现在缝纫机不太会，以前脚踏的会。缝纫，我比老婆做得好，看人家学的。（土登嘎松，男，38岁，藏族，2011年从尕朵乡岗由村牧区搬来）

---

① 称多县志编纂委员会：《称多县志》，内部资料，2016年，第249页。

（希望提供什么培训？）做帐篷，做藏服的培训也可以，但没有，有的话肯定去。（罗松，男，29岁，藏族，2015年从拉布乡拉达村半农半牧区搬来）

政府培训？没听说过。（千才，男，76岁，藏族，2009年从拉布乡拉达村半农半牧区搬来）

有过培训——裁缝培训，只要是移民点的，都能参加，培训15天，去县上。（扎西代吉，女，32岁，藏族，2009年从称文镇宋当村农区搬来）

从笔者与受访者的对话中，还可以进一步了解他们对于就业培训等有关问题的想法。

笔者：干活，活找不上，为什么这么待着？

卓玛：没什么技术，没什么文化，不识字，找不着活，不得不待。

笔者：政府有没有组织过技能培训？

卓玛：政府没组织过培训。①

笔者：政府有没有提供过就业培训？

才仁拉毛：没有就业培训。

笔者：如果提供，你希望提供哪方面的？

才仁拉毛：爸爸会做（住房）走廊、做房子，妈妈会缝藏袍，开车也能挣钱。②

笔者：希望提供哪方面的培训？

元旦松包：培训不知道，我的手艺是画壁画，阿拉巴拉（汉语意为一点点），跟着人家学的。

笔者：为什么不用手艺挣钱？

元旦松包：没人请了。③

---

① 受访者：卓玛，女，藏族，2010年从尕朵乡卡吉村半农半牧区搬来。
② 受访者：才仁拉毛，女，21岁，藏族，2013年从尕朵乡卡吉村半农半牧区搬来。
③ 受访者：元旦松包，男，42岁，藏族，2011年从拉布乡拉达村半农半牧区搬来。

三 消费倾向

移民的消费倾向既能反映出他们的日常消费结构，也能反映出他们未来的消费期望。调查移民去年（2015年）的支出倾向，发现移民一年的支出主要花在吃、穿及孩子的学费上面，也就是我们平常所说的生活资料的消费方面。这种消费倾向说明人们的基本生活需求还没有得到充分的满足，也从另一个角度说明移民原有的理财观念对于他们搬迁后理财观念的影响深刻。而移民未来的消费期望主要集中在开店、做生意方面，可以说是对于生产资料消费的期望。这两种消费倾向是紧密地联系在一起的，正是由于前一种消费倾向的压力而导致移民有迫切改变现有生活状况的渴望，因此希望通过开店、做生意的方式实现家庭财富的增长，从而满足他们基本的生活需要。

问及"家里有钱花在哪里好"，从移民的叙说中不难看出他们的消费倾向。

如果有钱，我一直想开个小卖铺。（扎西昂加，男，33岁，藏族，2010年从称文镇宋当村农区搬来）

去年（2015年）一年支出30000元左右，花费最多的是医疗费用，家里的钱花在子女身上最好。（卓玛，女，藏族，2010年从尕朵乡卡吉村半农半牧区搬来）

有钱的话，开个小卖铺，买个车，拉东西。（白马才旦，男，34岁，藏族，2011年从尕朵乡卡茸村牧区搬来）

去年（2015年）支出多少也说不上，花费最多的是食物，买个菜呀、面粉呀，尕娃交个学费。有钱的话做个买卖，现在做买卖一天多少能挣一点。打工，一天能挣上，一天挣不上。（马生福，男，44岁，汉族，从拉布乡吴海村牧区搬来）

做买卖，开个菜铺，收入比较好。（更求代西，女，46岁，藏族，2011年从拉布乡郭吴村半农半牧区搬来）

我觉得未来的虫草可能越来越少，有点钱的话做生意，开个粮食店，有各种各样的粮食，假如开个服装店还不行，每家每户大多

数自己会缝,每家每户都需要吃的,我觉得开个粮食店比较好。(××,男,32岁,藏族,2010年从尕朵乡卡茸村牧区搬来)

去年(2015年)家里总支出为20000元左右,除了水全都需要买,自己在院子里打了个井,一年中花费最多的是花在牛羊肉上。有钱的话想做买卖,开个具有民族特色的服装店,因为是藏族地区。(扎西求将,男,47岁,藏族,2010年从尕朵乡卡茸村牧区搬来)

2015年一年支出20000—30000元,花费最多的是买牛羊肉、酥油。如果家里有点钱花的话,做点生意,开个铺子——开个服装店,卖藏服。一直想把房子稍微盖大一点,盖几层。(索南,男,30岁,藏族,2010年从拉布乡拉司通村半农半牧区搬来)

有钱的话开个铺子好一些,开个服装店,安全一点,开个车不安全。卖衣服,卖汉服。藏服卖得多,穿得少,现在汉服穿得也多。(索昂吾周,男,37岁,藏族,2010年从拉布乡得达村农区搬来)

去年(2015年)一年支出20000(元)左右,主要花费在粮食上,牛粪、煤,这里冬天持续时间长。有钱的话就买牲畜,一直想购买牛羊,有了牛羊的话,生活上吃肉就不成问题,有牛羊、酥油、曲拉、牛粪,啥都有了。(白马卓尕,女,48岁,藏族,2010年从拉布乡达哇村半农半牧区搬来)

有钱的话做生意,做虫草买卖,要是有钱到当地草地上买刚挖好的虫草——便宜,然后再拿到县城卖出去,赚点利润。(江永昂布,男,37岁,藏族,从尕朵乡卡茸村牧区搬来)

支出主要花在吃的、喝的上面,有钱的话花在子女教育上,只要女儿能好好上学就行,即便我有钱,我也不知道往哪儿花。(扎西的老婆,女,48岁,藏族,从尕朵乡卡茸村牧区搬来)

家里的支出,花费较多的是儿子上学,粮食啊、肉啊、面啊、米。(智美,男,68岁,藏族,2010年从尕朵乡布由村半农半牧区搬来)

去年(2015年)家里支出一万五六千元,主要花在粮食上。有钱的话希望开个比较大一点的缝纫铺或小卖铺,这样一年的收入会多一点。(江才,男,47岁,藏族,2009年从拉布乡吴海村牧区搬

来)

只要能供上两个儿子的学费,就特别好了。(才仁求真,女,35岁,藏族,从称文镇岗茸村半农半牧区搬来)

去年(2015年)一年,钱主要花在看病吃药上。(更多,男,54岁,藏族,2009年从称文镇上庄村牧区搬来)

去年(2015年)钱主要花在吃、穿、看病上,老人有病。有钱的话,有能做生意的、能干活的。父亲以前是非物质文化的传承人,家里一直做佛像,要把做佛像的手艺传承下去,从爷爷的时候开始做的。(白军元旦,男,49岁,藏族,从称文镇阿多村半农半牧区搬来)

钱主要花在吃的和穿的上面,孩子上学不花钱,如果有钱的话花在生活上。(昂文巴毛,女,31岁,藏族,2009年从尕朵乡卡吉村半农半牧区搬来)

钱主要花在看病、燃料费上,如果牛粪和肉不需要买,钱就够了。(拉毛松毛,女,43岁,藏族,2015年从尕朵乡科玛村半农半牧区搬来)

支出主要花在吃的和穿的方面,不知道具体花了多少。有钱的话供孩子上大学,让他们学点知识,有固定的工作,小孩有个知识的话就好。(土登嘎松,男,38岁,藏族,2011年从尕朵乡岗由村牧区搬来)

一年支出主要花在学费上,第一年8000(元),第二年6000(元)。有钱花在吃喝拉撒方面比较好。(才仁拉毛,女,21岁,藏族,2013年从尕朵乡卡吉村半农半牧区搬来)

去年(2015年)支出都花在看病上,我自己有病,一直病着,风湿性关节炎。有钱的话,花在吃喝方面吧。(且措,女,30岁,藏族,2012年从尕朵乡卡吉村半农半牧区搬来)

支出主要花在学校、小孩身上,交学费,买学习用品,只要学费足够就好了。(扎西代吉,女,32岁,藏族,2009年从称文镇宋当村农区搬来)

支出主要花在自己吃穿、小孩衣服上。最主要是家里人吃饱、喝足了,自己攒点钱,小孩上大学用。(罗松,男,29岁,藏族,

2015年从拉布乡拉达村半农半牧区搬来）

　　支出花在牛粪、吃的、穿的那些上面了，有钱的话，花在吃穿上好呗。（千才，男，76岁，藏族，2009年从拉布乡拉达村半农半牧区搬来）

　　搬到这里收入好，有国家补助。支出花在吃饭上，送孩子，给别人油钱，有时候给10—20块。不会做生意，现在主要是不够吃、不够喝，再有点钱会存了，供孩子上学。（QYCZ，女，37岁，藏族，2009年从拉布乡拉达村半农半牧区搬来）

　　支出花在买点家具，买点吃的、肉、酥油。有钱的话，花在吃穿上好。（元旦松包，男，42岁，藏族，2011年从拉布乡拉达村半农半牧区搬来）

四　社会关系

　　搬迁前，牧民社会组织占主导地位的是村落、邻里、部落或以血缘为纽带的初级组织。让牧民离开三江源草场，在政府的具体规划下要在城镇定居，意味着以前以血缘为纽带的亲情关系被瓦解，牢靠的初级群体也随之解体。因为草原封闭性和人口少的原因，牧民亲人之间的感情比在农业区和城市更加深厚。[1] "以血缘关系为纽带的关系网络，封闭性的交往空间特征，决定了牧民社会交往的同质性：交往对象单一、人员数量较少、从业结构相似、关系网络简单，初级群体是牧民家庭最主要的社会支持力量。"[2] 在三江源区，牧民之间虽然距离遥远，但关系极为密切，成员之间彼此熟悉，交往富有感情，有一种共同的心理维系。而搬迁后意味着以血缘为纽带的初级群体的解体，对移民的心理和社会交往会产生一定的震荡。[3] 和原先封闭的居住形式相比，移民搬迁后面对的

---

[1] 韦仁忠：《高原城市的陌生人——三江源生态移民的文化调适和社会资本重建》，中国社会科学出版社2016年版，第99页。

[2] 马宝龙：《三江源生态移民与社区重建研究》，硕士学位论文，西北民族大学，2008年，第32页。

[3] 韦仁忠：《高原城市的陌生人——三江源生态移民的文化调适和社会资本重建》，中国社会科学出版社2016年版，第101页。

交往群体增多,群体的差异性更大,社会关系也更加复杂。移民原有的以血缘关系为纽带的社会关系被以地缘为纽带的移民社区所取代,正如我们在移民社区67岁的元配老人身上所看到的,"虫草采挖期间,我帮别人照看房子,回来后,每户要给我三四根、五六根虫草,(他们)愿意给,但是我不要,就想着临死之前积点德"。在移民社区的交往中,最初的关系还是建立在同乡、同村甚至亲戚关系的基础上,并逐渐通过互帮互助而建立超血缘和跨地域的社会关系。在此基础上,新的职业所带来的业缘关系也逐渐影响到移民社会关系网络的建构,这一点在移民索南身上体现出来,"和查拉沟社区的联系不多,和同事联系多"。语言在新的社会关系构建中的作用逐渐凸显,一方面是由于交往群体的异质性增大,另一方面是由于汉族及其他民族人群在移民购物、吃饭、工作中的角色增加。同时,需要看到血缘联系并没有我们想象中的那样被完全割裂,移民会通过电话、微信、网络等虚拟的方式保持原有的社会关系。才仁拉毛就表述了这种情况,"和以前的亲戚朋友肯定联系,还建了微信群,整个村子都加了"。

搬迁前后,和原来的亲戚朋友联系没变化。搬迁前交往多的是邻居,一些朋友教会我现在的技术——修围墙。现在交往多的还是以前的朋友。和藏族交往多,这里汉族住得少,只有三四户迁来。当地人对搬来的人没什么说法,也没什么不愉快的经历。(扎西昂加,男,33岁,藏族,2010年从称文镇宋当村农区搬来)

在社区交往多的是亲戚邻居,和其他乡的来往很少,几乎没有,根本没有认识的人,社区冲突没有。(永阳,女,44岁,藏族,2011年从称文镇拉贡村农区搬来)

和查拉沟社区不同乡之间相互来往,关系非常好,虫草采挖期间,我帮别人照看房子,回来后,每户要给我三四根、五六根虫草,(他们)愿意给,但是我不要,就想着临死之前积点德。(元配,男,67岁,藏族,2011年从称文镇岗茸村半农半牧区搬来)

和以前的亲戚朋友经常联系,现在交往最多的是邻居。和其他乡没什么来往,不认识,和尕朵乡的来往也很少,最主要原因是经常不住。和当地人也没出现过什么矛盾。(卓玛,女,藏族,2010年

从尕朵乡卡吉村半农半牧区搬来）

搬迁后，与亲戚朋友的联系没变化。搬迁前交往较多的是亲戚，现在交往较多的是亲戚、朋友。愿意和这里的汉族来往，但是语言不通，你说的（话），我"阿拉巴拉"（一点点）听得懂，但一句都表达不上。搬来的时候人们没有歧视，就是刚来这儿时附近的人说反正你们也没牛羊了，只有小孩，一定要把小孩供着上学。社区内相互之间来往不多，最主要是不认识，从来没出现过任何矛盾，邻居之间很友善地对待。（白马才旦，男，34岁，藏族，2011年从尕朵乡卡茸村牧区搬来）

搬迁后，和亲戚、朋友的交往少了吧。现在交往比较多的是邻居，附近几家的人，尕朵乡认识的有一两个呢，和清水河的交往多。这个移民点，相互之间打交道比较少，啥活动都没有，干的活没有。和藏族交往，最大的障碍是语言不通，现在好了。（马生福，男，44岁，汉族，从拉布乡吴海村牧区搬来）

搬迁后，和亲戚、朋友的联系没变化。我主要和亲戚、邻居交往，老公主要和亲戚交往，很少和邻居打交道，他这个人不喜欢和别人打交道。（更求代西，女，46岁，藏族，2011年从拉布乡郭吴村半农半牧区搬来）

搬迁前后，和亲戚朋友的联系没变化，现在交往较多的是邻居，无论是干活还是生活方面，大大小小都是亲戚、邻居帮得最多，常常打交道的也就这些人。开小卖铺的汉族都认识，经常去买东西就认识了。和汉族交往，最大的障碍是语言表达能力，不会汉语。（××，男，32岁，藏族，2010年从尕朵乡卡茸村牧区搬来）

搬迁后，和亲戚、朋友的联系没变化，现在交往多的是邻居，还有自己的亲戚。（扎西求将，男，47岁，藏族，2010年从尕朵乡卡茸村牧区搬来）

和亲戚、朋友的联系没什么变化，和亲戚、朋友联系微信多一点，拉司通（村）附近饭馆有Wi-Fi。和查拉沟社区的联系不多，和同事联系多，我当兵时汉族人多，天天说汉语，最不好打交道的汉族人是四川人，话也听不来，普通话不说，再也沟通不来。县城教育条件好，希望孩子上学（有一个5个月大的孩子）。她（老婆）自己稍微懂点汉语，做什么她心里也知道，待在家里，她什么也不知道。（索南，男，30岁，藏族，2010年从拉布乡拉司通村半农半牧区搬来）

和原来的亲戚、朋友联系少了，搬迁后交往最多的是拉布（乡）的，其他人都不认识。（索昂吾周，男，37岁，藏族，2010年从拉布乡得达村农区搬来）

搬迁前后，和亲戚、朋友的联系一样，这里交往多的是邻居，和尕朵（乡）、拉布（乡）的人交往多一些，和称文镇的来往少，距离稍远一点，不经常到那边去，称文镇那边也没什么认识的人。平时和藏族（人）交往多，汉族（人）少呗，藏族（人）多呗。（白马卓尕，女，48岁，藏族，2010年从拉布乡达哇村半农半牧区搬来）

搬迁后，和原来的亲戚、朋友联系没变化。在这里不怎么交往，有事时和邻居说个话，不喜欢和周围的人交往，我一个人住着挺好的，出去没什么逛的（喜欢独处）。和藏族交往容易点，交流方便点，和汉族交往不怎么会说，以前打工时汉族、藏族都交流，从玉树地震以后，不怎么爱交流了，地震后大女儿被压死了，死了很多人，回来以后，（我）就不怎么爱交流了。（扎西的老婆，女，48岁，藏族，从尕朵乡卡茸村牧区搬来）

搬迁后交往较多的是亲戚，这个移民点上的叔叔，叔叔的女儿、儿子都住在这个移民点。（当正，女，33岁，藏族，从尕朵乡科玛村牧区搬来）

搬迁前后，和亲戚、朋友的联系一样，搬迁前和自己的亲戚联系多，搬迁后和邻居相处特别好。没什么汉族朋友，因为不怎么会说汉语。（江才，男，47岁，藏族，2009年从拉布乡吴海村牧区搬来）

搬迁后和原来的亲戚、朋友联系少了，我很少到那边，他们也很少过来，那边不通电话。以前交往多的是亲戚、邻居，现在大部分是邻居，亲戚比较少。跟汉族没有交往，因为不懂汉语。（更多，男，54岁，藏族，2009年从称文镇上庄村牧区搬来）

搬迁后和亲戚、朋友的联系少了点，以前交往多的是亲戚，现在邻居多一点，和汉族人打交道还可以。（白军元旦，男，49岁，藏

族，从称文镇阿多村半农半牧区搬来）

路远了，和亲戚、朋友的联系少了。当地人好相处，搬来后，当地居民没有歧视。（昂文巴毛，女，31岁，藏族，2009年从尕朵乡卡吉村半农半牧区搬来）

搬迁前后，和亲戚、朋友的联系一样，有几个亲戚、朋友搬迁了。现在交往的邻居多，和汉族没来往，汉语不会。（土登嘎松，男，38岁，藏族，2011年从尕朵乡岗由村牧区搬来）

和以前的亲戚、朋友肯定联系，还建了微信群，整个村子都加了。现在交往多的是亲戚和邻居，亲戚、朋友、邻居都有，都很多，上面四家是从拉萨搬来的，也有血缘关系，对面那家常去喝茶。都很好相处，藏族大方，汉族女生都有点事不关己，高高挂起，男生有点"娘"。（才仁拉毛，女，21岁，藏族，2013年从尕朵乡卡吉村半农半牧区搬来）

搬迁后，和亲戚、朋友的联系少了，现在太远了。搬迁前，交往多的是亲戚，现在交往多的是邻居，邻居是尕朵（乡）的，跟上面下面的人都不认识。（二儿子：我认识很多人）一个村的亲戚都有微信群。和汉族没有交往，汉语不会说，沟通不了。（且措，女，30岁，藏族，2012年从尕朵乡卡吉村半农半牧区搬来）

搬迁前交往最多的是亲戚，现在交往最多的也是亲戚，刚才那家是亲戚，除了亲戚，不认识其他人。（卓才，女，40岁，藏族，2009年从尕朵乡岗由村牧区搬来）

搬迁前后，和亲戚、朋友的联系一模一样，有微信群，经常聊天，经常发红包。搬迁前交往多的是（孩子的）奶奶和舅舅。搬迁后邻居联系少，亲戚比较多。（扎西代吉，女，32岁，藏族，2009年从称文镇宋当村农区搬来）

搬迁后，和亲戚、朋友的联系更少了，远了一点，他们也没空，微信浪费钱，不如买个小孩的衣服、袜子。搬迁前交往多的是亲戚和邻居，现在也是。当地人还可以，相处没什么，没什么矛盾。和汉族（人）打交道还行，没有汉族朋友。牧区（的人）单纯天真，一个人在路上打车会有人帮助，城里人就不帮——社会原因，我想有困难能帮就帮。（罗松，男，29岁，藏族，2015年从拉布乡拉达

村半农半牧区搬来）

搬迁前后，跟亲戚、朋友的联系一样，电话联系，有时候回去，亲戚、朋友、邻居都有。和汉族打交道的没有，买东西的时候打交道。不会汉语，买东西用手指。没有冲突，就认识一两个，有些尕朵（乡）的，有些称文（镇）的。（千才，男，76岁，藏族，2009年从拉布乡拉达村半农半牧区搬来）

和亲戚、朋友联系更多了，现在年纪大了，亲戚感情深了，经常联系。以前联系多的是亲戚，兄弟姐妹们，现在联系多的是从那儿搬过来的邻居，邻居都是一个乡的，哪个村的都有。当地人好相处，和汉族很少打交道，语言沟通不了，我说藏语他们听不懂，他们说汉语我听不懂。（QYCZ，女，37岁，藏族，2009年从拉布乡拉达村半农半牧区搬来）

联系少了，自己经常不回去。以前交往多的是亲戚，现在也是亲戚。当地人可以。（元旦松包，男，42岁，藏族，2011年从拉布乡拉达村半农半牧区搬来）

从下面的对话中，也可以体会到搬迁后移民社会关系网络的变化。

笔者：刚住这儿习惯吗？

江永昂布：刚来时人生地不熟，人际交往方面有点不适应，持续了一两年，现在好多了，认识的人也多了。

笔者：搬迁前后和亲戚朋友的联系多了还是少了？

江永昂布：没变化，在这里和尕朵乡的移民户交往多。①

笔者：搬迁后与亲戚朋友的联系多了还是少了？

才仁求真：差不多一样，搬迁后交往多的是亲戚、邻居、朋友。

笔者：和汉族有来往吗？

才仁求真：不怎么来往，因为不懂汉语，不怎么交流，平时也不怎么出门。②

---

① 受访者：江永昂布，男，37岁，藏族，从尕朵乡卡茸村牧区搬来。
② 受访者：才仁求真，女，35岁，藏族，从称文镇岗茸村半农半牧区搬来。

总而言之，亲戚、朋友和邻居是移民社会关系网络中的重要组成部分。由于搬迁，导致客观上空间距离的增加，移民原有社会关系网络松散或者解体。而在新社区中，移民又面临新的社会关系网络的建立问题。从访谈中可以看出，移民社会关系网络的重建多是以同乡、邻居为中心展开的。同时，微信等互联网交友工具的普及，也使得移民原有的社会关系网络从社会实体空间转向了虚拟空间。

五 眼下困窘

疾病和缺钱是移民目前最大的困难所在。扎西昂加、卓才和才仁拉毛几户家庭都深受疾病的困扰，而其他多数移民则面临资金不足的困境。我们在前文中已经看到，搬迁者大多是移民社区最贫困的家庭，而搬迁这个行为本身并没有从根本上改变这部分移民的困难处境，似乎只是将贫困从一个地方集中到了另一个地方。

> 遇到的困难是医疗上，小孩和老婆生病，到处借不上钱。我有残疾人证——肢体左小腿曾瘫痪两年半，本来让截肢，最后好了，当时办的残疾人证，2013年9月11日补办的，这是结婚前的事。（扎西昂加，男，33岁，藏族，2010年从称文镇宋当村农区搬来）

> 目前最大的困难是资金不足。（索昂吾周，男，37岁，藏族，2010年从拉布乡得达村农区搬来）

> 目前家里最大的困难，最担忧的还是钱，全靠国家的补助。但国家已给了这么多补助，不好意思再要钱，感谢国家。（智美，男，68岁，藏族，2010年从尕朵乡布由村半农半牧区搬来）

> 最大的困难是没钱。（白军元旦，男，49岁，藏族，从称文镇阿多村半农半牧区搬来）

> 生活上有困难。（昂文巴毛，女，31岁，藏族，2009年从尕朵乡卡吉村半农半牧区搬来）

> （最需要解决的问题？）牛粪、煤、肉。（拉毛松毛，女，43岁，藏族，2015年从尕朵乡科玛村半农半牧区搬来）

> 缺少资金，家里人多，还有母亲和舅舅。（土登嘎松，男，38

岁，藏族，2011年从尕朵乡岗由村牧区搬来）

妈妈病了（胆结石手术），妹妹也病了，妹妹8个月大，小孩病了更严重，爸爸也有病。现在去医院方便，以前都是诊所。（才仁拉毛，女，21岁，藏族，2013年从尕朵乡卡吉村半农半牧区搬来）

小孩病着，最大的困难是缺钱。（卓才，女，40岁，藏族，2009年从尕朵乡岗由村牧区搬来）

还可以，没病就最好。（元旦松包，男，42岁，藏族，2011年从拉布乡拉达村半农半牧区搬来）

移民的困难都集中在生活、医疗等最基本的生存问题上，多数移民家庭由于原居住地生存环境艰苦、医疗卫生条件不足等，造成每家至少有一位病人的现状。他们希望通过搬迁改善医疗卫生状况，但是搬迁后又面临资金不足等诸多问题，而疾病往往又造成一个家庭的长期负债。病有所医，既是乡村治理的重要内容，也是医疗卫生体制改革的主要方面。要实现党的十九大报告所说"为人民群众提供全方位全周期健康服务"的目标，就需要加强对移民家庭就医条件及移民社区医疗状况的调查和研究，为政府决策提供现实的参考依据。

第 三 章

文化适应

一 语言习得

　　毋庸置疑,语言是文化的一个重要方面。通过考察语言,我们可以在一定程度上了解移民对于迁入地社会文化的适应性。我们知道,每个文化群体的语言都是在其所生活的自然和社会环境中历经长期的演变而逐渐形成的。"所谓技术上简单的社会所使用的语言的声音系统、词汇和语法绝不比复杂社会的语言更为'低劣'。当然,其他社会中的人们,甚至也包括我们自己社会中的某些人,可能根本无法说出我们社会中所使用的一些精密仪器的名字。但是所有的语言都有这种创造不为外人所理解的词汇的潜力。"[①] 而社会文化的剧烈变迁,往往是增加某种语言之表达方式和词汇数量的外部动力。移民在适应迁入地社会环境的过程中,其语言交流和表达方式也必然会受到一定程度的影响。

　　在认识这个问题之前,我们有必要排除一种常识性的偏见,这种偏见将藏族文化视为一种静态的和同质性的文化形态。"游牧民族"一词是人们用以指称藏民族的常用词汇,这容易形成一种刻板印象,认为所有藏族都过着一种历史记载般的"逐水草而居"的变动不定的生活。事实上,藏族文化内部的差异性并不小于它所表现出的同质性。一方面,正如我们在本书一开始所写到的,即使同样是康区的藏族,他们也有牧民、农民、"农牧民"三种不同的类型;另一方面,即使是生活在偏远牧区的

[①] [美]卡罗尔·恩贝尔、梅尔文·恩贝尔:《人类文化与现代生活——文化人类学精要》,周云水等译,电子工业出版社2016年版,第108页。

藏族，他们在生产生活的各个方面都已经不可避免地受到了现代社会的冲击。因此，并不是说在搬迁之前，他们的生活就是一成不变地遵循着千百年前的生活模式而一无变化。事实上，普通话、现代服饰、摩托车、蔬菜或多或少地都已经影响到藏族的日常生活，只是程度深浅的差别而已。或许，生态移民所反映的只是全球化的一个侧面，显现出它的大浪已经波及处在亚洲内陆的喜马拉雅山脉地区。因此，与其说我们在讨论生态移民工程，不如说我们探究的不过是由这一问题所引发的对于现代性的突出显现。在这一时代，地理位置的深远早已不是文化保护的天然的地理屏障，任何有形的界限都不可能抵挡无形的动荡和冲击。这不过是在又一次提醒文化主体和文化精英，如何去应对现代化浪潮的反复冲击，如何在保留自身文化特色的同时吸收现代社会的有益成果，而不仅仅是保守地将它拒之门外。

根据访谈资料，移民对汉语的掌握受六个因素的影响，即工作、性别、教育、经济贸易、电视、通婚。扎西昂加、永阳、白马卓尕、扎西的老婆、白军元旦等人都是在外出打工过程中与工友交往中学会了汉语，而千才则是在从军过程中学会了汉语。一方面，外出打工给移民提供了学习和掌握汉语的机会；另一方面，对语言的掌握也会影响到移民工作机会的获得。很多移民都认为语言是他们找不到工作的重要障碍。新环境中语言习得的能力在男女性别上也体现出较为明显的差异，扎西昂加的老婆、白马才旦的老婆以及索昂吾周的老婆、更求代西、当正、才仁求真、拉毛松毛、且措、卓才、昂文巴毛等女性在掌握语言方面较其丈夫有所差异。这种差异并不是来源于男女性别上任何固有的差别，而是社会分工的结果。相较于女性，男性有更多和外界接触的机会。据很多移民讲，外出接送孩子上学和买东西的主要是家里的男主人；而外出打工的也多是家里的男性。藏族传统社会中所固有的社会分工造成的男女性格上的差异也是其中的一个方面，正如扎西昂加所说："（老婆）牧区来的，不会汉语，老婆不敢买东西"，就是这样一种家务分工造成的男女性格的差别。当然，如同我们在白马卓尕身上所看到的，女性只要有同样的机会，也能迅速地掌握汉语。教育对语言的影响主要体现在孩子们身上，经受义务教育的他们，往往会两种语言，藏语和汉语的交叉使用成为藏区孩子们的一个重要特点。很多小孩子在面对家里人时使用藏语，在学校面对同学和老师时使用汉语，甚至有藏语中夹杂汉语的情况。因此，很多小孩子成为家里的小翻译。同时，这种情况也激起很多人对于民族语言的担忧，担心汉语教学会冲击到孩子们对于本民族语言的掌握。经济贸易对于人们语言的习得产生了双方面的影响。一方面，出于购物的需要，藏族移民需要掌握必要的相关汉语词汇，诸如"价钱""这个""那个"，等等。同时，每年挖虫草的季节也会有大量汉族人涌入藏区，使当地人有大量接触汉族的机会，从而促进汉语的掌握。另一方面，社会经济的发展使得大量汉族人进入藏区做生意，我们在调查期间就接触过不少，包括理发店老板、饭店老板、杂货店主人等都是汉族，有从甘肃、青海来的，也有从四川来的，此外，还有从青海来的回族，他们常年在当地做生意，相当一部分人掌握了当地语言，所以才会有移民说"很多卖东西的都会藏语"。另有一些移民则是受到电视的影响，如索昂吾周的孩子、罗松等，更多的人则是为了看电视方便而希望学习汉语。除此之外，族际通婚在一定程度上促进了移民语言的掌握。白马卓尕、卓才等人的老公都是汉族，对她们掌握汉语有很大影响。

当然，口头语言并不是人们唯一的交流方式，他们还通过大量的非言语语进行交流。比如，很多人在买东西时，手势是他们表情达意的重要手段。

> 搬迁前后使用最多的是藏语，18 岁就开始学说汉语，开始打工了，开始交流了，打工买东西时说汉语，能听懂 80%，老婆一点不会，她是清水河的。牧区来的，不会汉语，老婆不敢买东西。今天给老婆 100 块钱，让买个面的话，回来手里还握着 100 块钱，不敢买，从那之后，我自己买。我教她一点，她说不来，小孩子汉藏（语）都会。我会说一点汉语，能听懂 80% 的汉语，汉语也阿拉巴拉（一点点）会说，一起干活的时候学的，打工朋友有些是汉族，在一起说说、开玩笑，说着说着就学会了。（扎西昂加，男，33 岁，藏族，2010 年从称文镇宋当村农区搬来）
>
> 搬迁前后说的都是藏语，以前听不懂汉语，能说上一两句，现在能听懂 70%。能够学着听懂汉语，最大原因是电视，在这里买东西、干活，在饭店里打过工学的。（永阳，女，44 岁，藏族，2011

年从称文镇拉贡村农区搬来）

搬迁前后使用最多的都是藏语。汉语，平常买东西学会了阿拉巴拉（一点点），"这个""那个"会呢，那个东西多少，这个东西多少，没来时就会一点，平时没多的交流，汉语和以前一样。卡吉村，从外面嫁进来的汉族也多，挖虫草期间从外地来挖虫草的汉族也多。愿意学汉语，以前想学汉语，现在更想学了，不识字就像个盲人，稍微认点字的话，当个服装店的服务员或在诊所干活都需要认字，汉藏两样都有。（卓玛，女，藏族，2010年从尕朵乡卡吉村半农半牧区搬来）

搬迁前后说的都是藏语，在家说藏语，在街上遇到汉族人说汉语，遇到藏族人说藏语，遇见不认识的人说汉语。1992年、1993年在拉布乡干活认识了一块干活的伙伴，他是个藏族人，藏汉语都会说，就跟着学会藏语了，儿子藏语、汉语都会，儿子户口本上是藏族，全家人在家里都说藏语。儿子小学是在清水河上的，双语教学，中学在称多县民族中学，牧区也是双语，牧区是在乡上寄宿学校上学。（马生福，男，44岁，汉族，从拉布乡吴海村牧区搬来）

我们都说藏语，我基本能听懂汉语，但不会说，平时百分之六七十能听懂，只是表达不上，一两句会说，越长就越不会说，上过三年级，老师教的，当时就学会了。老婆不会说汉语，有时两人一起去买东西，有时我去买东西。（××，男，32岁，藏族，2010年从尕朵乡卡茸村牧区搬来）

搬迁前后说的都是藏语，但儿子能听懂70%的汉语，在学校藏文课用藏语教，数学、语文都用汉语教。买东西用手指，如果小孩（大儿子）有空，带小孩去买东西，孩子给翻译。（扎西求将，男，47岁，藏族，2010年从尕朵乡卡茸村牧区搬来）

搬迁前后使用最多的是藏语，我能听懂，也会说一些，老婆汉语比较熟练。（索南，男，30岁，藏族，2010年从拉布乡拉司通村半农半牧区搬来）

搬迁前后都是用藏语，我基本会说汉语，当小工的时候学的，小孩汉语阿拉巴拉（一点点），上学、看电视学的，看动画片，大人主要看青海藏语频道、四川康巴卫视频道、玉树电视台、称多电视

台新闻。老婆想学汉语学不会，我常出去打工，没时间学。（索昂吾周，男，37岁，藏族，2010年从拉布乡得达村农区搬来）

搬迁前后使用最多的是藏语，我基本能听懂，还会说不少汉语。我打工的时候跟工友学的，（前夫）是爸爸妈妈介绍（认识）的，一块打工，汉族人有呢，学会的，打工时不得不学，刚开始打工实在听不懂汉语，本来拿铁锹，结果拿了个十字镐（挖土的工具），然后工头会说，就恍然大悟，第二次就记下了，慢慢就会了。汉族人来的话汉语说，藏族人来的话藏语说。（访谈中，女主人用汉语幽默地说："馍馍（baluo），吃馍馍（baluosuo）。"）平常我在家里说藏语，大多数话老公听不懂，骂人的话都能听懂。2010年领上房子后，从2011年开始就把老公接过来了，一起住这儿。我们二人平时用汉语交流，与老公交流都是藏汉混合，有时听得懂，有时听不懂。（白马卓尕，女，48岁，藏族，2010年从拉布乡达哇村半农半牧区搬来）

搬迁前后使用的都是藏语，买东西会说一两句汉语，我经常买东西，"这个东西多少"会说，汉族人说藏语的多，我去买生活用品，我自己去买粮食，老婆和我一样会一两句汉语，买东西时对数字方面还是比较了解的。想学汉语，也不知道从哪方面学起，藏文，父母还有亲戚教过一些。（江永昂布，男，37岁，藏族，从尕朵乡卡茸村牧区搬来）

搬迁前后使用最多的是藏语，汉语听也听不懂，说也不会说，我们夫妇二人都没上过学，想学汉语，平时就是出去打工或缝纫，没时间学，还要养家糊口。我学汉语的话，再就搞笑。（不会汉语怎么买东西）这边的汉族人都能听懂藏语，能说、能听懂，卖东西的四川的汉族人多，甘肃的也有，卖东西的在这里几十年了，能听懂，能说上。买东西我去的多一些，老婆不会骑摩托，还要看孩子。（江才，男，47岁，藏族，2009年从拉布乡吴海村牧区搬来）

搬迁前后都说藏语，不会说汉语，但能听懂一点，老公会说汉语，现在还100%能说康巴语。老公会之所以说汉语，可能是因为他老家大部分是汉族，学会的。我想学汉语，如果能学会的话，买什么东西都方便，老公（用汉语交流）会说汉语，基本能听懂汉语，平时老公买东西多，我不怎么会算，买个东西让他去。孩子在县完小上学，汉藏双语，孩子喜欢汉语，（因为）容易学一点。（11岁的儿子说："和同学一起玩时，汉语说得多，有时说藏语，藏语说的话不清楚，上学以后开始学汉语。"翻译插话说："小孩子现在流行用普通话交流，平时在家和爸妈说藏语，他们都说藏语呗。"）（才仁求真，女，35岁，藏族，从称文镇岗茸村半农半牧区搬来）

以前"阿拉巴拉"会一点汉语，自己打工学的，做佛像，现在这边没有，这边没有打工的地方。会汉语，好处有是有，我们跟工头不认识，就不让干活（跟工头有关系才能找到工作），那边冷。（白军元旦，男，49岁，藏族，从称文镇阿多村半农半牧区搬来）

搬迁前后都用藏语，汉语一点也不会，愿意学汉语，与谁打交道都方便。（昂文巴毛，女，31岁，藏族，2009年从尕朵乡卡吉村半农半牧区搬来）

搬迁前后都说藏语，汉语一句也听不懂。去汉族人店里用手指，汉族老板会藏语的多。不愿意学汉语，不会说，学也不可能，学不会。孩子都学着呢，学会了不像我，买个东西都得用手比画。（拉毛松毛，女，43岁，藏族，2015年从尕朵乡科玛村半农半牧区搬来）

搬迁前后都说藏语。我会说汉语，因为要上学，以前那边上学，高中是在玉树（州）上的。父亲会汉语，平时用藏语，碰到藏族人用藏语，碰到汉族人用汉语。（才仁拉毛，女，21岁，藏族，2013年从尕朵乡卡吉村半农半牧区搬来）

搬迁前后都用藏语，汉语能听懂一点点，买东西老公买。愿意学汉语，这么多年跟着老公学不会。孩子和爸爸用藏语交流，孩子会汉语，小的不太会，大的会。（卓才，女，40岁，藏族，2009年从尕朵乡岗由村牧区搬来）

搬迁前后都说藏语，汉语能听懂一点。两个小孩都会说，也能听懂。结婚以后看汉族电视，慢慢学会了一点。（男主人很少说话，女主人母女三个说话用藏语，爸爸不会说，能听懂，爸爸在的时候用汉语，孩子们跟爸爸说话都用汉语。）县上买东西的时候，见藏族人用藏语，见汉族人用汉语。孩子在学校用汉语多，藏语有点少，这里教育条件好。孩子在那边上完一至三年级，教的听不懂，讲得快；到了这边成绩提高了，老师很负责，老师给贫困家庭买文具，还帮贫困家庭扶贫；那边没有，那边是长凳子、长桌子，这里一人一个桌子、椅子。会汉语，可以互相沟通，沟通方便。(扎西代吉，女，32岁，藏族，2009年从称文镇宋当村农区搬来)

搬迁前后都说藏语。汉语会说，字不认识，汉语上学学的，电视看多了，新闻和武打片，通过电视也学了一些汉语。去外地用汉语，在城市里接触汉族人，汉语用得多。会汉语和别人交流比较方便，对找工作有一定帮助，最主要是不认识（汉）字，认字好找工作，会读、会写、会看呗。老婆不会，她是纯牧区的。(罗松，男，29岁，藏族，2015年从拉布乡拉达村半农半牧区搬来)

搬迁前后都说藏语。以前能听懂汉语，现在忘了，以前在部队里学会的。跟我一块的人说汉语，我也能听懂，阿拉巴拉（一点点）会说一点。(现在)耳朵不好，听不清，学不来，老了。(千才，男，76岁，藏族，2009年从拉布乡拉达村半农半牧区搬来)

搬迁前后都说藏语，汉语能听懂一点点吧，没学过。要是附近有个学汉语的地方，肯定要学，懂汉语好。(QYCZ，女，37岁，藏族，2009年从拉布乡拉达村半农半牧区搬来)

搬迁前后都用藏语，汉语能听懂，跟人家学的。会汉语，跟谁都能沟通，会汉语找工作有好处。小孩子平时说话，藏语汉语夹杂，跟小孩们在一起说汉语。(元旦松包，男，42岁，藏族，2011年从拉布乡拉达村半农半牧区搬来)

下面从笔者和受访者的对话中，可进一步体会和了解移民搬迁后语言使用状况，以及他们对"想学汉语""会说汉语"的洞见。

对话1：
问：搬迁前后使用最多的是哪种语言？
答：藏语。
问：会说汉语吗？
答："阿拉巴拉"（一点点）能听懂一两句，以前打工修房子，和汉族人一块儿打工时学会的。老公会说汉语，比我好，平时买东西老公去买，有时拖亲戚、朋友买，自己不想去，一般不怎么出门。

女儿和同学在一起,汉语、藏语都说。①

对话 2:
问:搬迁前后经常用的是哪种语言?
答:搬迁前后使用藏语,不会汉语,听不懂汉语。愿意学汉语,去哪儿问个东西也方便。
问:不会汉语平时怎么买东西?
答:这边的汉族大部分都会说藏语,平时买东西,老公在老公买,老公不在我自己买。②

对话 3:
问:搬迁前后经常用的是哪种语言?
答:搬迁前后使用藏语。会一点汉语,能听懂汉语,碰到汉族(人)说汉语,碰到藏族(人)说藏语。在商店买个东西,汉族(人)听不懂,我就说一点汉语。
问:想学汉语吗?
答:这么大岁数了,再学啥!在外面跟人聊天或买东西时学会的。③

对话 4:
问:会说汉语吗?
答:不会汉语,一点都听不懂,一个字都不会,开铺子藏语会说。
问:愿意学汉语吗?
答:愿意,汉语好得很,看个电视能听懂。④

---

① 受访者:扎西的老婆,女,48 岁,藏族,从尕朵乡卡茸村牧区搬来。
② 受访者:当正,女,33 岁,藏族,从尕朵乡科玛村牧区搬来。
③ 受访者:智美,男,68 岁,藏族,2010 年从尕朵乡布由村半农半牧区搬来。
④ 受访者:更多,男,54 岁,藏族,2009 年从称文镇上庄村牧区搬来。

对话5：

问：搬迁前后使用最多的是哪种语言？

答：藏语。

问：会说汉语吗？

答：汉语不会说，听懂的也不太多，打个交道还可以，老婆跟我一样。

问：愿意学汉语吗？

答：愿意学汉语。

问：会汉语的好处？

答：去哪里都方便。①

对话6：

问：搬迁前后您使用最多的语言？

答：藏语。

问：汉语会吗？

答：一点都不会。

问：愿意学汉语吗？

答：愿意，去哪里都好，买个菜也方便。

问：平时买菜怎么办？

答：进小卖铺不会汉语用手指。

问：你们（孩子们）在学校用汉语还是藏语？

答（且措的大儿子）：在玉树（州）的学校，校长要求小孩子说汉语就汉语，（要求）说藏语就藏语，两种语言夹杂在一起的话要罚二十块钱——校长的要求。平时讲汉语多，我和弟弟有时讲汉语，有时讲藏语。②

对话7：

白马才旦：搬迁前后使用的基本上是藏语，汉语不会，就会说

---

① 受访者：土登嘎松，男，38岁，藏族，2011年从尕朵乡岗由村牧区搬来。
② 受访者：且措，女，30岁，藏族，2012年从尕朵乡卡吉村半农半牧区搬来。

一两句，买东西时"多少（钱）"这个会说，我买东西多，由于交通原因，老婆不会骑摩托车，一般都是我去买，卖东西的汉族人会说一两句藏语。我愿意学汉语，想学。

笔者：在这儿住了五六年为什么没学会汉语？

白马才旦：这边的汉族（我们）说藏语，（他们）大多数能听懂，没必要学汉语，汉族人能听懂百分之七八十的藏语。小孩在上学，双语都会。①

对话8：

笔者：搬迁前后使用最多的是哪种语言？

更求代西：搬迁前后都是用藏语，汉语听力阿拉巴拉（一点点），表达一句都说不上。

笔者：想学汉语吗？

更求代西：想学是想学，但我觉得学不会，现在最高兴的是两个孩子，学习非常好，小孩会说。

笔者：不会汉语怎么买东西？

更求代西：都是用手指东西——手势，最主要的是待在这儿供小孩上学，不然到牧区打工，小工也可以，以前住在移民点的人比较多，现在条件稍微好点的都搬回拉布（乡）了，剩下的都是比较穷的。

笔者：为什么那么多人搬走了？

更求代西：稍微挣点钱，可能是买了比这儿更好的房子，所以搬走了。②

二　宗教生活

从访谈对象信仰的教派来看，查拉沟社区移民的宗教教派几乎涵盖了藏传佛教的主要教派，格鲁派、宁玛派、萨迦派、噶当派都有数量不

---

① 受访者：白马才旦，男，34岁，藏族，2011年从尕朵乡卡茸村牧区搬来。
② 受访者：更求代西，女，46岁，藏族，2011年从拉布乡郭吴村半农半牧区搬来。

等的信众，其中信仰萨迦派的人最多，其次是格鲁派。而社区移民转经的寺院则各种各样，且并不一定与所信教派具有严格的一一对应关系。村民所选择的转经寺院，很大程度上取决于距离的远近。因此，距县城中心较近的尕藏寺和东程寺是多数居民的首选。还有很多移民则选择在移民社区自己修建的通达（康巴藏语音译，汉语意为经幡）处转经（见图A3—1）。

图 A3—1　查拉沟社区转经的地方

到20世纪初，称多县地区共有寺院25座，其中属扎武三族的有土登寺；属迭达族的有帮布寺；属固察族的有帮夏寺（色尔寺即色拉茸，为帮夏寺的一个独立部分）；属称多族的有东程寺、尕藏寺、孔觉寺、咸宗寺（先宗寺）、刚察寺、扎西寺；属加德卡桑诸族的有竹节寺、休马寺（休玛寺）、卡纳寺、群则寺、歇武寺、尼宗寺、多干寺、格吾寺、赛达寺（赛巴寺）、赛普寺；属年措族的有赛航寺（赛康寺、色康寺或色航寺）、巴干寺；另外，还有拉布寺、永夏寺、阿尼寺、尼姑寺。[①]

称多地区的宁玛派，其教法传承主要实行转世制（认定前世活佛灵童）、世袭制（父传子）和师徒相传制三种方式。信徒有两种：一种为出

[①] 称多县志编纂委员会：《称多县志》，内部资料，2016年，第775页。

家僧侣,另一种为在家信徒。在家信徒又分为两类:一类是受近事戒,守护五戒而留居俗家;另一类并不受戒,只是定期参加宗教活动。在家信徒,平时从事农牧业、跑生意、娶妻养子,在农闲或规定的时间里则穿红色或紫色法衣,将头发留成咒师辫,口诵密咒,有各自的诵经活动,也有定期的集体活动。他们自称咒师辫的黑发象征佛的法身,发上的各种装饰物象征佛的报身,一根由许多发丝辫成的头发象征佛的化身,这便是佛的三身。宁玛派的出家信徒要过丛林生活,依次受出家、沙弥、比丘等戒律,与其他教派并无大的区别。除了举行法会外,宁玛派寺院的住持活佛和咒师,以及教长等教务管理人员,平时不披袈裟,不穿法衣,而身着深红色藏袍或深灰色上衣和白色僧裙,其上衣象征普贤菩萨,僧裙代表普贤之妃。头蓄长辫、缠黑布、腰插发撅和胫骨法号,耳戴长环海螺,怀揣颅骨钵盂。寺院殿堂内主供莲花生师君三尊和本门护法神等塑像。由白玛贡珠昂嘉创建于1742年的清水河镇的永夏寺和1832年由西庆拉角旦布尖措创建的角吾寺都属于宁玛派寺院。[1]

噶举派是十一二世纪佛教后弘期,将金刚持佛的密咒教义由祖师口传相承发展起来的藏传佛教一大宗派,属新译密咒派。噶举派在称多地区的传播是从12世纪噶玛噶举派创始人都松钦巴东游康区开始的。都松钦巴途经这里时,他先传经说法,广收门徒,将原有苯教寺院改宗为噶举派寺院,为扩大该派教义在康巴地区的传播、发展和后来在整个藏区形成强大势力,奠定了坚实的基础。12世纪末,噶举派不少名僧为弘扬改派教法,传承其教义,大修寺观庙堂,招收僧侣,采取认定灵童或从楚朴寺指派代理活佛等多种办法,主持各寺教务。至1958年,分布在称多地区的噶举派寺院有先宗寺、孔雀寺、扎西寺、群则寺、竹节寺、尼宗寺、巴干寺、改吾寺等。[2]

萨迦派在称多地区实行的是法统传承。该教派在兴盛时期,大修寺院,广收门徒,扩展势力,该派的教法不仅传播到卫藏、康巴、安多三大藏区,而且在蒙古、汉族地区也有不少萨迦派寺院。后来随着萨迦派政权的衰败,在外地的寺院相继衰落,有的改宗其他教派,但称多地区

---

[1] 称多县志编纂委员会:《称多县志》,内部资料,2016年,第776页。
[2] 同上书,第776—777页。

还留存了不少萨迦派寺院。萨迦派在称多地区的弘扬与八思巴及其弟子在境内的活动有密切的关系。早在公元 1265 年，八思巴从大都返藏，1269 年又从卫藏萨迦寺返回大都，来回都在玉树地区逗留，其间将许多寺院改宗为萨迦派。同时将许多法螺、跳神面具、佛像、佛塔、钹、鼓、金字大藏经等法器和命册赐封给其教化信徒和属地长官。后来，各地的僧官、贵族将八思巴赐封的各种法器、命册作为圣物，置于殿堂进行供奉，并以此为基础兴建寺院，至 1958 年，称多境内的萨迦派寺院有尕藏寺、东程寺、刚察寺、多干寺、上赛巴寺、下赛巴寺、上登寺等。①

15 世纪，宗喀巴·洛桑扎巴以提倡先显后密的噶当派教义思想和行持作风为基础，综合西藏各教派流行的显密教而最后创立藏传佛教一大宗派——格鲁派。该派在清王朝的大力支持下，一度成为执掌西藏政教大权的最大教派。格鲁派在称多地区的传播、发展和后来形成一定的规模，是从 16 世纪第三世达赖喇嘛索南嘉措为寻求政教庇护东游青康时开始的。他途经玉树、称多期间，为多人剃度出家，弘法传教，不少他派寺院纷纷改宗格鲁派，从而扩大了该派在称多地区的影响。至 1958 年，称多境内格鲁派寺院有拉布寺、卡纳寺、休玛寺、色航寺、帮布寺等。②

称多县寺院在元朝时以噶举派为盛，如竹节寺。在明末清初时以萨迦派为盛，尕藏寺可为代表，以后格鲁派渐盛，寺院规模亦大，如拉布寺、赛航寺都是玉树地区有名的寺院，拉布寺建筑之精美堪称玉树寺院之首。③

拉布寺，藏语音译"嘎登郭昂谢周派吉楞"，汉语意为"具喜显密讲修兴旺洲"。位于拉布乡拉司通村歇群沟口，背靠叶热公加山，寺院坐西向东。经堂内主供宗喀师徒三尊等身像。早期是一座萨迦派小寺，明永乐十六年（1418 年），宗喀巴弟子丹玛·堪钦元登巴奉师命来称多地区弘法建寺，见拉司通歇群沟口山清水秀，风景宜人，便选定寺址，在拉布当地头人尼玛本的协助下，将原有萨迦派小寺改宗为格鲁派，新建了经堂 1 座，僧舍 6 间，聚僧侣 10 人，形成了拉布寺的雏形。寺院初建时，

---

① 称多县志编纂委员会：《称多县志》，内部资料，2016 年，第 777 页。
② 同上。
③ 同上书，第 781 页。

受到宗喀巴大师和明王朝的支持。据传，宗喀巴曾赐赠其衣饰等作为泥塑佛像的装藏物，并赐度母佛像1尊；明朝廷曾赐一护法神像和禅杖等法器。寺院建成后，丹玛·堪钦元登巴继续在临近各地活动，扩大影响，很快将今玉树市原属直贡噶举派的嘎拉寺和让娘寺改宗为格鲁派。约在清道光年间，该寺活佛吉然多杰入京觐见皇帝，得到丰厚赐赠，获赠物品有：金龙印、旃檀和玉石做的佛像108尊、嵌以象牙汉文字的旃檀木诏书、镶有"呼图克图"四个黑字，红色锦缎为底的门匾、标志宫廷地位的冬季骑马帽、各种宝物和黄金的混合物熔铸的喷焰摩尼宝、玉制的六棱花瓶及花朵、汉式唢呐一套、铜质铙钹一副、名贵香木、各种饰品、净水瓶、汉地各种锦缎丝织品及礼帽等。委任为拉布族百户，管理当地一切政教事务。从此，成为玉树地区最大的政教合一寺院。清同治三年（1864年），清朝廷赐一小金匾。同治十二年（1873年），西宁办事大臣锡英赐"普济寺"匾额。寺院兴盛时期，有子寺18座，寺僧800余人，活佛15位，寺院建筑宏伟。[①]

竹节寺属噶举派，位于珍秦镇沟口的昂布嘎保山下，处于214国道旁。寺院始建于1652年，创建人是索柯旦巴江才，活佛传至第五世求吉尼玛活佛时，他为了扩大寺院及自己的势力，便在加德卡桑当了总百户，建立了政教合一的体系，后僧侣发展到300人，该寺进入了第一次兴盛时期。年措智格任竹节百户时，迎来了竹节寺第二次的兴盛时期。竹节寺属白日多玛族、白日麦玛族及原竹节族的共同寺院，该寺院有三座神山，寺院后山加日名珍秦昂布嘎保，前山登日名智得，另有一神山格多日山。[②]

先宗寺属噶玛噶举派寺院，位于称多县称文镇先宗沟的曲隆山坡上，距县城5公里处。相传寺院始建于公元12世纪，创建人是拉生俄周加措。历史传承活佛4名，分别是：尕玛昂当；尕举智格；大江多智格；小江多智格。僧人500余名，于1981年12月25日重新开放，现寺内活佛3名，其中政府批准认定的活佛2名。僧人57名，僧舍30间，经堂1座，佛堂1座，接待室1间，厨房1间，佛学院1所，闭关室1间，佛塔9

[①] 称多县志编纂委员会：《称多县志》，内部资料，2016年，第784页。
[②] 同上书，第787页。

座，该寺院总占地面积约 5 亩，建筑面积为 3554 平方米，该寺拥有各类经文 7 册，佛像 120 尊，唐卡 310 幅，主要法器有 10 种。寺院传统宗教活动主要有藏历 12 月 23 日至 29 日的"格多"会，主要念经、点酥油灯、捏炒面盒子，表示消除恶事。藏历每月初十和二十五日"才吉"会主要诵经。①

尕藏寺，法名"尕藏班觉岭"，意为"善缘富乐洲"。位于称文镇宋当村丁布社的加嘎隆巴沟口，背靠扎嘎山，东距县城 5 公里，西距通天河 7 公里。该寺是称多境内历史悠久、规模宏大的寺院，有 7 座了寺，主要供奉释迦牟尼和萨迦派五大祖师等佛像。② 始建于 1268 年，1987 年由十三世罗日活佛桑巴生格主持重建经堂、闭斋堂、怙主堂、僧众会堂以及藏医院、印刷佛经室。寺院殿堂里供奉着万应佛像、尊者妙金刚像、以尊者十二面观音为首的五尊石身伏藏像、八思巴所赐法螺、九尖摇玲、天铁杵、当巴仁波切念珠、印章、合金质无价佛像，还有金质唐卡等。③ 公元 1265 年，八思巴返藏途经玉树地区时，在嘎哇隆巴为信徒讲经灌顶。其间，八思巴在此招收一弟子，赐法名更尕扎巴，后称嘎阿尼丹巴更尕扎巴。三年后（1268 年），嘎阿尼丹巴按照八思巴的旨意，在此地创建了尕藏寺，将八思巴赐予的释迦牟尼佛像、全套大藏经、合金梵塔、摇铃等视为珍物供奉在寺内，并在八思巴讲经的地方修建了白色莲花宝座。寺院建成后，八思巴又为该寺颁赐了蒙、汉、藏三种文字合璧的命书和象牙章、白檀章等。在元朝和八思巴的扶持下，尕藏寺发展很快。鼎盛时期，寺僧人数有 1900 余人。④

土登寺，位于拉布乡拉布沟口，距拉布乡政府所在地 8 公里。寺院始建于 1262 年，创始人是阿可热吞。历史传承活佛 4 名，分别是：昂文列周；松求江才；秋英多杰仁波切；周堪保昂文元旦江措。僧人 130 名。"文革"时期关闭。1988 年 3 月 8 日重新批准开放，现有僧人 46 名，信教群众主要分布在拉布乡兰达村，寺院总占地面积 30 亩，建筑面积 4455

---

① 称多县志编纂委员会：《称多县志》，内部资料，2016 年，第 789 页。
② 同上书，第 790 页。
③ 同上书，第 263—264 页。
④ 同上书，第 790 页。

平方米，经堂 2 座，接待室 1 间，厨房 1 间，印经院 1 所，僧舍 37 间，该寺拥有大小佛像 100 尊，唐卡 60 幅，各类经文 100 册，主要法器 30 种。寺院传统法会有 1 次，藏历 12 月 21 日举行"格多"会，表示驱魔送祟，消除恶事。①

刚察寺，位于称文镇白龙沟口左侧的山冈上，距县城 8 公里处。相传刚察寺院始建于公元 1585 年，历史传承活佛 1 名，是布日智格。僧人 117 余名，"文革"时期关闭，于 1988 年 3 月 8 日重新开放，现有僧人 46 名，信教群众主要分布在白龙、岗茸村等地，寺院总占地面积约 10 亩，接待室 1 间，厨房 1 间，佛学院 1 所，佛塔 3 座，僧舍 33 间，该寺院有大小佛像 2080 尊，唐卡 110 幅，各类经文 350 册，主要法器 35 种。②

东程寺，位于称文镇上庄村，寺院创建于 1269 年，创建人是智文措吉多杰。历史传承活佛有 2 名，分别是：阿永智格；多切智格。当时该寺有僧人 300 余名，1988 年 3 月 8 日，经政府批准重新开放，现有政府批准认定的活佛 1 名，僧人 45 名。信教群众主要分布在称文镇上庄、下庄等地，寺院总占地面积约 50 亩，建筑面积为 2500 平方米，经堂 3 座，佛堂 3 座，接待室 1 间，厨房 1 间，印经院 1 间，佛学院 1 所，佛塔 9 座，1 间转经轮，僧舍 40 间，该寺拥有大小佛像 1500 尊，唐卡 150 幅，各类经文 15 册，主要法器 25 种。③

根据笔者调查，移民搬迁后转经情况则因人而异，有较大的差别。有的移民由于搬迁后移民点距一些寺院如尕藏寺和东程寺较近，所以转经次数会增多；也有的移民由于搬迁后生活闲暇比之前多，所以有更多的时间用于宗教活动；但是也有移民由于需要去固定的寺院，搬迁后因距离遥远而导致转经次数减少；有的移民因为搬迁后需要照顾孩子、打工等而没时间转经。转经次数的增加与减少并不能反映移民对宗教的虔诚程度，只是反映了参与宗教活动与距离远近、时间多少等方面的关系。

查拉沟社区居民所属教派及常去寺院如表 A3—1 所示：

---

① 称多县志编纂委员会：《称多县志》，内部资料，2016 年，第 792 页。
② 同上书，第 793 页。
③ 同上。

表 A3—1　　　　查拉沟社区居民所属教派及常去寺院

姓名	教派	常去寺院
扎西昂加	萨迦派	尕藏寺
元配	萨迦派	
卓玛	萨迦派	
白马才旦	格鲁派	东程寺
××	萨迦派	东程寺
扎西求将	萨迦派	
索南	噶当派	拉布寺、东程寺
索昂吾周	萨迦派	
白马卓尕	噶当派	拉布寺、东程寺、尕藏寺、帮夏寺
江永昂布	格鲁派	
扎西	格鲁派	色康寺
当正	格鲁派	玉树州上寺院
智美	格鲁派	
江才	噶当派	东程寺、先宗寺、尕藏寺
才仁求真	萨迦派	刚察寺
拉毛松毛	白教	赛宗寺
土登嘎松	格鲁派	色康寺
才仁拉毛		帮夏寺
且措		竹节寺
卓才		色康寺
扎西代吉	宁玛派	尕藏寺
罗松	萨迦派	土登寺
秋英才藏	萨迦派	
元旦松包	萨迦派	

平时转经，在这里时间多，近的原因。通达（康巴藏语音译，汉语意为经幡）——查拉沟社区转经的地方是集体修的，每家每户买了经幡，自己挂上去，2013年修的。（扎西昂加，男，33岁，藏族，2010年从称文镇宋当村农区搬来）

平时转经，在社区通达（康巴藏语音译，汉语意为经幡。下同）。（永阳，女，44岁，藏族，2011年从称文镇拉贡村农区搬来）

现在有时候转经，一般去东程寺，在县委后面，以前专门在牧区举行的寺庙节日活动，有时是在4月，有时在挖虫草后，有时在挖虫草前，不确定。搬迁前村子里没什么宗教活动。（白马才旦，男，34岁，藏族，2011年从尕朵乡卡茸村牧区搬来）

我会（去）转经，有时候转，六字真言，阿拉巴拉（一点点）

会呢。(马生福,男,44岁,汉族,从拉布乡吴海村搬来)

平时不转经,经常不去,寺庙有盛大的佛会(我)会去的。(更求代西,女,46岁,藏族,2011年从拉布乡郭吴村半农半牧区搬来)

常去东程寺念经,带上老婆一起去,啥时候有佛会啥时去,每年4—5次,也有供钱的,念经、点酥油灯的,酥油自己买了带过去。(××,男,32岁,藏族,2010年从尕朵乡卡茸村牧区搬来)

宗教活动拉布(乡)多一些,拉布寺每年举办一次玛尼日勒(藏语音译)活动,念六字真言,用糌粑做成颗粒,每年元月举办7天,宗教活动在拉布投入的时间多。出生在那里,自己的寺院在拉布。在这里一般去东程寺转经,没时间去转路边的通达(藏语音译),想在自己家附近修个经幡。(索南,男,30岁,藏族,2010年从拉布乡拉司通村半农半牧区搬来)

老家每年冬天11月有帮布日勒(藏语音译)活动,每年7天,念经供奉,在村子里举办,我经常不去,要放钱,没有钱。(放钱有什么好?)保佑幸福。搬迁后宗教活动少倒没少,就是远了点,以前每个村子里有宗教活动场所。(索昂吾周,男,37岁,藏族,2010年从拉布乡得达村农区搬来)

经常去拉布寺、附近的东程寺、玉树市地界的帮夏寺、尕藏寺转经,搬迁前后转经花的时间一样,路边通达(藏语音译)正月十五、十八去转经,因为是藏族的闭斋戒,这两天不能吃肉,只吃蔬菜,为众生超度吧。(受访者,信息不详)

在称多县境内的寺院,有宗教活动,几乎都去参加。在这里参加宗教活动的时间多,比较便利;在牧区整天放牧,没有空余的时间,只要心中有佛,心地善良就行。现在这里牛羊也没了,活也越来越少了,有空闲的时间了,就到称多县境内的寺院参加法会。(江永昂布,男,37岁,藏族,从尕朵乡卡茸村牧区搬来)

不怎么去转经,不想去,路边的通达(藏语音译)偶尔去,村子里没什么宗教活动,寺院里或许有,寺院是卡茸村赛航寺。(扎西的老婆,女,48岁,藏族,从尕朵乡卡茸村牧区搬来)

到(玉树)州上转经,女儿买个衣服,这里没有,到州上买,

州上便宜,顺便转个经。(当正,女,33岁,藏族,从氽朵乡科玛村牧区搬来)

以前转经多一点,现在老了,想去远一点的地方也去不了,自己念经,对老婆肯定有帮助。(智美,男,68岁,藏族,2010年从氽朵乡布由村半农半牧区搬来)

平时转经,在东程寺、先宗寺、氽藏寺,偶尔去,东程寺去得多一点——近一点,路边的通达(藏语音译)也去,闲时去。参加宗教活动的时间,这里比牧区多,这里稍微闲一点。大一点的宗教活动去过,在四川色须寺,一年一次,有时也不一定,有时有,有时没有,有交通工具就去。参加宗教活动,这里方便;在牧区的话还要赶牛,以前在牧区,老婆还要照看孩子、拾牛粪,老婆一天还要跟在牛后面,怕(牛)被狼吃。(你不怕狼吃你吗?)怕!但是没办法,见过狼,一喊,狼就跑了。(江才,男,47岁,藏族,2009年从拉布乡吴海村牧区搬来)

转着呢,这边多了,闲下来了,牛羊没了。扎西寺院离牧区6—7公里,村子旁边有转经的,(20)13年、(20)14年才建的。(更多,男,54岁,藏族,2009年从称文镇上庄村牧区搬来)

搬迁前后转经一样。村里的经幡是我组织建的,可以说这边都帮忙了。第一个转经的是称多老人,可能花了40000—50000(元),钱都出了点,石头是买的。(白军元旦,男,49岁,藏族,从称文镇阿多村半农半牧区搬来)

现在(转经)多了,原先忙,以前离寺院十几公里。(昂文巴毛,女,31岁,藏族,2009年从氽朵乡卡吉村半农半牧区搬来)

搬迁后转经少了,路远,交通工具啥都没有,100多公里。白教、赛宗寺。原先寺院跳神舞,在黄教寺院帮夏寺,现在不知道了。路边的经幡我没帮忙,平时去着呢,除了这以外没去处。(拉毛松毛,女,43岁,藏族,2015年从氽朵乡科玛村半农半牧区搬来)

转经跟以前差不多,有大活动的话都会去。(才仁拉毛,女,21岁,藏族,2013年从氽朵乡卡吉村半农半牧区搬来)

搬迁后转经少了,几乎去不了,去的是竹节寺,(距这里)28公里,爸爸只去我们的寺院,别的不去。(且措,女,30岁,藏族,

2012年从尕朵乡卡吉村半农半牧区搬来）

通达（藏语音译）没去过，平时也不去那儿转经，那是称文（镇）干的，我们不去。（卓才，女，40岁，藏族，2009年从尕朵乡岗由村牧区搬来）

转经多了，以前诵经一天，这里4—5天，去宋当村寺院，转经、念经。（扎西代吉，女，32岁，藏族，2009年从称文镇宋当村农区搬来）

（现在）转经少了，没时间去，那里（迁出地）比较近，方便，时间多，放牧闲的时间多，过年时拜佛的比较多。8月7日、8日（公历）拜活佛，这里有个老头想去，我没时间，今年（2016年）想去，但没时间，过去得一个多小时。（罗松，男，29岁，藏族，2015年从拉布乡拉达村半农半牧区搬来）

那边（迁出地）转经多，这边去不了，下面的通达（藏语音译）是自己建的，（20）13年建的，上面那个太远了。转经，过世了才好，过世了有好处，过世了，死法不一样，对活着的人也有好处，让自己无病无难。城里的尕藏寺和东程寺都有节日。（千才，男，76岁，藏族，2009年从拉布乡拉达村半农半牧区搬来）

以前转经多，现在有孩子了。（QYCZ，女，37岁，藏族，2009年从拉布乡拉达村半农半牧区搬来）

现在（转经）多了，因为孩子在那里。村里的通达（藏语音译）我也参与建造了，经常去，自己挂经幡。（元旦松包，男，42岁，藏族，2011年从拉布乡拉达村半农半牧区搬来）

从下面的对话中，我们对于搬迁移民参加宗教活动的情况会更加有所体悟。

对话1：

问：转经，哪边多一些？

答：以前在卡茸村要放牧，没时间。转经，这边时间多，小孩也去，跟着父母去，在社区旁边的通达（藏语音译）转经。

问：转经有什么好处？

答（扎西求将的儿子）：造福众生。①

对话 2：

问：转经有什么好？

答：我是藏族呗，害怕死亡，转经——心里踏实。

问：老公不去转经？

答：他转就转，不转就不转，自愿。②

对话 3：

问：经常去转经吗？

答：偶尔去转经，到路边的通达（藏语音译），偶尔去寺院，一般去刚察寺（岗茸村的寺院，距岗茸村10公里左右）、东程寺，去刚察寺、东程寺听个什么法会。

问：哪边转经多？

答：这里多一点，以前还有牛要（照）看，现在稍微闲一点。③

对话 4：

问：经常去转经吗？

答：一天一天去呢，现在多了，现在离寺院近，转经方便。

问：转经的好处？

答：好处，现在不知道，过世了才知道，现在没灾没病。

问：社区前面的经幡，你有没有参与建设？

答：钱也出了点，主要是劳力，一二百、五十（元），那个钱不多，专门有个（雕）刻的组，经幡是自己搭的。④

经幡和玛尼堆是每一个村庄的重要组成部分，转经也是牧民生活中

---

① 受访者：扎西求将，男，47岁，藏族，2010年从尕朵乡卡茸村牧区搬来。
② 受访者：白马卓尕，女，48岁，藏族，2010年从拉布乡达哇村半农半牧区搬来。
③ 受访者：才仁求真，女，35岁，藏族，从称文镇岗茸村半农半牧区搬来。
④ 受访者：土登嘎松，男，38岁，藏族，2011年从尕朵乡岗由村牧区搬来。

的重要方面。《玉树调查记》中较为详细地记载了藏区村庄的这一习俗，对我们了解藏族信众转经有很重要的参考价值。

> 番俗，每庄必有塔，塔旁堆白石片为墙，石片上刻番文六字箴言（唵嘛呢叭咪吽），饰以五采①，谓之摩尼②石。番民富者，以出资镌摩尼为功德，有出至数千金者（番民业镌摩尼者，日得值藏洋半块或一圆③）；贫者以转摩尼为功德，男女老少每值朔望令节，相率绕行摩尼，多多益善，亦有且拜且转者；老者多手摩尼窠落（铜制圆甬④，高二寸，圆径三寸，中有轴可转，甬旁有耳，甬周或嵌宝珠，轴枢以蚌壳为毂，蚌壳刓敝，则功德完满），且行且摇且诵；关津路口，亦必有塔或摩尼石，行役之人过者，去从塔石阴，来从塔石阳，不偏行一面，亦以为转摩尼也。每遇邱垤、湖泊、大石，亦必绕行一周，以为功德。……年老者转摩尼谓可修死路；有疾病者转摩尼谓可拔不详；乃至凶恶负罪之人，亦以转摩尼为消罪盖愆之术。
>
> 番民尤以赴拉萨转普陀山⑤，为有生莫大之事，无论贫富、贵

---

① "采"通"彩"。
② "摩尼"通"玛尼"，下同。
③ "圆"通"元"。
④ "甬"通"筒"。
⑤ 即布达拉宫，参见潘德荣《普陀山与布达拉》，《中国社会科学报》2016年3月1日。布达拉，藏文为པོ་ཏ་ལ，是梵文"Potalaka"的音译，意为佛教圣地。公元7世纪，松赞干布统一西藏并迎娶尼泊尔尺尊公主和唐朝文成公主，在玛布日山上修建了宫殿。因为松赞干布视自己为观音菩萨的化身，所以就用"布达拉"来命名宫殿。《华严经》中记载："南方有山，补怛洛迦，彼有菩萨，名观自在。""补怛洛迦"即梵文"Potalaka"的音译，是观世音的道场，或译作"补陀落山""补陀落迦山""普陀洛伽山""普陀洛伽"等，后来简化为"普陀山"。唐朝咸通年间，日本僧人慧锷从五台山迎请观世音菩萨东渡，进至梅岑山，因受阻于风浪而不得前行。众人以为观世音菩萨不肯离去，遂在梅岑山建造庵堂，供奉观世音。在明代神宗年间扩建，更名为"普陀山禅寺"，梅岑山也由此更名为"普陀山"。梵文"Potalaka"在藏文中有两种译法，意译为"持舟"（取慈航普度之意），音译为"布达拉"。"布达拉宫""普陀山"是同名，都是观世音菩萨的道场。《观世音菩萨往生净土本缘经》中说"破他拉卡"既是"灵山"，又是"绝岛"。"布达拉宫"虽曰"持舟"，却因建在红山，实则为"灵山"；"普陀山"虽曰"山"，却因建在岛上，岛似海中之舟，实则为"绝岛"。普陀山和布达拉宫两者相应，共同成就梵文"Potalaka"之意。

贱、老幼、男女，趋之若鹜。岁时扶老携幼，襁属①累累，不绝于道；亦有童男童女，父母禁不令往，而自逃赴拉萨者。②

三　婚丧习俗

男女青年到了一定年龄后，交往自由。私自同居的情况并不少，一般父母不加干预。男女双方撮合形式大体有三种：一是父母包办，二是媒人撮合，三是自由恋爱。媒人撮合多系富人家采用，一般穷人家多采用自由恋爱或父母包办的方式，但都以先行同居后再结婚的居多。男女双方自由爱恋同意结合时，即托媒人向家长征求意见，许可时即请喇嘛择日举行仪式；家长若不应允，过去须请百户说情，若仍不应允，男女双方即各带财物远走他方，同居生活，父母亦不再干涉。③ 现在自由恋爱较普遍。唯结婚时一些牧民习惯于自由结合，不习惯于办理结婚登记手续。领结婚证时，由干部或家长代领的不少。离异时也很随意，多不办手续，分居即算离婚。结婚有女方上男家，亦有男方上女家的，即赘婿。称多地区尕朵一带一般女上男家，歇武一带男女双方可随意到对方家，其他多数地区是倒插门，即赘婿，嫁女成了嫁儿子。④ 分工：女的管糌粑子、烧茶、做饭、挤奶、拴牛、犁地、晒牛粪、制作酥油等，来客时一般由女的烧茶、倒茶。男的管采买东西、缝纫等。娃娃一辈由爷爷奶奶管。妇女不操针线。男子多数腰带小针包或帽子上别上小针，闲时捻羊毛线。一家之内无长男，大人均女性，男子幼小的，仍由女掌权。⑤

一般人死后都可天葬，包括过去的头人在内。这是称多地区最为普遍常见的一种葬法，也是整个藏区最普遍的丧葬方式。但是战场上死的，

---

① 《襁属》，2018年3月9日（https：//hanyu.baidu.com/s?wd=%E8%A5%81%E5%B1%9E&from=poem）。像钱串一样连贯，形容连续不断。《新唐书·殷侑传》："岁中，流户襁属而还，遂为营田，丐耕牛三万，诏度支赐帛四万匹佐其市。"
② 周希武、田雯、张澍：《〈青海玉树调查记〉黔书〈续黔书〉》（合订本），中国台湾华文书局1968年版，第145—148页。
③ 称多县志编纂委员会：《称多县志》，内部资料，2016年，第810页。
④ 同上书，第811页。
⑤ 同上书，第815页。

自杀、他杀和横祸死亡的,均不能放到共用天葬场,而要放在另外的地方天葬。天葬过程:人死后在家里放三天,请僧人念经,点神灯,神灯点得越多越好,点一百个最好,最好的灯是从天黑点起,刚好天亮时即油净灯灭。有些人家有死人,点神灯耗去酥油数百斤以至上千斤,有的用直径30余厘米的锅盛上酥油做灯具。人死后,藏俗以绳束之,令其脚口相连、两手交叉于腿中,也有不这样做的。送到天葬场前,要提前看好路线和距离,第三天晚上12:00后启送。用马驮,一边放尸体,一边放石头,不能把尸体横跨在马上,石头用玛尼石、一般石头均可。天亮后赶到天葬场,藏语称"朵稠"。人死后不穿衣裤,用旧氆氇或白布包裹,并装在毛袋里。到了天葬场后,用一条白羊毛绳,一头拴在死人脖子上,另一头拴在木橛子或石头橛子上,其意在老鹰吃时不要拉到别处。拴好后即用刀子分割成小块,干此事的是专门负责驮运的人。僧人们负责念经。老鹰吃的速度,快的一两个小时,多时有五六十只老鹰,少时二三十只。如果吃不完,分割的人还要继续用刀子割,砸骨头,有时拌些炒面。若老鹰不吃时,吹人骨管,即吃。老鹰吃完后,驮尸的人才离开。天葬场上的老鹰被牧民视为神鹰,受到牧民的保护,任何人不得随意伤害。①

  风俗习惯没什么变化,老家娶媳妇花10000—20000(元),这里一样,那边稍微少一点。婚姻习俗差别不大,我俩婚礼就没办过,由于条件的原因,办不起。搬迁前后丧葬习俗都一样,俗人全部天葬,活佛有火葬。(扎西昂加,男,33岁,藏族,2010年从称文镇宋当村农区搬来)

  丧葬方式是天葬。(卓玛,女,藏族,2010年从尕朵乡卡吉村半农半牧区搬来)

  我们结婚是在大通(县)按汉族习俗举办的,拉布(乡)汉藏通婚的不多。丧葬的话,拉回老家土葬也行、天葬也行,天葬没事,看自己的意愿,一个人一个想法,人要是去世了,不回老家,祖宗跟前不去不行,别人可能会说。(马生福,男,44岁,汉族,从拉布

---

① 称多县志编纂委员会:《称多县志》,内部资料,2016年,第817—818页。

乡吴海村牧区搬来)

在称多县，只有歇武镇有火葬。（索南，男，30岁，藏族，2010年从拉布乡拉司通村半农半牧区搬来）

结婚时双方父母啥都没给，老公的爸爸是互助的汉族，老公的妈妈是藏族，老公是在拉布乡长大的，他小的时候，母亲就去世了。（扎西的老婆，女，48岁，藏族，从尕朵乡卡茸村牧区搬来）

人去世，家庭贫困的，村子里其他人给这家点钱，到寺院祈福，一般一户给19元左右，村里的规矩——搬迁前天葬。（当正，女，33岁，藏族，从尕朵乡科玛村牧区搬来）

（老婆去世后丧事是怎么办的？）去世后请了活佛、僧人到家里念了3天经，最后天葬了，然后和儿子相依为命，漂泊了7—8年，和儿子一块乞讨，在尕朵乡、杂多乡、寺院乞讨。在牧区不放牧了，老婆难产，儿子一出生老婆就去世了，牧区也没什么人接生，就随便找了个人接生，现在牧区也没什么医生，不过比以前好多了。老婆没留下什么照片。（智美，男，68岁，藏族，2010年从尕朵乡布由村半农半牧区搬来）

我俩结婚没花什么钱，我们这里是天葬。（才仁求真，女，35岁，藏族，从称文镇岗茸村半农半牧区搬来）

天葬，（这里）全都是天葬。看自己的经济条件，没条件的寺院帮忙，一般是1000（元）左右，条件好的10000（元）也有。（白军元旦，男，49岁，藏族，从称文镇阿多村半农半牧区搬来）

到寺院天葬。（拉毛松毛，女，43岁，藏族，2015年从尕朵乡科玛村半农半牧区搬来）

（好媳妇的标准？）主要看她的心，善良、厚道。结婚不要彩礼，开玩笑说："娶媳妇是骗来的，要彩礼的话就当僧人去。"现在也一样，都不要彩礼。在牧区男人放牧，女人拾牛粪、挤奶，男人不挤奶，没学，不会。在牧区，女人干的活多，男人一天放牧，早上上山，一天在山上，回不来。早上四五点出去，晚上六七点回来，一公里走过去。当初是自由恋爱，一个村里的，结婚带了牛羊，十几个。（土登嘎松，男，38岁，藏族，2011年从尕朵乡岗由村牧区搬来）

搬迁前后，风俗方面没有差别。丧葬是天葬，要去寺院，活佛看，寺院里有，距村子山上山下那么远。（才仁拉毛，女，21岁，藏族，2013年从尕朵乡卡吉村半农半牧区搬来）

搬迁前后，习俗都一样，丧葬是天葬。（且措，女，30岁，藏族，2012年从尕朵乡卡吉村半农半牧区搬来）

没有彩礼，嫁过来的时候啥都没有，只有一张床。丧葬是天葬，自愿，寺院帮忙。（卓才，女，40岁，藏族，2009年从尕朵乡岗由村牧区搬来）

搬迁后风俗习惯没什么变化。选老公没什么标准，只要人好。娶媳妇没有彩礼，互相都没有，因为以前什么也没有。丧葬方式是天葬。（扎西代吉，女，32岁，藏族，2009年从称文镇宋当村农区搬来）

老婆是介绍的，面都没见过，不同意不行，父母说的呗，父母也是（想）找个好的，我自己没去找。现在交通方便，找媳妇自己谈。好媳妇的标准是贤惠、温柔、人品好、条件好（牛羊多，100多只）。结婚在草原上——帐篷里，就一天，带着刀。她家有100多头牛，我们家只有30多头，她家兄弟姐妹六七个，分下来就不多了。嫁的时候带来十几头，结婚那年雪灾，包括自己的109头牛，就剩40多头了。养羊比较麻烦，一天没人跟就乱跑，牛看得见，没狼就没什么大问题。丧葬是天葬，不花钱，主要是请僧人，随礼多多少少给一点。（罗松，男，29岁，藏族，2015年从拉布乡拉达村半农半牧区搬来）

丧葬是天葬。娶媳妇的标准——能做饭，好好服侍我。（老婆怎么认识的？）不好说，自由恋爱的，啥也没带，那会儿是集体的，啥都没有，连结婚（仪式）都没有。（千才，男，76岁，藏族，2009年从拉布乡拉达村半农半牧区搬来）

下面是笔者和一位受访人的简要对话，对康巴藏族的婚姻习俗可管窥一二。

问：和媳妇是怎么遇见的？

答：随便碰上的。

问：选媳妇有什么标准吗？

答：没啥标准。

问：当时家里同意吗？

答：家里不同意，家里父母的想法不知道，媳妇的父母也不同意，各家给了1000块，总共2000块，没有办婚礼，结婚证没有，孩子户口难办得很，反正（现在）办好了，孩子实在小，家里出生，母亲接生的。①

《玉树调查记》中对于玉树地区的婚礼和丧礼有简略记述，可供我们与移民所述风习进行对比，以观察古今风俗之变化。

  其婚姻之组合甚易，男女相悦，即为夫妇，稍一反目，即琵琶别抱，掉首无情，男子亦不问也。然亦有行结婚仪式者，不数见也，有居结古十年之老翁言，仅见行婚礼者二次。订婚由男女自主，纳币以牛马，不亲迎，遣他人迎之；女家亦有数人送，至男家，亦无交拜仪式。

  亲老病则输财物给寺院，请僧斋醮。死则请僧临尸诵经讫，僧取死者脑盖，盛一小箱中，庋之寺；乃裸尸，以绳缚手足，覆以布单，雇人负至山麓，子孙不往送。麓有竖木，系尸颈焉，僧徒乃环而诵经。时则鹯鸟云集，攒食尸肉，并骨咽之，俟食尽，僧徒乃散。鸟或不食，食或不尽，则以为不详，仍诵经，以刀裂肉喂鸟，必食尽乃止，以为此天葬也。噫！野蛮之惨无人理，一至此哉。

  喇嘛死，则火之，以灰和糌粑及各种药物为丸，投大水，充鱼腹，以为水火兼葬也。僧徒死，或火葬，或天葬，听喇嘛指挥。俗人非富者不火葬，以火葬需费多故也。②

---

① 受访者：元旦松包，男，42岁，藏族，2011年从拉布乡拉达村半农半牧区搬来。
② 周希武、田雯、张澍：《〈青海玉树调查记〉黔书〈续黔书〉》（合订本），中国台湾华文书局1968年版，第151—154页。

四　重要节日

移民过的节日，最主要的就是春节和赛马会。赛马会是继承和弘扬民族优秀传统文化的盛会，集中展示浓郁的民族风情和民族文化。现在传统的赛马节已提升为称多县三江源尕朵觉吾文化旅游节，每年8月5日左右举办，时间一般为一周。整个称多地区从村到乡、县都会各自开展规模不等、深受人们喜爱和向往的草原传统集民族风情、文体艺术、商贸洽谈于一体的金秋赛马盛会和一年一度的"三江源尕朵觉吾文化艺术节"。其间，人们将沉浸在歌的天堂和舞的海洋中，尽情享受大自然的无限风光。赛马会作为传统娱乐活动，它的历史可追溯到吐蕃时期，从藏族早期史籍和壁画中，不难看出这一赛马竞技的悠久历史。8月的赛马会，上千顶五颜六色的帐篷，使草原装扮得格外花枝招展、分外美丽，赛马会的主要内容有：跑马射箭、乘马射击、跑马拾哈达、跑马倒位、跑马悬体等马术表演。还有跑马、走马、牦牛等以赛马节目为主的各种比赛，以及多姿多彩的民族传统歌舞、民族服饰表演和寺院跳神等表演节目。其间还开展物资交流、商贸洽谈等经贸活动。①

  搬迁后，村里的主要节日是春节，偶尔有赛马会，（我们会）去看。（扎西昂加，男，33岁，藏族，2010年从称文镇宋当村农区搬来）

  春节、赛马会，赛马会有时一年一次，有时两年一次。（马生福，男，44岁，汉族，从拉布乡吴海村牧区搬来）

  这里主要节日有春节、赛马会，自己没参加过，每个镇都有赛马会，今年（2016年）是珍秦镇和县委联合举办的，参加的都是珍秦镇的牧民，春节查拉沟社区在县城广场有舞蹈表演，不分男女老少都跳了，50—60人，我也去了。（××，男，32岁，藏族，2010年从尕朵乡卡茸村牧区搬来）

  搬迁后，过年时查拉沟集体没活动，几家架个火、跳个

---

① 称多县志编纂委员会：《称多县志》，内部资料，2016年，第267—268页。

舞——篝火。（索南，男，30岁，藏族，2010年从拉布乡拉司通村半农半牧区搬来）

春节、元旦，社区组织唱歌、跳舞。（更多，男，54岁，藏族，2009年从称文镇上庄村牧区搬来）

那边（迁出地）没有春节，主要是赛马什么的，现在跟县上搞活动。（白军元旦，男，49岁，藏族，从称文镇阿多村半农半牧区搬来）

搬迁前后节日差不多，主要是春节、赛马会。（昂文巴毛，女，31岁，藏族，2009年从尕朵乡卡吉村半农半牧区搬来）

过年跳舞什么的，寺院里举行，每个寺院都有，有时间回以前的寺院，没时间就在这里。以前有春节和赛马会，现在一样。（土登嘎松，男，38岁，藏族，2011年从尕朵乡岗由村牧区搬来）

以前有糌粑节、春节（藏历年）。现在过春节、赛马会，过糌粑节就回去，在2月中旬。（才仁拉毛，女，21岁，藏族，2013年从尕朵乡卡吉村半农半牧区搬来）

搬迁前的节日就是过年，现在春节，老公不在的话，连县上也去不了。（且措，女，30岁，藏族，2012年从尕朵乡卡吉村半农半牧区搬来）

赛马会、过年（春节）。（扎西代吉，女，32岁，藏族，2009年从称文镇宋当村农区搬来）

搬迁前后一样，春节、拉布赛马会。赛马会——所有人都能参加，结果都是亲戚、朋友抽签，根本没通知我们，有个4—5块（钱）也好呗。在牧区的时候，小时候7—8岁，（家里）生小马，男孩选一个，父母选的，马就（和我）一起长大，马16—17岁，一般18—19岁就很老了。（罗松，男，29岁，藏族，2015年从拉布乡拉达村半农半牧区搬来）

赛马会、春节，小孩的五四、六一，过春节的时候跳舞。（千才，男，76岁，藏族，2009年从拉布乡拉达村半农半牧区搬来）

也就是说，藏历年和赛马会是移民最重要的节日。《玉树州志》也有相关记载。

藏历12月中旬开始置办年货，缝制新衣，酿造青稞酒，准备供佛敬神的酥油灯和"切玛"等贡品。除夕前夕，房屋、院落要清扫干净，室内布置一新。29日前清扫厨房，用干面粉在墙壁上氤点画八瑞吉祥图，将从厨房墙上及烟囱里清除的烟灰倒在离家不远的道路上撒成九个黑点或"卐"图案。29日到附近寺院观看"抛施食子"庙会。除夕夜里要吃"古突"，即用大米、蕨麻和各种果品熬煮的"九宝粥"，近年来不少家庭也有随汉俗吃饺子的习惯。①

而赛马会则在每年7—8月，这是藏族地区传统的民族娱乐活动。

赛马，首先以煨桑拉开序幕，这种燃柏煨香的敬神祭祀形式是藏族古老习俗的延续，起源于藏族原始苯教祭山祀神仪式和吐蕃征战时代，每当迎战出征，都要以煨桑祈祷等形式祭祀战神和其他神灵，以求保佑，克敌制胜。后来，这种古老习俗逐渐演变为如今民间赛马会的开场仪式，背负②杈子枪，横刀立马的男性骑手遵循传统仪规围着煨桑台（顺时针）右转三圈，给赛马会平添了几分神秘和庄重的气氛。

煨桑仪式结束后举行乘马射击、乘马射箭和跑步悬体等马术表演。赛马会期间还有歌舞表演，牦牛赛等传统文体活动和宗教仪式。

解放后（中华人民共和国成立之后），规模最大的是自治州人民政府每年7月25日组织举办的为期一周的玉树赛马会。玉树赛马会闻名遐迩，在国内外享有盛誉。赛马会继承弘扬了民族传统优秀文化，集中展示了独特别致的民族风情，上千顶五彩缤纷的帐篷组成"帐篷城"、康巴藏族潇洒漂亮的民族传统服饰和驰名中外的"玉树歌舞"构成了玉树赛马会的三大奇观。③

---

① 玉树藏族自治州地方志编纂委员会：《玉树州志（上）》，三秦出版社2005年版，第893页。
② 背负，意即背上背着。
③ 玉树藏族自治州地方志编纂委员会：《玉树州志（上）》，三秦出版社2005年版，第894页。

五 闲暇娱乐

移民搬迁后,并没有什么娱乐活动,因此闲暇时多数人"就那么坐着",看电视、串门、闲逛是人们消遣闲暇时光常用的方式。在称多县城的广场上,每天下午六七点钟开始,都有许多人在跳"锅庄"——藏族特色的广场舞,移民点上有些居民会去那里观看或跳舞。这样的活动,既能丰富人们的精神文化生活,又能起到健身的作用,同时能使移民迅速融入当地生活。

锅庄舞,藏族民间又称"果卓""歌庄""卓""刺啦冬"等,藏语均含"圆圈歌舞"之意,是藏族三大民间舞蹈之一。锅庄舞,迄今为止分布于西藏的昌都、那曲,四川的阿坝、甘孜,云南的迪庆,以及青海、甘肃等部分藏族聚居区。2006年,锅庄舞(云南迪庆锅庄舞、西藏昌都锅庄舞、青海玉树卓舞)被确定为第一批国家级非物质文化遗产(编号:Ⅲ-20);2008年,四川甘孜藏族自治州的甘孜锅庄(真达锅庄、木雅锅庄、新龙锅庄、德格卓且),阿坝藏族羌族自治州金川县的马奈锅庄,青海省称多县的称多白龙卓舞,青海省囊谦县的囊谦卓干玛,经国务院批准,被列入第一批国家级非物质文化遗产扩展名录(编号:Ⅲ-20)。[1]

称多一度有"歌舞之乡"的美誉,2002年拉布乡还被国家文化部、社会图书馆司授予"中国民间文化艺术之乡"。这里是国家非物质文化遗产"白龙卓舞"的发祥地,这里还有神奇的巴吾巴姆、武士舞等各种多姿多彩的舞种。称多地区又是卓舞的产地。玉树二十五族藏语称"嘎哇仁青措周",称多的"卓",玉树的"依"都是很有名的。玉树二十五族的舞蹈,一部分是文成公主和亲时带来的,一部分从西康、德格传来,一部分从西宁传来,一部分从印度传来,一部分是在寺院敬神中产生的,一部分来自格萨尔王的传说。[2]

"卓"又有两种,一种是白龙的"卓",这是驰名青海的卓舞之乡;

---

[1] 桑德诺瓦:《藏族锅庄舞的综合价值及其传承与分类——以康巴地区多民族锅庄舞的承袭现状为中心》,《民族艺术研究》2013年第5期。

[2] 称多县志编纂委员会:《称多县志》,内部资料,2016年,第711页。

另一种是宗教的"卓"。卓舞在称多的起源,一说为格萨尔王时,另一说为从德格传入。经考察,后一说法较可信。称多族与文保族长期杂居相处同一地方,文保族还散居到阿多等地。20世纪初期,德格土司派洞阔尔直接管辖文保族,德格代表五年一换,每次来20余人,均男性,住在宗宋庄。这些代表除了按期收税外,还带来了"卓",以后又教给了妇女。早期,卓舞跳得较好的有旦巴、老扎巴、生格、多杰文江、群措(1982年时64岁)、上下庄、宗宋、宋当三个庄子(当龙、曾巴、宋然)、金额等。宗宋的"卓"属古曲"卓",但男女都可以跳。白龙的"卓"起源于尕德,该人常去外地,吸收了别地的舞姿长处,在宗宋"卓"的基础上又有所创造,但只有男的跳。对此有两种说法,一是迎接、朝拜觉吾神的,因为只有男子能拜神山,所以只有男的可跳"卓"舞;二是"卓"跳得高、跳得时间长,只有男子才能胜任。1977年春节时,尕德曾领舞队来县城演出,他本人进行了示范表演,白龙的"卓"重谨严。尕德于1982年4月去世。"依",称多地区历来即有,上下庄"依""卓"同时流行,安周茸保的"卓""依"已有较长的历史,且很驰名。"依",又称弦子舞,具有群众性,不管何地何时都可跳,人数不限,步法灵活,姿势优美,唱词丰富,表演乐观开朗。旧社会以此为生的流浪艺人、专业艺人不少。"依"的基本动作,男的有24个,女的有28个,领跳者手拉马尾琴,载歌载舞。"依"是流传在民间的一种歌舞。在歌舞表演时,男子着肥大的藏袍,两袖伸展可长3米,男子歌舞时动作夸张、大方,双袖大起大落,脚腕上套着串铃,铿锵有力。女子服饰华丽昂贵,佩戴繁多,工艺极高,舞姿含蓄优美,与男子形成强烈的对比。"依"表演形式自由、浪漫。[1]

"卓"是一种表演性很强的民间舞。"卓"的曲调低沉舒缓、庄重饱满,动律沉稳有力,动作大、节奏慢,如双臂的舒展、腿脚的起落,都在悠然缓慢地进行,落脚无声,雄健有力,大有柔中寓刚的恢宏气魄,所以"卓"的舞姿显得异常刚健豪放,大气磅礴,从另一个侧面展示了土风舞的阳刚美和庄重美。"白龙卓舞"具有很长的历史和研究开发价值,"白龙卓舞"的起源时间,根据考证和调查,它的存在最早可以追溯

---

[1] 称多县志编纂委员会:《称多县志》,内部资料,2016年,第713—714页。

到格萨尔王时代。相传成就者（指修行有成之人）忠青·更尕仁青的爷爷嘎·伊洛扎巴当时是白龙首领，格萨尔赛马称王后，嘎·伊洛扎巴和咒师昂琼庆布两人率白龙著名艺人曾赶赴岭国参加格萨尔和珠姆王妃的婚礼（纪年不详），婚礼上艺人精彩的演出博得了格萨尔的赞扬。这些资料是根据称多县中学特级教师白玛更尕和白龙卓舞传承艺人才哇等人的口述记载下来的，据他们反映，原先确实有关于白龙卓舞的详细文字资料，后因种种缘由均已失散。到了晚期，约公元1267年间，元朝忽必烈帝师八思巴在称文镇尕藏寺忠确滩举行灌顶仪式时大放光彩，备受帝师的赞誉，继而在全藏区一举成名，从有记载的元朝算起经过了739年的漫长岁月。称文镇白龙村一带流传已久的藏族民间古典舞蹈，是远古时期藏族成年男子在祭祀、迎宾和寺庙节庆上表演的舞蹈，是一种动静组合的舞蹈。其特点是动则为舞，静则为歌，歌又由诗词与唱腔组成，诗词结构严谨，韵律整齐，语言典雅。唱腔深沉悠远，以反复沓唱的形式表现出大江大河波澜起伏的气势，和群山余音回荡的空阔。舞蹈舒缓而传神，舞姿舒展大方且矫健明朗。①

  搬迁后的娱乐活动是转经，（其余）就一直待在家里看电视，在这里闲时间多，在老家活多，在这里这两年活也找不上了。（扎西昂加，男，33岁，藏族，2010年从称文镇宋当村农区搬来）

  有活时，妻子看孩子，老公出去打工，没活就闲转。（永阳，女，44岁，藏族，2011年从称文镇拉贡村农区搬来）

  没什么娱乐活动，除了挖虫草，就是在家看孩子，看电视，转转通达（康巴藏语音译）。（卓玛，女，藏族，2010年从尕朵乡卡吉村半农半牧区搬来）

  没什么娱乐活动，闲暇时早上转转经，平时串门聊天。（白马才旦，男，34岁，藏族，2011年从尕朵乡卡茸村牧区搬来）

  平时没什么娱乐活动，尕娃打篮球，前面的消防队附近有个篮筐可以玩一下。闲时随便转转，可干的活没有。（马生福，男，44岁，汉族，从拉布乡吴海村牧区搬来）

---

① 称多县志编纂委员会：《称多县志》，内部资料，2016年，第714—715页。

平时看电视，一直待在家里。（更求代西，女，46岁，藏族，2011年从拉布乡郭吴村半农半牧区搬来）

搬迁前后一样闲，转转经，看看父母，再就待在家里。（××，男，32岁，藏族，2010年从尕朵乡卡茸村牧区搬来）

拉司通村每年8月在村子里举行村民的相聚活动，男女老少都可以参加，跳舞唱歌、拔河比赛，时间是7天——这家人刚去参加那个活动回来。到了娱乐活动的时间，在外地打工的人一般也回来相聚，还有赛跑，村子边上专门有个院子，是活动场所，拉布的好，这里娱乐场地没有。活动期间参加活动的人回自己家吃饭，赛跑、比赛的奖金由村委会支付，颁发一些生活日用品、学生用品，有些人大老远赶着参加这个活动（拉司通村的活动）。平时就在家里待着，查拉沟社区附近没听说有打麻将的。（索南，男，30岁，藏族，2010年从拉布乡拉司通村半农半牧区搬来）

搬迁前我们村子和拉司通（村）的娱乐活动一样，除此之外，每年还举办一次供神山活动，7月二十几日，撒龙达（藏语音译，汉语意为风马）、挂经幡、祈祷，自己不常去，在外打工，没有时间。（索昂吾周，男，37岁，藏族，2010年从拉布乡得达村农区搬来）

达哇村有两种活动，一是参加每年拉布乡元月举行的"玛尼日勒"佛会，二是参加每年的供奉神山活动，有两种神山，男女分开供奉，男的供"白人扎泽"（藏语音译）神山，女的供"措美嘉毛"（藏语音译）神山，这个地方有个湖，每年供奉两次，第一次是4月底、5月初，第二次是土地耕收完之后挖虫草之前，男女一年都是两次。男的和男的聚在一起，女的和女的聚在一起。主要就是挂经幡，撒龙达（藏语音译，汉语意为风马），点桑烟，还有祈祷。搬迁后没什么娱乐活动，平时在家喝个茶，待着，出去进来，就这样呗。（白马卓尕，女，48岁，藏族，2010年从拉布乡达哇村半农半牧区搬来）

这里比牧区娱乐活动多，每天都有广场舞，我偶尔去跳，老婆经常去，她跳得特别棒。闲暇时到父母家去一下，看电视，也没什么空闲时间。（江永昂布，男，37岁，藏族，从尕朵乡卡茸村牧区搬

来)

搬迁前在牧区娱乐活动有赛马、拔河、举重,每年都有,偶尔去参加,闲的时候去,拔河,女的也参加。这里没有娱乐活动,平时偶尔去转个经,或到街上转一下。(江才,男,47岁,藏族,2009年从拉布乡吴海村牧区搬来)

县城广场舞,没去过,平时就随便坐着。(才仁求真,女,35岁,藏族,从称文镇岗茸村半农半牧区搬来)

搬迁前后都没什么娱乐活动,平时就这样坐着,有时候会念经。(更多,男,54岁,藏族,2009年从称文镇上庄村牧区搬来)

以前农闲的时候聚在一起打桌球,这边没有篮球场。现在啥娱乐活动也没有,平时就随便坐着,带小孩。(白军元旦,男,49岁,藏族,从称文镇阿多村半农半牧区搬来)

有娱乐活动——跳舞,下午的时候在县城跳锅庄,平时就闲坐着。(昂文巴毛,女,31岁,藏族,2009年从尕朵乡卡吉村半农半牧区搬来)

以前村子里有跳舞、拔河,现在没什么娱乐活动。平时闲坐着,生病,活干不了,县上有个诊所可以看病。有医保,低保也有,不清楚多少钱,原先就有低保。(拉毛松毛,女,43岁,藏族,2015年从尕朵乡科玛村半农半牧区搬来)

以前没有娱乐活动,现在有,跳锅庄,每天晚上跳,19:00到19:30,到县上广场跳,有很多人去。平时看电视,康巴台、西藏台、安多台。(土登嘎松,男,38岁,藏族,2011年从尕朵乡岗由村牧区搬来)

以前没有娱乐活动,现在冬天打雪仗。晚上跳锅庄,没去过,爸妈不喜欢那种场合。平时干家务、坐着。(才仁拉毛,女,21岁,藏族,2013年从尕朵乡卡吉村半农半牧区搬来)

以前的娱乐活动不太清楚,现在有广场舞。平时啥都没干,只能带小孩,别的去不了。(且措,女,30岁,藏族,2012年从尕朵乡卡吉村半农半牧区搬来)

以前没什么娱乐活动,这里不知道,没去过。平时就洗个衣服,再就坐着。(卓才,女,40岁,藏族,2009年从尕朵乡岗由村牧区

搬来）

以前娱乐活动有，夏天有跳绳、跑步，现在没有。平时睡觉、吃饭、做饭、看电视。（扎西代吉，女，32岁，藏族，2009年从称文镇宋当村农区搬来）

寺院、村子上搞一点跳舞、赛马，没时间去看，小孩太多，没车，比较远，找不上工作，没心情。家里坐着，钱是以前积蓄的，卖牛羊的10000多（元）。（罗松，男，29岁，藏族，2015年从拉布乡拉达村半农半牧区搬来）

没有娱乐活动，平时就随便坐着。（千才，男，76岁，藏族，2009年从拉布乡拉达村半农半牧区搬来）

以前没有娱乐活动，现在也没有。平时电视看是看，（但）好好的听不懂，把小孩送过去、接过来（接送上学），再没啥了。（QYCZ，女，37岁，藏族，2009年从拉布乡拉达村半农半牧区搬来）

以前没有娱乐活动，现在也没有，忙得很，平时就随便坐着。（元旦松包，男，42岁，藏族，2011年从拉布乡拉达村半农半牧区搬来）

六　子女教育

"我们的未来一直寄托在孩子身上"，这是搬迁后移民具代表性的说法。教育是人社会化的主要途径。现代学校教育是现代社会的产物，是从古代教育中分化、演变而来的，教育的本质是文化传递，学校教育应该有两个基本的功能：一是传授现代社会主流科学文化知识，使学习者适应主流社会生活，并通过筛选和分配实现向上的社会流动；二是传承本民族文化，使学习者通过文化濡化适应所在社区的生活方式，从而维系民族认同和所在社区的存在与稳定。[1]青海牧区根据游牧民"逐水草而居"的特点，在牧区先后创办过马背小学、帐房

---

[1]　贾荣敏：《藏族游牧背景下教育模式的田野调查与宏观分析——以刚察县为个案》，《青海社会科学》2010年第5期。

小学、牧读小学、① 季节性学校、隔日制小学、半日制小学等办学形式。② 这种小型分散、灵活多样的办学形式虽在特定的历史条件下起了一定的作用，但由于其并不符合教学规律，终因教学质量低，培养不出合格毕业生而未推行下去。20 世纪 60 年代初，牧区开始创办寄宿制小学；70 年代末至 80 年代初，又创办了一批寄宿制中学，并不断得到巩固和发展。牧区寄宿制中、小学的基本特点是布局分散、服务半径大、学校规模小，主要是为了适应现阶段牧区经济落后、人口居住分散、流动放牧的特点。十一届三中全会以来，藏族基础教育改革不断深入，目前已形成了一个具有民族特色、适应地区实际的基础教育办学体系，学校布局趋于合理，

---

① 《100 年汉语新词语大辞典》中将"马背小学"解释为在草原牧区组建的一种流动于牧场之间进行教学的特殊学校，老师巡回教学。这种学校形式起源于20 世纪40 年代末的内蒙古克什克腾旗艾里小学，马背小学的教学以巡回为主，夏季在牧民们居住比较集中的地方，将集体的蒙古包扎在那里，辟为临时校舍，对那些因转场而定局分散的牧民子女，教师就骑马到学生家中上课，或将学生组成小组，托人代为管理与辅导，老师巡回面授。巡回教学时间根据牧民居住情况而定，一般在7—8 天内即可巡回一次。春、秋、冬三季，牧民居住分散，便无固定校舍，教师全靠骑马教学。他们每到一个教学点便吹响螺号，集中起附近学生进行教学，通常每次授课3—4 小时。1965 年，内蒙古党委主办的《实践》杂志登载一篇题为《牧民逐水草而居，学校随牧民而移》的署名文章，随后《人民日报》《光明日报》等报刊均对马背小学进行了宣传报道，其成为草原牧区的办学新形式。参见梁艳菊《马背小学》，《中国民族》2009 年第Z1 期；周建英《马背小学驶过半世纪的风雨》，《中国民族》1998 年第7 期。2011 年10 月31 日《甘肃日报》第二版报道了一篇题为《碌曲：从马背小学到寄宿制学校》的新闻，文中描述道："老师们骑在马背上，到偏远的牧场去教学；牧区的孩子们，冬天蜷缩在低矮破旧的土坯房里、夏天在帐篷里埋头苦学，这就是当时在碌曲牧区流行甚广的马背学校。每年10 月到次年6 月是冬窝子时节，学校便设在乡政府附近的两间土坯房里，6 月到10 月是夏窝子时，老师便跟着畜群走，老师骑着马、牛驮着教具，到草场后，扎下帐篷。每天，大人们去放牧，学生们便去老师的帐篷上课。"至于帐房小学，1955 年9 月22 日新华社报道了一篇题为"青海省草原上新建七所帐房小学开学"的新闻，其中提到，"帐房小学一般都是搭在牧场中心，它的周围就是牧民们的帐房"。帐房小学是与牧区的土房小学相对应的。而牧读小学，《100 年汉语新词语大辞典》中将"牧读小学"解释为在牧区兴办的一种由老师骑马到各个集中地点为学生们上课的学校，在我国牧区，由于牧民们居住得非常分散，一般难有固定的地点建立学校，老师们经常要骑着马到牧区的各个点为孩子们上课，这种相对固定的上课地点就被称为牧读小学。1965 年《实践》期刊第4 期登载了一篇为《一定要办好牧读小学》的社论，其中将巡回小学、艾里小学等"草原上土生土长的学校"都统称为牧读小学。因此，马背小学、帐房小学和牧读小学三个概念分别侧重于不同的角度，"马背小学"可以说是从学校的流动性角度描述，帐房小学则侧重于从学校的居住样式方面表达，牧读小学则更为概括，是相对于农耕地区的耕读小学而特指牧区的学校形式。

② 格明多杰：《青海藏族教育的现状与两个主要问题的改善意见》，《青海民族研究》（社会科学版）1992 年第3 期。

规模稳定并不断扩大,办学效益逐步提高。①

　　查拉沟社区的移民,家长虽然大部分都是文盲,很多人甚至一辈子都没上过学,可是从田野材料中我们能看到家长们对孩子教育的重视程度。许多家庭之所以会选择搬迁,一个重要的原因就是改善孩子的教育条件。家长们对孩子都抱有很大的希望,期望他们可以通过上学而找到工作,不再重复他们的命运。此外,这里的上学时间也受到"挖虫草"的影响而与其他地区不同。因为每年五六月是挖虫草的重要时节,一般全家人都要出动去挖虫草,哪怕是上学的孩子。这一点不难理解,因为虫草是一个家庭最重要的收入来源。因此,称多县的学校在这个时间段会放假一个月,以方便人们挖虫草。笔者调查期间,正是由于挖虫草而放假,孩子们没有过六一儿童节,于是将这一节日放在 8 月中旬补过(见图 A3—2)。在节日现场,很多家长穿着盛装在县完小参加活动。同时,这也是一个颁奖的重要节日。在这里,就能充分看到称多县对教育的重视程度,这体现在从上到下的各个方面。这一天,县长会在县完小亲自给优秀的学生颁发奖金,获奖的孩子和他们的家长都要一起上台享受这种荣耀,而台下则是许许多多穿着漂亮藏袍的家长们。就政府官员、

图 A3—2　幼儿园为庆六一排练舞蹈

---

①　贾荣敏:《青藏高原藏族游牧区教育的现代性变迁与适应》,《青海民族研究》2011 年第 3 期。

学校和家长对这一节日的重视程度,便可看出称多县人们对教育的重视程度。这是在许多其他地方见不到的。罗松的一句话很能体现移民家长的教育观念,"小孩必须得上(学),生命一次,路一次,人生一次,小孩不上,像我这样不好,没知识,别人看不起,就落后了"。正是如此,移民将自己的希望都寄托在下一代身上。

就希望他们能找个好的工作,我们的未来一直寄托在孩子身上,把他们供到毕业为止,全家的希望都寄托在孩子身上了。(更求代西,女,46岁,藏族,2011年从拉布乡郭吴村半农半牧区搬来)

孩子的教育,到这里方便,希望一直供到上大学,即便是找不到工作,孩子也不像我们一样。现在这个社会,不认识字不行。(扎西昂加,男,33岁,藏族,2010年从称文镇宋当村农区搬来)

一直供着(孩子)上学,将来找个好工作,当个国家公务员。(永阳,女,44岁,藏族,2011年从称文镇拉贡村农区搬来)

教育条件有改善,教育条件这儿好,设备、师资都好。至于孩子长大干什么,这主要看他自己的能力。(卓玛,女,藏族,2010年从尕朵乡卡吉村半农半牧区搬来)

搬迁后教育条件有改善,希望把孩子们一直供到大学,能找上工作就找工作,找不上工作,学个技术也行,学电脑,开个打字复印店,自己养活自己,自己不识字,麻烦多。(白马才旦,男,34岁,藏族,2011年从尕朵乡卡茸村牧区搬来)

儿子毕业后考试,工作不好找,县城工作不好找,比下面好找一点(西宁市)。(马生福,男,44岁,汉族,从拉布乡吴海村牧区搬来)

搬迁后教育条件有改善,希望一直供着上学,能找上个好工作,有稳定的工作,有固定的收入,不像我们一样,(孩子)有个更好的前途。(××,男,32岁,藏族,2010年从尕朵乡卡茸村牧区搬来)

搬迁后教育条件有改善，希望孩子长大了找上一份好工作，学点技术，这些孩子要么有点学问，要么有点技术，现在这个社会，要是没技术，难以活下去，供孩子上学，找上一个固定工作，找不上工作，有技术也可以。（儿子说："以后想当个赛车手，（我）会开一点点小轿车，跟姐姐的男朋友学的。"）（扎西求将，男，47 岁，藏族，2010 年从汆朵乡卡茸村牧区搬来）

县城教育条件好，希望孩子上学。有一个 5 个月大的孩子，老婆稍微懂点汉语，做什么她心里也知道，留在家里她什么都不知道。（索南，男，30 岁，藏族，2010 年从拉布乡拉司通村半农半牧区搬来）

希望孩子将来当个国家干部，拿个铁饭碗，有固定的收入。（索昂吾周，男，37 岁，藏族，2010 年从拉布乡得达村农区搬来）

教育条件这儿好，教师执教能力这里强，学校设备先进。大儿子学唐卡，学会了用绘画技术赚钱，老师会安排的，活——老师替他们找。小儿子在西宁学修车，学了 3 年了，开始修车了，在西宁一个修理厂干活，现在阿拉巴拉（一点点）会修呢，一个月 2000 元，拿工资一年了，过年时给了我 3000 元，他自己能养活自己。大儿子学唐卡绘画，免费，管吃管住，挖虫草季节，大儿子停下画唐卡，放假，2016 年他去我们的庄子挖了 100 根，虫草不好，数量少得很，草山面积不大。大儿子还当过僧人，9 岁当僧人，当了 3 年就还俗了，他父亲在时，和父亲没多的交流，爷爷奶奶让当的，自己还俗的，已结婚了，不到一个月，借（租）了一套房子，也住在这个移民点上，房费一天一块钱，儿媳是藏族。前夫去世以后留下两个孩子，我经常打工，顾不上孩子，孩子让爷爷奶奶照看，一直到 13 岁，喂奶期的一段时间，爷爷奶奶就把孩子带走了，后来断断续续照顾，供不起上学，为了他的前途就让他去当僧人，还俗后又来到我（母亲）身边。（白马卓汆，女，48 岁，藏族，2010 年从拉布乡达哇村半农半牧区搬来）

搬迁后教育条件有改善，希望孩子将来当个人民教师。从佛教角度上说吧，要造福众生，我觉得教师就是造福众生的好帮

手——积德。（江永昂布，男，37岁，藏族，从尕朵乡卡茸村牧区搬来）

女儿在称多县民族中学上学，9月升初三。到时候希望女儿能考个试，考上就好，以前女儿在（玉树）州上上学，州上和县城的教学一样好。（扎西的老婆，女，48岁，藏族，从尕朵乡卡茸村牧区搬来）

只要儿子能有个好前途，一天能吃饱就行了。（智美，男，68岁，藏族，2010年从尕朵乡布由村半农半牧区搬来）

这边教育条件好，这边是人口比较集中的地方，教学质量或许比牧区好一点，老师管得也好，在牧区没什么幼儿园。希望孩子将来上个大学，毕业以后能找上个金饭碗，我就很知足了。（江才，男，47岁，藏族，2009年从拉布乡吴海村牧区搬来）

那边没有学校，只能搬过来。孩子长大了，只要他们找上工作就可以了。（更多，男，54岁，藏族，2009年从称文镇上庄村牧区搬来）

教育条件一样，那边有一个小的村校。（白军元旦，男，49岁，藏族，从称文镇阿多村半农半牧区搬来）

能为国家做点贡献，挣点工资，不要像我一样，每天像个牛一样，老师也说孩子成绩好，我很高兴，两个孩子，有一个当干部就满意了，两个都是男孩。（QYCZ，女，37岁，藏族，2009年从拉布乡拉达村半农半牧区搬来）

孩子上六年级，15岁。还有一个当僧人，13岁，在土登寺，上学的话学习成绩不好，自愿去的。当僧人对他自己可能有好处，和我们没关系。孩子的教育，这里好，这里学生少一点，那里学习不好要留级，那里是四年级，搬到这里考试不好，放到二年级了，所以（现在）才六年级。孩子在文乐，文乐学校有基金，有一点补助，经常去土登寺，文乐学校是寄宿制。出家的孩子吃饭不用自己做，寺院管，早饭自己做，午饭和晚饭寺院管，我经常去寺院看孩子。希望上学的那个（孩子）能成才，当僧人的能得到一点知识。（元旦松包，男，42岁，藏族，2011年从拉布乡拉达村半农半牧区搬来）

这里好一点，学习、吃饭、卫生都好，牧区以前有学校，现在没了。希望孩子长大了找个稳定的工作，当老师，当领导。幼儿园2015年12月没说，就不要钱，10月200（元），11月200（元）。从县幼儿园转到镇幼儿园，那边房子是别人借的（在县幼儿园的时候），院子没有，小孩吵得要到院子里。在县上住了3—4个月，不用租金，他们说那里学校好，亲戚有孩子在那里，有照应。（罗松，男，29岁，藏族，2015年从拉布乡拉达村半农半牧区搬来）

在教育问题上，我们从下面几组对话中一起来体会家长对孩子的希望，以及孩子自己的愿望。

问：孩子上学的好处？

答：多的好处不知道，想着念出来，能工作就好。以前送到寺院的孩子多，那时候放到寺院有些收入，现在学生多，主要是现在父母想明白，想清楚了。

问：希望孩子长大干什么？

答：不管干啥，只要有工作就行了。①

问：希望孩子长大以后干什么？

答：有工作就行。

问：教育条件哪边好？

答：教育条件这里好，每年考试的话，都是县完小考得好；② 教育条件差不多，（玉树）州上好一点，称多县高三也行，我毕业以后找工作，考家乡这边的公务员。③

问：教育条件有改善吗？

答：教育（玉树）州上好，州上管得严，玉树老师讲得好，这里有很多安多（藏区）老师，我们听不懂。

---

① 受访者：拉毛松毛，女，43岁，藏族，2015年从尕朵乡科玛村半农半牧区搬来。
② 受访者：土登嘎松，男，38岁，藏族，2011年从尕朵乡岗由村牧区搬来。
③ 受访者：才仁拉毛，女，21岁，藏族，2013年从尕朵乡卡吉村半农半牧区搬来。

问：希望孩子长大干什么？
妈妈（且措）：长大了当干部。①
大儿子：想打篮球。
弟弟：当兵。

问：搬迁后教育条件有改善吗？
妈妈（卓才）：这里教育条件好，孩子们长大，希望让他们上大学。
孩子：（我）长大当警察，舅舅也是警察，羡慕！②

问：长大想干什么？
答（大女儿）：想当老师或模特，因为个子高。
答（妈妈）：（希望孩子长大当）老师，可以在小孩身上付出。③

---

① 受访者：且措，女，30岁，藏族，2012年从尕朵乡卡吉村半农半牧区搬来。
② 受访者：卓才，女，40岁，藏族，2009年从尕朵乡岗由村牧区搬来。
③ 受访者：扎西代吉，女，32岁，藏族，2009年从称文镇宋当村农区搬来。

第四章

心理适应

　　心理适应是一个心理学概念，它包括三个不同层面：一是生物学意义上的适应，即生理适应，如感官对声、光、味等刺激物的适应；二是心理上的适应，通常是指遭受挫折后借助心理防御机制来使人减轻压力、恢复平衡的自我调节过程，这是一种狭义的适应概念；三是对社会生活环境的适应，包括为了生存而使自己的行为符合社会要求的适应和努力改变环境以使自己能够获得更好发展的适应，这是社会适应的概念。[①] 笔者此处所说的心理适应，主要是移民对迁入地的社会环境即第三个层面的适应，也就是社会适应意义上的心理适应。

一 "户籍""地域"与"身份"

　　"认同"或"身份认同"（identity）是一个现代词汇，意谓寻求确定性、确立某种价值和意义并将其与现代自我的形成联系在一起。查尔斯·泰勒（Charles Taylor）把认同表述为"我是谁"这一安身立命的大问题。[②] 身份是个体作为一个社会成员的重要标志，一定的身份总是与"特定的权利、义务、责任、忠诚对象、认同和行事规则"联系在一起。[③] 在现实中，搬迁给新移民带来身份的自动转换，迁入地移民的身份认同

[①] 贾晓波：《心理适应的本质与机制》，《天津师范大学学报》2001年第1期。

[②] 叶继红：《集中居住区移民身份认同偏差：生成机理与调整策略》，《思想战线》2013年第4期。

[③] 张静：《身份：公民权利的社会配置与认同》，载张静主编《身份认同研究：观念、态度、理据》，上海人民出版社2006年版，第4页。

受到补偿制度、社会记忆、原有惯习、居住条件多方面的影响。三江源生态移民在社会经济地位上的弱势、行政身份上的模糊、社区管理上的混乱、理想与现实的落差，等等，都造成移民对自己身份认同的不确定性。这主要体现在两个方面，一是户籍身份的认同，二是地域身份的认同。

问及"您认为自己是农民、城里人还是牧民"，以及"您认为自己是查拉沟社区的人还是迁出地××村的人"时，他们大多是这样讲述的。

  认为自己现在是农民，户口是城镇户口，什么补贴都没了，为什么我就没了，（按理）应该有的。以前是农村户口，有很多待遇。认为自己现在是查拉沟社区的人，自从搬这里以后，小孩也是在这里成长的，所以认为是这里的人。移民点藏族和县城藏族最主要区别是（我们）没文化、不识字，再（其他）就一样。（扎西昂加，男，33岁，藏族，2010年从称文镇宋当村农区搬来）

  认为自己是农民，主要是不认识字，不会说汉语；是查拉沟（社区）的人，因为现在享受的所有待遇都在查拉沟，拉贡什么都没了。（永阳，女，44岁，藏族，2011年从称文镇拉贡村农区搬来）

  觉得自己现在是城里人，现在住在称多县城，应该算是城里人。但我认为不是这里的人，现在还是卡吉村的人，我们俩祖祖辈辈都是卡吉村的人。（女主人的父亲说："我9—67岁一直在卡吉村生活，子女也应该是卡吉村的人。"）（卓玛，女，藏族，2010年从珍朵乡卡吉村半农半牧区搬来）

  觉得自己现在是农民，城里的人算不上，我想有个固定的工资。天天打工，钱挣不上，城里的人算不上。按户口是拉布乡的人，按地方是查拉沟（社区）的人，原来老家是大通（县）的，可以说称多（县）是我的第二故乡。（马生福，男，44岁，汉族，从拉布乡吴海村牧区搬来）

  城里人，现在已经住在县上了，觉得自己是城里人，你们觉得不是吗？城里人卫生，人的原因——品德好，可能是受教育的原因，城里人和牧区的人言谈举止不一样，说话时牧民（语气）有点重，牧区里打架的话不考虑后果，城里人打架会考虑后果，大事化小，小事化无。牧区人说话不对劲就开始动手动脚，法律意识淡薄，城里人会相互理解。别人问我是哪里人？我也不知道这个问题怎么回答，我一般会说是卡茸村的人，户口在卡茸村。（白马才旦，男，34岁，藏族，2011年从尕朵乡卡茸村牧区搬来）

觉得自己是城里人，没牛羊，没田。我觉得自己不是（称文镇）上庄村的人，也不是查拉沟的人，我觉得自己是卡茸村的人，户口在卡茸村，所有的积蓄也是从卡茸村带来的。（××，男，32岁，藏族，2010年从尕朵乡卡茸村牧区搬来）

感觉自己现在是农民，收入太低，城里人应该收入比这多一点。觉得不是这里的人，是拉司通的人，因为在拉布长大的。（索南，男，30岁，藏族，2010年从拉布乡拉司通村半农半牧区搬来）

觉得自己是城里人，比起达哇村的话，这算是很大的城市，所以觉得应该算是城里人。是这里的人，我在查拉沟（社区）坐着，再就是查拉沟的人。（白马卓尕，女，48岁，藏族，2010年从拉布乡达哇村半农半牧区搬来）

我觉得自己是城里人，现在没有牛羊了，没牛羊，就是城里人。我不是查拉沟的人，故乡是卡茸，生长在卡茸，藏族有个说法，"payu，pa是爸爸的意思，yu是故乡的意思，payu就相当于爸爸的故乡，一般爸爸在哪儿，故乡就在哪儿"，即便是住在这儿，我还是卡茸村的人。（江永昂布，男，37岁，藏族，从尕朵乡卡茸村牧区搬来）

城里人，没有牛，就是城里人，就算自己想当个牧民，现在也没有牛。觉得自己是卡茸村的人，给大队交个什么东西——费用啊，都得交那边。（扎西的老婆，女，48岁，藏族，从尕朵乡卡茸村牧区搬来）

城里人，现在牛也没有。觉得自己是科玛人，我家里人都在那边。（当正，女，33岁，藏族，从尕朵乡科玛村牧区搬来）

现在连一头牛都看不见，肯定是城里人。（智美，男，68岁，藏族，2010年从尕朵乡布由村半农半牧区搬来）

现在感觉自己是半牧半城里人，没有牛了，就不是牧民了，刚到城里也感觉不像城里人，到城里也没有城里人的收入，到牧区也没有牧区的生活,所以感觉现在是半牧半城里人。感觉现在是吴海人,现在的家人都在吴海。(江才,男,47岁,藏族,2009年从拉布乡吴海村牧区搬来)

觉得自己是半农半牧的人,从小在那边长大,在那边生活了好久,所以觉得还是半农半牧的人。原来是岗茸村的人,现在搬到查拉沟,也不知道自己说什么。(才仁求真,女,35岁,藏族,从称文镇岗茸村半农半牧区搬来)

觉得自己是城里人,没有地,没有牛,啥都没有。就是这里的人,啥都没有,我们那边啥都有。这个房子不能卖,房产证没有,房子不好——小,120平(方)米左右就宽敞些,80—90平(方)米也可以,院子小一点就可以了。(白军元旦,男,49岁,藏族,从称文镇阿多村半农半牧区搬来)

觉得自己是牧民,不知道啥原因,我是那边的,生在那里,所以是那儿的人。(昂文巴毛,女,31岁,藏族,2009年从尕朵乡卡吉村半农半牧区搬来)

那时候牛羊有,地也有,觉得自己(现在)是城里人。觉得自己是那边的人,家乡就在那边,孩子上完学了,以后看着办,想过搬回去,母亲还在那边住。(拉毛松毛,女,43岁,藏族,2015年从尕朵乡科玛村半农半牧区搬来)

觉得自己是牧民,自己的大半辈子在牧区,所以是牧民。我觉得我是那边的人,在那里住久了。(土登嘎松,男,38岁,藏族,2011年从尕朵乡岗由村牧区搬来)

我觉得(现在)是农民。说是牧民吧,没牛;说是城里人吧,没到程度,是从山沟沟里出来的。我是尕朵乡的人,因为户口在那边。(才仁拉毛,女,21岁,藏族,2013年从尕朵乡卡吉村半农半牧区搬来)

(现在是)农民,啥都没有,牛羊没有。有时候觉得是城里人,这房子也不是我的。(且措,女,30岁,藏族,2012年从尕朵乡卡吉村半农半牧区搬来)

(现在是)城里人,因为那里的房子没牲畜。这边的人,再就(就是)住这个了呗。(卓才,女,40岁,藏族,2009年从尕朵乡岗

由村牧区搬来）

　　认为自己是农民。（为什么?）不知道。认为自己是宋当村的，奶奶那边有房子。（扎西代吉，女，32岁，藏族，2009年从称文镇宋当村农区搬来）

　　觉得自己是城里人，城市里待着，肯定是城里人。我们这里住的没几户，上面的人全不认识，还是拉达村的人。（罗松，男，29岁，藏族，2015年从拉布乡拉达村半农半牧区搬来）

　　觉得自己就是生态移民，没地，没牲畜，只能靠国家补助。生态移民，国家有补助，我住、生活有保障。（现在是）查拉沟的人，因为住在这里，已经搬出来了。（千才，男，76岁，藏族，2009年从拉布乡拉达村半农半牧区搬来）

　　半农半牧，（如果）没有孩子，肯定在那边放牛羊。是这里的人，自己的房子在这里，自己的窝在这里。（QYCZ，女，37岁，藏族，2009年从拉布乡拉达村半农半牧区搬来）

　　（现在是）城里人，没牛没地。这里的人，自己的家在这里。（元旦松包，男，42岁，藏族，2011年从拉布乡拉达村半农半牧区搬来）

从下面几组对话中，还可进一步体会移民对自己身份的认同，以及他们搬迁后的地域归属感。

　　笔者：你觉得你现在是农民、城里人还是牧民？
　　更求代西：觉得是城里人，现在像牧民的话，需要牛羊，现在牛羊也没有，住在县城里，应该算是城里人吧。①
　　更求代西的老公：没了牛羊，是城里人。
　　笔者：你认为你是拉布乡的人还是这里的人？
　　更求代西：认为自己是拉布的人，因为父母都在那里成长，我也是在那里生的，现在户口也在拉布。
　　更求代西的老公：觉得自己是查拉沟的人，因为住在这里。

---

① 受访者：更求代西，女，46岁，藏族，2011年从拉布乡郭吴村半农半牧区搬来。

笔者：你觉得你现在是城里人、农民还是牧民？

扎西求将：城里人，一般牧区的孩子不供着上学，一直放牧，像城里的人，都有文化，都让小孩上学。①

笔者：你觉得你是卡茸村的人还是这里的人？

扎西求将的老婆：我觉得自己是查拉沟的人，详细说不上。

扎西求将：觉得自己是卡茸村的人，一年的收入主要来自卡茸村，一些补助都是卡茸村村委会发给我们的。

儿子：我觉得我是卡茸村的人，那儿有朋友一起玩，是一个回忆，我出生在卡茸村，那边地方好，门前有很多花草树木。来这里，在学校交的朋友，有是有，但不多。

笔者：你认为自己是城里人、农民还是牧民？

索昂吾周：城里人，再坐（住）在这里的话，再（就是）城里人呗。②

老婆：城里人，偏僻地方住的人是农民，我现在已搬到城里来了，应该算是城里人吧。

笔者：你觉得你是拉布乡的人还是查拉沟的人？

索昂吾周：感觉自己是查拉沟的人，再坐（住）在这里的话，肯定是查拉沟的人。

笔者：你觉得你现在是农民、城里人还是牧民？

更多：像城里人，因为清闲得很。③

笔者：为什么不是牧民？

更多：见不到牛羊，不是牧民。农民，没有地，不是农民。

笔者：你觉得你是上庄村的人还是查拉沟（社区）的人？

更多：查拉沟的人，主要是国家给补助，搬到这里的。

---

① 受访者：扎西求将，男，47岁，藏族，2010年从尕朵乡卡茸村牧区搬来。
② 受访者：索昂吾周，男，37岁，藏族，2010年从拉布乡得达村农区搬来。
③ 受访者：更多，男，54岁，藏族，2009年从称文镇上庄村牧区搬来。

从上述访谈来看，移民自我身份认同的判定标准展现出移民不同的判断逻辑，他们对于自己是否为牧民的判断标准比较单一，主要是根据草场和牛羊的有无来判断。对于游牧民族来说，牛羊就是财富的标志。这一点从牛字的藏文含义即可知晓。牛的藏文为ནོར་，它有两个含义，一是财物、财产；二是牛。移民对于自己是否为农民或者城里人的判断逻辑则不像判断牧民那样唯一。对于农民或者城里人的身份认定，他们采取正向判断和反向判断两种方式。对于农民身份的正向判断标准有文化水平、经济收入和土地有无。在文化水平和经济收入上，移民心理上将二者划出一个等级。没文化、不识字、不会说汉语、无稳定收入是农民的特点，相比之下，教育水平高、经济收入稳定是城里人的标志。反向判定是通过"不是……也不是……"的排除法来判断的。多数移民认为，自己是城里人的重要依据就是他们觉得自己没有牛羊，因此不是牧民；没有土地，所以不是农民；而又住在城镇里，所以就是城里人。移民身份的反向判定是调查中最常见的身份判断方式，在三种身份中，他们通过有条件地弱化其中的两种身份来加强对另一种身份的认同。更多时候，这种反向身份认同的逻辑更像是一种被动状态下的无奈选择，体现着作为移民这种多重身份交叉主体的身份认同窘境。

二 "牧区""城镇"与"故乡"

问及牧区与城镇环境和生活的比较，他们是这样叙说的。

还是想以前的生活，还是向往以前没结婚的生活，老婆孩子不用操心。（扎西昂加，男，33岁，藏族，2010年从称文镇宋当村农区搬来）

比待在卡茸村好多了，那里牛羊没了，房子没了，教育受到很大影响，在这里教育得到很大改善。很适应这里的自然环境，搬迁后的环境好，这里有环卫工人，全是油路，那边没有，都是土路。想念以前的游牧生活，条件越艰苦，越会想起牧区的生活，牧区有牛羊，一切都能解决，在这里除了国家补助、孩子的补助，虫草越来越少，虫草价上不去，再什么也没有。（白马才旦，男，34岁，藏

族，2011年从尕朵乡卡茸村牧区搬来）

搬迁前后环境一样好，清水河冬天冷一点，夏天风景好。县城好，办事情方便，交通方便，尕娃上学方便。（马生福，男，44岁，汉族，从拉布乡吴海村牧区搬来）

我结婚后没放过牧，想念以前的生活，想的都是以前的苦日子，到亲戚、邻居家要过粮食，现在的日子好多了，常常回想起那些苦日子。（更求代西，女，46岁，藏族，2011年从拉布乡郭吴村半农半牧区搬来）

卡茸村的水和空气比较好，那边的水全是泉水。（××，男，32岁，藏族，2010年从尕朵乡卡茸村牧区搬来）

拉司通（村）环境好，不知道开发成了没有，但是他们说现在要开发成旅游景点，还是喜欢自己的拉布。（索南，男，30岁，藏族，2010年从拉布乡拉司通村半农半牧区搬来）

老家那边好一点，那边空气没污染，车少、摩托少。（索昂吾周，男，37岁，藏族，2010年从拉布乡得达村搬来）

搬迁前环境好，卡茸村好，城里没什么宽阔的草原，从小在宽阔的草原上长大，可能是这个原因吧。（江永昂布，男，37岁，藏族，从尕朵乡卡茸村牧区搬来）

这里比科玛环境好，这边活稍微干得多一点，生活好一点。（当正，女，33岁，藏族，从尕朵乡科玛村牧区搬来）

搬迁后环境好，因为这边人口集中一点，那边（牧区）人少，住得散。只要不饿肚子，人口多，心情好。街上转，人也多，聊个天，心情好。牧民的话也就一两户人，这边人特多，汽车也多，感觉这边好。（智美，男，68岁，藏族，2010年从尕朵乡布由村半农半牧区搬来）

搬迁前后空气差不多，但这儿特别缺水，气候这边暖和，那边有山头，即便白天热，下午还得穿个棉袄出去。这里虽然每户门口有自来水，但是从来没放过，那边是牧区，有山有水，这边是城市，有娱乐活动可以看。搬迁前后环境一样好。（江才，男，47岁，藏族，2009年从拉布乡吴海村牧区搬来）

老家好一点，从小在那边长大，感觉那边稍微好一点。（才仁求

真,女,35岁,藏族,从称文镇岗茸村半农半牧区搬来)

以前好,以前干净,这里没有环卫。学校这边好,吃的、穿的那边好。(白军元旦,男,49岁,藏族,从称文镇阿多村半农半牧区搬来)

适应这里的环境,气候差不多。这里好,主要是学校。孩子成绩好,孩子在县上上四年级。(昂文巴毛,女,31岁,藏族,2009年从尕朵乡卡吉村半农半牧区搬来)

孩子上学,这边好。(拉毛松毛,女,43岁,藏族,2015年从尕朵乡科玛村半农半牧区搬来)

这里好,冬天这里暖和。(土登嘎松,男,38岁,藏族,2011年从尕朵乡岗由村牧区搬来)

这里环境好,这里人比较善良,景色也好呗。(且措,女,30岁,藏族,2012年从尕朵乡卡吉村半农半牧区搬来)

这里好,因为学校近,铺了水泥路。(扎西代吉,女,32岁,藏族,2009年从称文镇宋当村农区搬来)

我们那里离这里不远,气候都一样。还是那里好,再(就是)原生态呗。(罗松,男,29岁,藏族,2015年从拉布乡拉达村半农半牧区搬来)

气候适应,感觉这里很好。(搬迁前后)气候一样,环境反正这里好,对小孩上学方便。(QYCZ,女,37岁,藏族,2009年从拉布乡拉达村半农半牧区搬来)

环境是这边好,心情是那里好,因为那里是故乡。(元旦松包,男,42岁,藏族,2011年从拉布乡拉达村半农半牧区搬来)

从下面的对话,可以更直观地呈现他们对于迁出地、迁入地(县城),以及他们所言"州上"(玉树州政府所在地)的一些看法。

问:原来村子和县城哪里好?
答:称多好——是县城,因为在这里可以上学;① 很适应这里的

---

① 受访者:扎西求将的孩子。扎西求将,男,47岁,藏族,2010年从尕朵乡卡茸村牧区搬来。

环境,卡茸村的水和空气比这里好,县上交通方便,离学校近,从幼儿园一直到高三都可以在这儿上。①

问:州上、达哇村和查拉沟社区哪里好?

答:州上环境好,打工的地方多,州上再想去,要租房子、掏房费,再(就是)两个孩子养呗。我有活我干,他有活他干。国家有个孤儿补助,一年10000(元),没领上,别人领上了。享受了两年的民政低保,第一年1800元,第二年2000元。现在这个老公的户口还没迁来,到达哇村挖虫草要交草山费。达哇虫草少,一般交吴海村——5000元草山费,2015年老公挖虫草赔了,再没去挖过。查拉沟(社区)比达哇村好,最主要是在县城里,人口比较聚集,交通比较便利。②

问:州上、尕朵和这里,哪里好?

答:这边好,州上房子也是租的,不方便,这里房子是自己的,不用付房费,别人也不说啥,尕朵、拉布一样好。搬迁后气候暖和一点,有房子,这边环境好,女儿上学方便一点。③

问:适应这里的气候环境吗?

千才:对气候环境适应,气候很好。

问:搬迁前后环境哪里好?

千才:环境是那边好,那里有寺院,是故乡,但是没房子。

问:为什么好?

千才:自己住的时间长了,还是家乡好。④

与迁出地的自然环境相比,很明显,移民认为原住地的自然环境更好,尤其是对于来自牧区的移民来说,草原上无污染的空气和泉水以及亮丽的风景,是最令他们怀念的东西。相比之下,城镇的优势在于便利的交通、优质的教育条件和更多的就业机会。除了这些有形的物质条件

---

① 受访者:扎西求将,男,47岁,藏族,2010年从尕朵乡卡茸村牧区搬来。
② 受访者:白马卓尕,女,48岁,藏族,2010年从拉布乡达哇村半农半牧区搬来。
③ 受访者:扎西的老婆,女,48岁,藏族,从尕朵乡卡茸村牧区搬来。
④ 受访者:千才,男,76岁,藏族,2009年从拉布乡拉达村半农半牧区搬来。

对比之外，情感也是移民进行迁入地和迁出地对比的重要维度。甚至很多情况下，情感维度要略重于物质维度。搬迁之后，家乡似乎从一种实体转变成一种象征，用以表达移民对过往生活的怀念。

三 "游牧""定居"与"返迁"

移民身份的模糊性造成其对移民社区心理归属感的缺乏，他们很难将自己完全看成新社区的其中一员，也很难将自己的感情完全投入新社区的建设中。这种不确定感带来的心理上安全感的缺乏，使移民对今后的生活充满了忧虑。一旦移民社区的补助和房子对他们不再具有吸引力，他们将找不到任何使自己留下的理由，而返迁势必成为他们的选择。所以很多移民坦言，如果有机会的话，还是愿意回去过以前的生活。造成这种选择的原因来自城镇生活的经济压力、对原来生活的强烈情感、原有生活的轻松，以及优美的自然环境等。

"还怀念以前的游牧生活吗？""如果有机会，您愿意再过游牧生活吗？"对于这些问题，我们可以从下面的叙述及对话中去细细体味。

怀念游牧生活，吃的，肉啊，酥油，曲拉。（老婆说："想念酸奶、奶子。"）想过回去，如果有本钱，还想过以前的生活，可以买几头牛，会比现在的生活好一点，就怕供不起两个孩子的学费，幼儿园到15岁为止不用交学费，大学要收学费。（江才，男，47岁，藏族，2009年从拉布乡吴海村牧区搬来）

还想回去，也不知道啥原因，回到老家心情就特别爽，父母家到寺庙近得很，认识的人也多。（索南，男，30岁，藏族，2010年从拉布乡拉司通村半农半牧区搬来）

想念以前的游牧生活，条件越艰苦，越会想起牧区的生活，牧区有牛羊，一切都能解决。在这里，除了国家补助、孩子的补助，虫草越来越少，虫草价上不去，再（其他）什么也没有。如果有机会的话，愿意搬回去过以前的游牧生活。（白马才旦，男，34岁，藏族，2011年从尕朵乡卡茸村牧区搬来）

想念以前的生活，有感情了，（牧区）生活悠闲得很。如果有机

会愿意搬回去，咋样都好，这边上学方便。（更多，男，54岁，藏族，2009年从称文镇上庄村牧区搬来）

想念以前的生活，以前生活上没困难，心里没负担。如果有机会愿意搬回去，但是那边房子和草场都卖了。（白军元旦，男，49岁，藏族，从称文镇阿多村半农半牧区搬来）

怀念以前的生活，想牛羊了。如果有机会愿意搬回去，现在不搬，孩子要上学。（昂文巴毛，女，31岁，藏族，2009年从尕朵乡卡吉村半农半牧区搬来）

想念以前的游牧生活，那时候觉得很幸福。如果有机会愿意搬回去，有牲畜的话就愿意。（土登嘎松，男，38岁，藏族，2011年从尕朵乡岗由村牧区搬来）

从下面的简短对话中，我们也可以体验他们的心境。

问：有没有想念以前的游牧生活？
答：想过，从小在那边长大，所以想念以前的生活，以前的生活跟现在的生活都差不多。①
问：是否怀念以前的游牧生活？
答：怀念的时候回去看看，有啥好怀念的。
问：如果有机会让你们搬回去，你们愿意吗？
答：愿意搬，谁让我们搬啊！尕朵山好水好，这边城市化，那边世外桃源。②

但同时我们也看到，并非所有的移民都有返迁的意愿，有相当多的一部分移民更愿意待在移民社区而不愿意搬回去。对于这部分移民来说，城镇吸引他们的是良好的教育条件、改变孩子命运的强烈期望和悠闲的生活状态。相比之下，原住地没房子的穷困境地、牧区落后的医疗卫生条件，以及艰苦的生活回忆，使他们不愿再搬回去。

---

① 受访者：才仁求真，女，35岁，藏族，从称文镇岗茸村半农半牧区搬来。
② 受访者：才仁拉毛，女，21岁，藏族，2013年从尕朵乡卡吉村半农半牧区搬来。

没有想过搬回去。(且措,女,30岁,藏族,2012年从尕朵乡卡吉村半农半牧区搬来)

想念牧区的生活,无忧无虑,心情好,神经放松,没太复杂的东西,这里吃穿住都要钱,打算小孩能住宿舍(我们)就搬回牧区。愿意搬回去,现在小孩没办法,小孩必须得上学,生命一次,路一次,人生一次。小孩不上学,像我这样不好,没知识,别人看不起就落后了。(罗松,男,29岁,藏族,2015年从拉布乡拉达村半农半牧区搬来)

没想过要搬回去,没房子。(扎西昂加,男,33岁,藏族,2010年从称文镇宋当村农区搬来)

即便是心里这么想,搬回去也没房子。(卓玛,女,藏族,2010年从尕朵乡卡吉村半农半牧区搬来)

不愿意搬回,搬回去修个房子、买个牛,一切重新开始,一头牛都没有,牧区牛羊有的话搬回去好,老婆是怎么想的,我不知道。(马生福,男,44岁,汉族,从拉布乡吴海村牧区搬来)

扎西求将的老婆:想念以前的游牧生活,想起以前的苦日子,以前条件非常差,两个孩子5岁时都病死了,看不起病。如果有机会,不想再去过游牧生活,常常得病,放牧真的很累,还是喜欢现在这种自由自在的生活。一到牧区就体弱多病,病情加重,不知道什么原因,现在待在这里身体好多了。(扎西求将,男,47岁,藏族,2010年从尕朵乡卡茸村牧区搬来)

不愿回到迁出地,孩子这里方便一点,上学好一点,我们那边村子里没学校,要送到拉布乡。(索昂吾周,男,37岁,藏族,2010年从拉布乡得达村农区搬来)

怀念以前的游牧生活,什么时候想喝酸奶、想吃牛羊肉,这时就会想起牧区的生活。不把女儿供到大学,即便是有再好的机会,也不去牧区生活,只为了女儿。(江永昂布,男,37岁,藏族,从尕朵乡卡茸村牧区搬来)

想是想着(以前的游牧生活),还是现在生活好。想搬回去,生活是现在好,但是人之常情,如果那边能养活自己就回去,啥补助没有不回去。(千才,男,76岁,藏族,2009年从拉布乡拉达村半

农半牧区搬来)

毕竟是自己的家——那个，父母都在那里。还是愿意待在这里，为了孩子，这边建得好一点。(QYCZ，女，37岁，藏族，2009年从拉布乡拉达村半农半牧区搬来)

对话1：
问：还怀念以前（玉树）州上的生活吗？
答：不想，现在已经不喜欢州上了（女主人沉默）。①

对话2：
问：有没有想念以前的生活？
答：刚开始想，自己的家，以前在那里，现在这里好。
答：如果有机会还愿意搬回去吗？
答：没房子，有房子没啥不同意。②

四 "理想生活"与"富有标志"

（一）理想的生活

移民理想中的生活既透露出他们目前所遇到的困难，也体现出他们对生活的期望。问及"你理想中的生活是什么样子"，大部分移民的描述集中于孩子学业、吃饱穿暖、收入稳定、家人团聚、没病没灾等几个方面。我们运用马斯洛的需要层次理论可以看出，移民对生活的要求主要停留在前三个层次上，即生理上的需要、安全上的需要和精神归属上的需要。移民生理上的需要就是希望可以"吃饱穿暖""吃穿不愁"，这体现在马生福、才仁求真、更多、土登嘎松、卓才、且措、才仁拉毛和扎西代吉等移民身上。移民安全上的需要则主要有两个方面，一是希望工作有所保障，二是希望资金有所保障，其中大部分移民对于工作有较高的需要，如扎西昂加、永阳、卓玛、白马卓尕、江永昂布、江才等。移

---

① 受访者：扎西的老婆，女，48岁，藏族，从尕朵乡卡茸村牧区搬来。
② 受访者：元旦松包，男，42岁，藏族，2011年从拉布乡拉达村半农半牧区搬来。

民对资金的需求，则体现在对存款、土地、牲畜、学费和虫草的安全感的焦虑上。还有少部分移民对情感归属有较高需要，他们认为家庭团圆就是幸福的生活，这种心理需要不一定与财产多少、工作是否稳定有正相关性，只是反映出移民对这一问题的重视方面有所不同。

第一层次，生理上的需要，主要体现在吃喝方面。

打一年工，吃饱就行了，吃饱穿暖，钱够花就行。（马生福，男，44岁，汉族，从拉布乡吴海村牧区搬来）

只要吃饱肚子，没病没灾，一家团圆，能让孩子完成学业。（才仁求真，女，35岁，藏族，从称文镇岗茸村半农半牧区搬来）

不愁穿，不愁吃，能上上学。（更多，男，54岁，藏族，2009年从称文镇上庄村牧区搬来）

现在生活还可以。最幸福的是不愁吃，不愁穿，有足够的钱。（土登嘎松，男，38岁，藏族，2011年从尕朵乡岗由村牧区搬来）

吃穿不愁就行了。（才仁拉毛，女，21岁，藏族，2013年从尕朵乡卡吉村半农半牧区搬来）

（理想的生活）吃饱喝足。（罗松，男，29岁，藏族，2015年从拉布乡拉达村半农半牧区搬来）

现在生活困难，不愁吃，不愁喝，不愁穿就是好生活。（卓才，女，40岁，藏族，2009年从尕朵乡岗由村牧区搬来）

（你理想中的生活是什么样的？）有吃有住。（二儿子：幸福的生活就是好生活。）（且措，女，30岁，藏族，2012年从尕朵乡卡吉村半农半牧区搬来）

小孩能成干部就可以了。（扎西代吉，女，32岁，藏族，2009年从称文镇宋当村农区搬来）

第二层次，安全上的需要，主要体现在工作职位的保障和对资金、财产的期望。

有个小卖铺，每月有个3000—4000（元）就觉得自己生活幸福了。（扎西昂加，男，33岁，藏族，2010年从称文镇宋当村农区搬

来)

把两个孩子抚养大了,到时候能找上工作就是幸福的。(永阳,女,44岁,藏族,2011年从称文镇拉贡村农区搬来)

拥有比这个好点的房子,有稳定的收入,国家给了这个房子,房子是不是造假,不知道。(卓玛,女,藏族,2010年从尕朵乡卡吉村半农半牧区搬来)

一直想着当个环卫工人,每个月有固定的收入,对别人也有很大的帮助,想当个环卫工也不好弄,得有认识的人介绍。环卫工一个月600多元,会逐年增加,现在做什么事都要有关系。(××,男,32岁,藏族,2010年从尕朵乡卡茸村牧区搬来)

子女有个固定的收入,能够看到子女成家立业,我们自己种个地、放个牧,要是能达到这样的生活的话,我觉得是美好的生活。(白马卓尕,女,48岁,藏族,2010年从拉布乡达哇村半农半牧区搬来)

对我来说,在生意上的成就是最大的成就;对小孩来说,学业的成就就是最大的成就。知识可以改变命运,知识可以创造财富,我想用知识来创造财富,但年纪大了,只能从做生意上来创造自己的财富,我想让小孩从知识中获得财富。(江永昂布,男,37岁,藏族,从尕朵乡卡茸村牧区搬来)

主要靠缝纫,每个人都要穿衣服,感觉缝纫是最好的,长期想靠什么维持生活的话,缝纫是最好的。毕竟在外打工也不是长久之计。(老公比老婆的缝纫技术好。)(你们家的钱谁管?)(老婆说:"男人管,我俩要说管钱,他稍微管得好一点。")(江才,男,47岁,藏族,2009年从拉布乡吴海村牧区搬来)

有个像样的房子,衣食无忧,有存款。(儿子)希望有个三层楼的房子。(扎西求将,男,47岁,2010年从尕朵乡卡茸村牧区搬来)

有个儿子在西宁上学,只要攒上那个学费,就算是很幸福的,除此之外,再没什么。儿子在青海高等职业技术学院上学,2015年9月入学,学制3年,绿色食品生产与检验专业。(元配,男,67岁,藏族,2011年从称文镇岗茸村半农半牧区搬来)

自己的钱足够自己花,在别人手中不需要贷款。(白马才旦,

男,34岁,藏族,2011年从尕朵乡卡茸村牧区搬来)

能种地、能放牧是最好的生活方式。(白军元旦,男,49岁,藏族,从称文镇阿多村半农半牧区搬来)

好的生活是有劳力,有牲畜,能种地。(千才,男,76岁,藏族,2009年从拉布乡拉达村半农半牧区搬来)

有牲畜,有地种。(QYCZ,女,37岁,藏族,2009年从拉布乡拉达村半农半牧区搬来)

只要虫草能挖上,就是好生活。(拉毛松毛,女,43岁,藏族,2015年从尕朵乡科玛村半农半牧区搬来)

只要把国家政策搞好,就可以过个好生活。(智美,男,68岁,藏族,2010年从尕朵乡布由村半农半牧区搬来)

第三层次,情感和归属的需要,认为家人团聚和健康就是理想的生活。

一家人团团圆圆,就觉得是幸福的,我也不奢望什么。(索南,男,30岁,藏族,2010年从拉布乡拉司通村半农半牧区搬来)

我不奢望什么,家人团聚、没病、衣食无忧,就觉得是理想的生活。(索昂吾周,男,37岁,藏族,2010年从拉布乡得达村搬来)

一家人无病无灾,一家人团圆就是好生活。(扎西的老婆,女,48岁,藏族,从尕朵乡卡茸村牧区搬来)

显然,移民对理想生活的表述还处在较低层次的需求水平上,其中大部分人集中在第一层次(生理的需要)和第二层次(安全的需要)的需求上,其中又以第二层次的人数为最多。而第二层次的需求主要集中在对自身工作、生意、收入和土地的期望,以及对子女教育的期盼和对国家政策的渴望上。事实上,这反映出搬迁后移民与原有社会结构脱节产生的心理上的安全感有所缺乏,他们对以后的生活缺乏安全保障而充满忧虑。

（二）富有的标志

至于"家庭富有的标志"，由于各不相同的经历，不同的人有不同的标准和见解。

（家里富有的标志）牧区牛羊多。（马生福，男，44岁，汉族，从拉布乡吴海村牧区搬来）

家里富有的标志是有牛羊。（白马卓尕，女，48岁，藏族，2010年从拉布乡达哇村半农半牧区搬来）

有牲畜，有肉吃，家里有拿工资的。（QYCZ，女，37岁，藏族，2009年从拉布乡拉达村半农半牧区搬来）

现在对自己的生活还是挺满意的，刚结婚时只有一张床，来客人了打地铺睡，现在这样的生活还是挺满意的。（扎西昂加，男，33岁，藏族，2010年从称文镇宋当村农区搬来）

戴个金项链，开个车。（永阳，女，44岁，藏族，2011年从称文镇拉贡村农区搬来）

人的欲望是满足不了的，今年（2016年）20000—30000（元）你还想40000（元），有40000（元）还想60000（元），人心要好，欲望要有节制。现在干部有个固定的收入，我觉得就是富裕的。（元配，男，67岁，藏族，2011年从称文镇岗茸村半农半牧区搬来）

有金子首饰、豪华的车，住比这儿还好的房子，有固定的收入。（卓玛，女，藏族，2010年从尕朵乡卡吉村半农半牧区搬来）

最主要是吃饱穿暖，不要为明天的饭着想，就觉得是富有的。（更求代西，女，46岁，藏族，2011年从拉布乡郭吴村半农半牧区搬来）

有个固定的收入，有所依靠，有存款。（××，男，32岁，藏族，2010年从尕朵乡卡茸村牧区搬来）

有存款，不用到处借钱，搬来五六年最大的困难是月收入太少了，满足不了家庭的支出。（扎西求将，男，47岁，藏族，2010年从尕朵乡卡茸村牧区搬来）

家庭富有的标志是有存款。（索南，男，30岁，藏族，2010年从拉布乡拉司通村半农半牧区搬来）

有钱，啥都可以买呗。（索昂吾周，男，37岁，藏族，2010年从拉布乡得达村搬来）

有个自己买下的在街道好的地方的出租屋，和钱不一样，钱是花了，有个房屋，不仅这辈子，下辈子还会有。（江永昂布，男，37岁，藏族，从尕朵乡卡茸村牧区搬来）

能吃饱，能有住的地方就好。（扎西的老婆，女，48岁，藏族，从尕朵乡卡茸村牧区搬来）

只要会做生意，就是富人家，我现在年纪大了，也不会做生意。（智美，男，68岁，藏族，2010年从尕朵乡布由村半农半牧区搬来）

只要一家人团圆，无病无灾，就是最大的财富。（江才，男，47岁，藏族，2009年从拉布乡吴海村牧区搬来）

富人有好几种，不知怎么说。（才仁求真，女，35岁，藏族，从称文镇岗茸村半农半牧区搬来）

一个家有劳动技能算富有，有这个技巧不愁穿。（更多，男，54岁，藏族，2009年从称文镇上庄村牧区搬来）

家里有劳动力，不愁穿，不愁吃。（昂文巴毛，女，31岁，藏族，2009年从尕朵乡卡吉村半农半牧区搬来）

不愁吃穿。（拉毛松毛，女，43岁，藏族，2015年从尕朵乡科玛村半农半牧区搬来）

吃得好，穿得好，人没病没灾。（才仁拉毛，女，21岁，藏族，2013年从尕朵乡卡吉村半农半牧区搬来）

家庭富有的标志就是有钱。（且措，女，30岁，藏族，2012年从尕朵乡卡吉村半农半牧区搬来）

有车就是富。（卓才，女，40岁，藏族，2009年从尕朵乡岗由村牧区搬来）

家里有干部，我家算富的，觉得很幸福。（扎西代吉，女，32岁，藏族，2009年从称文镇宋当村农区搬来）

家庭和睦，夫妻恩爱，妻子是最主要的财富。（罗松，男，29岁，藏族，2015年从拉布乡拉达村半农半牧区搬来）

啥都不缺就好。（元旦松包，男，42岁，藏族，2011年从拉布乡拉达村半农半牧区搬来）

对移民"家庭富有标志"的考察，可以在一定程度上反映他们的财富观念。搬迁之前，牧民们的生产生活与牲畜有着密切的关系，牛羊能够使他们维持自给自足的生活方式。因此，牛羊既作为生产手段，又作为食物来源和财产而成为牧民生活的重要部分。这就造成一部分人即使搬到城镇生活，依然保留着原有的财富观念，将牛羊多寡视为衡量一个家庭贫富的重要标准。虽然，持有此种观念的移民仅有马生福、白马卓尕和 QYCZ 三人，但依然能说明传统生活方式对移民观念的持续影响。而其他大部分村民则将收入、工作、首饰、汽车、存款等可见物质财富的拥有作为衡量家庭状况的指标。虽然不确定这种财富观念的出现是产生于移民搬迁之前还是搬迁之后，以及在多大程度上受到城镇生活的影响，可是，城镇生活对于物质消费的热衷及购买力的追求一定对移民原有的财富观念产生了影响。这一点在移民的消费倾向中已经有所显现。与这种观念的变化相伴随的，必然是移民社区贫富差异的明显化。因为生活在牧区的牧民对财富的概念来自牲畜的数量方面，不易激起人们对财产的嫉妒心理。而城镇生活中，财产的多寡完全通过房屋的美丑高低、家具的材质及数量、交通工具的种类、服装的精美与否等体现，贫富差距不再隐而不彰，而是成为一种可见的决定社会经济地位的强大力量。那些有工作、有经验、有技能、会汉语的移民必然很快与其他人拉开差距，成为人们羡慕的对象。在这一过程中，藏族传统文化是否能有效调适搬迁者失衡的心理状况，则有待进一步考察。也许，正像元配老人所说："人的欲望是满足不了的，今年两三万你还想四万，有四万还想六万，人心要好，欲望要有节制。"而真正能做到"家庭和睦，夫妻恩爱，妻子是最主要的财富"，并不像被访者罗松说的这样简单。

第五章

政策认知

一 生态移民工程获悉

所有移民都是通过政府开会宣传而获知生态移民工程的，但是，由于政策传达过程中所发生的偏差，移民对于生态移民工程的了解十分有限。大多数知道三江源生态移民工程的移民只是将这一工程理解为搬迁、补助、住房等与其自身密切相关的补偿政策，而对政策的其他方面则知之甚少。还有一些移民甚至一点都没有听说过三江源生态移民工程，更不用说对它的了解和理解了。

"您是怎么知道三江源生态移民工程的？"对于这个问题，无论知道与否，或者从哪里知道，他们都有自己的经历和说法。

乡政府通知，所以知道生态移民工程的。（扎西昂加，男，33岁，藏族，2010年从称文镇宋当村农区搬来）

没搬迁前，这个生态移民工程，乡镇府统一开会，一一解释过了。（白马才旦，男，34岁，藏族，2011年从尕朵乡卡茸村牧区搬来）

拉布乡开会，领导通知（让）草山休息。（马生福，男，44岁，汉族，从拉布乡吴海村牧区搬来）

不知道生态移民工程，开会说农村房子没有，有移民补助，一个孩子1年5200元，烤火费1年3000元。打工1年最多10000多（元），最少也有5000—6000元，现在没有这么多。（索昂吾周，男，37岁，藏族，2010年从拉布乡得达村农区搬来）

生态移民工程，具体不知道，后面听说国家有个移民工程，就报上（名）了。搬迁时村里开了个会，自愿搬迁，没房子。（白马卓尕，女，48岁，藏族，2010年从拉布乡达哇村半农半牧区搬来）

知道三江源生态移民工程，听村子里的人说的，只要搬过来，都会给房子。（昂文巴毛，女，31岁，藏族，2009年从尕朵乡卡吉村半农半牧区搬来）

知道生态移民工程，村上、乡上领导说的。（拉毛松毛，女，43岁，藏族，2015年从尕朵乡科玛村半农半牧区搬来）

知道生态移民工程，乡政府宣传。（江才，男，47岁，藏族，2009年从拉布乡吴海村牧区搬来）

不知道，只是听过这个名字，其他的都没听过。（才仁拉毛，女，21岁，藏族，2013年从尕朵乡卡吉村半农半牧区搬来）

不知道三江源生态移民工程。（且措，女，30岁，藏族，2012年从尕朵乡卡吉村半农半牧区搬来）

不知道三江源生态移民工程，搬迁是乡领导在大会上讲的。（卓才，女，40岁，藏族，2009年从尕朵乡岗由村牧区搬来）

镇上领导通知的，知道三江源生态移民，就是草地不被破坏。（扎西代吉，女，32岁，藏族，2009年从称文镇宋当村农区搬来）

三江源工程，不知道。（罗松，男，29岁，藏族，2015年从拉布乡拉达村半农半牧区搬来）

下面的对话，可以进一步为我们呈现生态移民搬迁时的些许情景。

对话1：
问：知道三江源生态移民工程吗？
答：知道三江源工程，具体的，我也不会说。
问：怎么知道的？
答：领导说的，电视里讲得听不清楚。

问：领导怎么说？

答：贫困的都要搬过来，有补助，不能放（牧）牲畜。①

对话2：

问：知道三江源生态移民工程吗？

答：不知道。

问：当时政府怎么说的？

答：搬迁的时候政府说自愿搬迁，没房子的，这里给房子，小孩上学方便。

问：房子怎么分配？

答：先分给没房子的（人），自愿去的。②

对话3：

问：乡上领导怎么说？

答：那会儿我也没去开会，老公去的。

问：知道三江源工程吗？

答：不知道。③

对话4：

问：怎么知道有房子？

答：村上领导开会说要分房子，所以去了。

问：怎么分？

答：自愿，我搬到这边，那边有项目，这边没有，因为我已经享受了（项目政策，就是房子）。

问：知道三江源工程吗？

答：不知道。④

---

① 受访者：更多，男，54岁，藏族，2009年从称文镇上庄村牧区搬来。
② 受访者：土登嘎松，男，38岁，藏族，2011年从尕朵乡岗由村牧区搬来。
③ 受访者：QYCZ，女，37岁，藏族，2009年从拉布乡拉达村半农半牧区搬来。
④ 受访者：元旦松包，男，42岁，藏族，2011年从拉布乡拉达村半农半牧区搬来。

二 生态移民工程益处

问：知道习近平吗？

答：怎么不知道，好啊！跟毛主席一样，习近平给我们那么多补助，和毛主席一样，毛主席说过"为人民服务"。党和主席都说过"世界要和平"，我们都是子民，不帮助主席的话，我们都不是人。之前看电视，中国毛主席最厉害，接下来是习近平——世界和平的主席！习近平刚当主席，就是从群众中来到群众中去，跟群众说话，了解群众，习近平还这么说，"如果当一个主席，光住在北京，就不了解群众生活"。（智美，男，68岁，藏族，2010年从氽朵乡布由村半农半牧区搬来）

很多移民都认为生态移民工程是有好处的，这种好处既体现在移民个人及其家庭身上，也体现在生态环境方面。对移民个人来说，生态移民工程的实施可以提高移民的交往能力，改善恶劣环境对移民健康的影响，减轻牧区家庭子女的住房压力等。如果说，生态移民工程对个人的好处是主观的，那么对于生态环境的改善则是客观的、可见的。白军元旦、拉毛松毛、土登嘎松、扎西代吉和QYCZ都认为生态移民工程有利于改善牧区的生态环境，减少牛羊太多带来的对草原的破坏。

生态移民对搬迁的人好得很，哪些方面好我也说不清，以前住那里，也不知道什么原因，睡眠不好，搬这里后睡眠挺好的。（扎西昂加，男，33岁，藏族，2010年从称文镇宋当村农区搬来）

生态移民搬迁对藏族非常好，要是没这个工程，给子女都盖不起房子。（卓玛，女，藏族，2010年从氽朵乡卡吉村半农半牧区搬来）

好呗，人的交往能力强了，偏僻地方的人来这里，和有文化的城里人打交道，自己也会长点知识。（索南，男，30岁，藏族，2010年从拉布乡拉司通村半农半牧区搬来）

环境变好了，牛羊少了，（生态）恢复了。自然保护政策好，但

钱给得少。(白军元旦,男,49岁,藏族,从称文镇阿多村半农半牧区搬来)

对草场有好处。(昂文巴毛,女,31岁,藏族,2009年从尕朵乡卡吉村半农半牧区搬来)

生态移民工程使环境变好了,就是变好了,不好是因为牲畜太多——以前,社和社之间的草场有栅栏。(土登嘎松,男,38岁,藏族,2011年从尕朵乡岗由村牧区搬来)

有好处,国家补助,燃料补助,房子不要钱。搬迁后环境好,以前很严重,没草,环境破坏,原因是人太多,牛羊多。(扎西代吉,女,32岁,藏族,2009年从称文镇宋当村农区搬来)

好呢,从以前到现在没听说过(这么好的)。(千才,男,76岁,藏族,2009年从拉布乡拉达村半农半牧区搬来)

现在(生态环境)好了点,以前牲畜太多,牧民太多,这两年老鼠多了。(QYCZ,女,37岁,藏族,2009年从拉布乡拉达村半农半牧区搬来)

笔者：生态移民对搬迁的人有好处吗？

马生福：不好说。①

角嘎：好着呢。②

笔者：为什么生态会被破坏？

拉毛松毛：牛羊多,草山退化了。③

三 搬迁补偿政策工拙

据被访者所述,政府对移民的搬迁补偿政策有三个方面：一是搬迁后的生活补助。一次性补助18000元,这项补助只有马生福和千才提到。但是据马生福所说,这项补助之后就没有了,再没给过。而其他村民则没有提及此项补助,不知是不是因为时间太久而遗忘了。二是燃料费补

---

① 受访者：马生福,男,44岁,汉族,从拉布乡吴海村牧区搬来。
② 受访者：角嘎,马生福的老婆。马生福,男,44岁,汉族,从拉布乡吴海村牧区搬来。
③ 受访者：拉毛松毛,女,43岁,藏族,2015年从尕朵乡科玛村半农半牧区搬来。

助。每年每户 2000—3000 元，这一项一直补助到我们所调查的 2016 年，且金额逐年增加。据扎西的老婆说，这项补助到 2015 年补了 5 年，也就是说燃料费补助是从 2010 年左右开始的。三是对老人和小孩的补助。凡是 2016 年以前出生的 16 周岁以下的孩子，每年享受 5000—5800 元的补助，55 岁以上的老人也有同样的补助。关于这项补助，移民所说数额不同，不知道是地区差异还是什么其他原因造成的。这三项补助当中，虽然多数移民表示对补偿政策满意，但是依然能看出不少移民对于燃料费补助最为忧虑。对于移民一年所需的燃料费，我们很难确知多少对他们是合适的，只能根据他们提供的数据进行粗略的估算。这里的冬天非常寒冷，一般 11 月到次年的 2 月，这里只会有少数干部留守，大部分行政人员都会去西宁过冬。如果我们将当年 10 月至次年 5 月算作这里的冬季，那么一个冬季移民所需要的牛粪最多 100 袋，同时移民也会烧煤，所需最多 10 袋，1 袋牛粪按 15 元记，1 袋煤按 50 元记——牛粪和煤主要是冬天使用，夏天移民多用电或太阳能，一户人家一个冬天的燃料费则是 2000 元左右，也就是说，事实上现在 3000 元的燃料费补助基本上可以涵盖移民一年的燃料消耗。

　　那么，为什么他们依然对此有所忧虑？实际上，这个问题不仅是补助多少的问题，而且是移民心理适应的一个侧面。一方面，移民搬迁前所需燃料主要是牛粪，完全不需要购买，草场上所拾的牛粪足够满足他们的需要，更不用像城镇里这样不能捡拾别人家的牛粪而只能购买；另一方面，因为城镇里移民区的建设，以前随处可拾的牛粪，如今成为一种可交易的商品，在县完小附近的三岔路口买卖，且价格逐年提高。这两方面的原因似乎造成移民在这一问题上的安全感的缺失，他们对燃料费的担心正是这种安全感失衡所造成的，而提高燃料补助的意愿更多的是弥补心理缺失的一种无意识的策略。

> 对政府的搬迁补偿政策比较了解，燃料费每年每户补 2500 元，现在用牛粪，10 月底到下一年的 4—5 月，这里冷，燃料费是远远不够的。所以还需要自己捡牛粪，大煤从 10 月底买，啥时候冷啥时候烧，一年买 10 袋 5 袋的，1 袋 45 元。1 袋牛粪也十几元，自己捡，有些地方可以捡，有些地方不让捡。回老家捡牛粪，摩托车四五袋

牛粪就运过来了，主要是空闲时间我去捡牛粪，老婆看孩子。移民18岁（不含18岁）以上没有补助。我家3个孩子，每年一个孩子能补5000多元，挺满意的，就是燃料费少了点。（扎西昂加，男，33岁，藏族，2010年从称文镇宋当村农区搬来）

搬迁后收入，一是靠挖虫草，5月15（日）到6月25日是挖虫草的时间；二是靠小孩的补助，还有燃料费。1岁到17岁，每个孩子补5600元，老人60岁（含60岁）以上每人补5600多元。（永阳，女，44岁，藏族，2011年从称文镇拉贡村农区搬来）

以前有草山补助，卡吉村集体发放，一年每人发900元，卡吉村有，以前300多人，每人都发，从2016年开始新生儿没有。燃料费一年补助3000元，1岁到17岁每人每年5000元。（卓玛，女，藏族，2010年从尕朵乡卡吉村半农半牧区搬来）

对搬迁补偿政策比较满意，唯一不满意的是燃料费不够用。燃料费一年补3000元，给小孩的补助是一人一年5500元。（白马才旦，男，34岁，藏族，2011年从尕朵乡卡茸村牧区搬来）

对搬迁补偿政策比较了解，也比较满意。牛没有，羊没有，刚开始说一年补6000元，给了18000元，后来一直没补，详细情况不知道，一年烤火费补3000元，烤火费原来2000元，发了几年？记不清，现在是3000元，吴海村固定住在这儿的有三四家。搬来有点遗憾，国家给的补助比以前少多了，我们也不懂农村户口和城镇户口有什么区别。如果是农村户口，在牧区考上大学可以一次性补6000元，这个和移民没有关系，现在比以前少多了。（老婆说："清水河移民待遇比这儿好。"）（2014年8月我们调查时了解到清水河的移民过得比较艰难）主要是没虫草，称多有虫草，牛羊没有。（马生福，男，44岁，汉族，从拉布乡吴海村牧区搬来）

对搬迁补偿政策比较满意，但是希望政府提供资金上的帮助。（扎西求将，男，47岁，藏族，2010年从尕朵乡卡茸村牧区搬来）

刚来这里时，据说补18000元，我家没有，领了这个补助，听说就不能挖虫草了。我以前总计有2亩地，退耕还林，都种树了，有补偿，每年发2000多元，发了3年左右。我父母家以前有9亩地，剩下的地都是弟弟在种。如果要粮食，就去弟弟那里拿一点，主要拿青稞（藏语发音"nei"）、洋芋（藏语发音"qikou"）。对搬迁补偿政策比较满意，补贴烤火费一年3000元。（白马卓尕，女，48岁，藏族，2010年从拉布乡达哇村半农半牧区搬来）

头一年烤火费2000元，后一年是2000元，2015年是3000元1年，补了5年左右，直接给到手里，每年12月发放，就在这儿发。小孩有补助，2015年是5600元左右，去年（2015年）是最多的，有一年给了1500元，一年比一年多，在这里和烤火费一块给。老公现在得了关节炎，但还得干活，不干不行，我得了肝包虫。（扎西的老婆，女，48岁，藏族，从尕朵乡卡茸村牧区搬来）

生态移民工程，不清楚，搬到这里享受烤火费一年1000元，直接打到卡里，一直这样，小孩补助3000元左右，小女儿还没办户口，所以还没有享受补助，刚刚1岁，在3月才能办户口，还没办好。（当正，女，33岁，藏族，从尕朵乡科玛村牧区搬来）

每年补助烤火费2000元，小孩补助每年4000—5000元，对补偿政策非常满意。（才仁求真，女，35岁，藏族，从称文镇岗茸村半农半牧区搬来）

16周岁有补助，55（岁）有补助。去年（2015年）5800元，一年比一年增多。（更多，男，54岁，藏族，2009年从称文镇上庄村牧区搬来）

60岁以上和15岁以下有一点点钱，燃料补助3000元，前年（2014年）2000元，家里烧牛粪，从草场买的，1袋子8—9块，100袋差不多（够用）。煤也用，煤气也用。（白军元旦，男，49岁，藏族，从称文镇阿多村半农半牧区搬来）

卡上打钱，卡是政府免费给的，十一二月左右发，一年发一次，没有别的，信用联社的卡。燃料费不够，以前就烧牛粪，一车（拖拉机）六七袋，最贵的50块钱一车，一年50袋，1袋8块，去年（2015年）十几块，三岔路口那里一车一车摆着的。夏天一般用电，冬天用牛粪和煤，牛粪好用，习惯了，冬天用煤，牛粪上面盖一层煤。（昂文巴毛，女，31岁，藏族，2009年从尕朵乡卡吉村半农半牧区搬来）

补助，小孩16岁以下，有三个孩子享受补助，一个小孩5800

（元），一个老人享受补助5800（元）。燃料费3000元，燃料费去年（2015年）才涨成了3000（元）。补助一年比一年高，增高的话满意，少的话不满意。刚搬来的时候，补助每年都有700—800元，2013年才改变。燃料补助打到卡上，十一二月打，其他补助也是年底发，卡是搬过来的时候政府给的。（土登嘎松，男，38岁，藏族，2011年从尕朵乡岗由村牧区搬来）

补助有，16岁以下的小孩或者老人有，但我家没有。（才仁拉毛，女，21岁，藏族，2013年从尕朵乡卡吉村半农半牧区搬来）

知道补偿政策，小孩给钱，一个5800（元），有两个小孩。（扎西代吉，女，32岁，藏族，2009年从称文镇宋当村农区搬来）

补助全部由父母拿着，3个孩子无补助，父母56—57（岁），享受补助。有草场补助，一个人3000多元。（罗松，男，29岁，藏族，2015年从拉布乡拉达村半农半牧区搬来）

在那边村上干活，有草山补助，就1000多（元），两个孩子的补助5800（元）每年。（QYCZ，女，37岁，藏族，2009年从拉布乡拉达村半农半牧区搬来）

四　移民社区存在问题

2014年、2016年8月，据笔者两次前往查拉沟生态移民社区调查，这个移民点存在的问题主要有五个方面（见图A5—1至图A5—4）。

一是水的问题。冬天，由于这里的天气非常寒冷，自来水管很容易冻结，所以经常停水，移民不得不从两三公里外的查拉河取水或从县上、山里用车拉水。

二是房子的问题。房子开裂和狭小。白马卓尕叙述了移民对于房子的担忧，"房子是灾后重建前建的，搬到这里后房子有裂缝，门也不太好使，门都坏了，房子顶棚是预制板——害怕，地震灾区过来的，觉得有点害怕"。正是由于玉树大地震的创伤记忆，造成了移民对于房屋质量的格外关注，同样地，房屋的开裂和漏水又会反过来刺激人们的地震记忆，引起他们心理上的担忧和恐慌。

三是环境的问题。移民区环境卫生比较差,一方面是缺乏有效的管理和专人清洁,另一方面是生活垃圾的堆积。生态移民工程将农牧民从原有的生活环境中搬出来只是第一步,如何培养生活在城镇里的移民的公民意识,首先要求的就是管理上尽职尽责,而不是将他们视为"移民"而缺乏有效的管理。

四是厕所的问题。这一点,笔者有切身的体会,移民社区厕所的环境之差,是每一个生活在大城市里的人都较难忍受的,好像长期无人清理,已经影响到厕所的正常使用。正所谓"小厕所,大民生",厕所问题不仅关乎百姓的日常生活,也是中国社会文明进步程度的一面镜子。习近平总书记早早就注意到了这一问题。2014年12月,习近平总书记在江苏镇江考察调研时指出,厕改是改善农村卫生条件、提高群众生活质量的一项重要工作。[①] 2015年,习近平做出重要指示强调,要坚持不懈地推进"厕所革命",努力补齐影响群众生活品质的短板。2016年8月,在全国卫生与健康大会上,习近平总书记充分肯定"厕所革命"的重要意义和成果,提出持续开展城乡环境卫生整洁行动,再次强调要在农村来一场"厕所革命"。民生存在于每一件小事,亿万人的小事就是一件大事。[②] 2017年,习近平总书记再次提出要对全国所有的公共卫生间,尤其是农村地区环境较差的卫生间进行改造,并认为解决好厕所问题在新农村建设中具有标志性意义。厕所不仅是日常生活必备的设施,还是一个地方文明程度的标志。由于基础设施不配套以及陈旧观念的影响,农村土厕并未完全消失,严重影响着农村的生态环境和群众的身体健康。要改变这一状况,就必须来个"厕所革命",解决好厕所问题在新农村建设中具有标志性意义。[③]

五是道路的问题。移民区距学校有点远,家长们为了孩子安全,都要接送孩子上下学,访谈中一位学生说:"全校(县完小)只有我们三个

[①] 贾小华等:《"厕所革命"让中国更美丽——海外人士为中国厕所文明进步点赞》,2018年6月25日,新华网(http://www.xinhuanet.com/world/2017 - 11/30/c_1122037777.htm)。

[②] 《民生小事大情怀——习近平总书记倡导推进"厕所革命"》,2018年6月25日,新华社(http://www.xinhuanet.com/politics/leaders/2017 - 11/28/c_1122023895.htm)。

[③] 习近平:《农村也要来个"厕所革命"》http://china.chinadaily.com.cn/2017 - 11/29/content_35121846.htm,《中国日报》2018年6月25日,访问日期:2018年7月10日。

人走路回家（家庭较贫困）。"足见家长们的担心。因为称多县城的十字路口没有红绿灯，加之青海藏区的司机开车凶猛，家长们的忧虑不是没有原因的。

图 A5—1　查拉沟社区居民家里的水桶　　图 A5—2　查拉沟社区垃圾处理点

图 A5—3　查拉沟社区自来水　　图 A5—4　放学接孩子回家的摩托车

  移民点几个问题：房子有点裂开，有点漏水，房子小，没厕所。我们有问题得找宋当村，户口在宋当村。（扎西昂加，男，33 岁，藏族，2010 年从称文镇宋当村农区搬来）

  一是房屋漏水；二是晚上没有路灯，尕朵乡移民区域有路灯，其他都没有；三是以前这里没有自来水，现在有自来水了，经常会停水，以前没水，自己走 3—4 公里到查拉河里取水。（永阳，女，

44岁，藏族，2011年从称文镇拉贡村农区搬来）

这附近挺好的，没小偷。（元配，男，67岁，藏族，2011年从称文镇岗茸村半农半牧区搬来）

自来水现在都通了，通了三四年，以前是通水问题，走上两三公里去取水，取了有两年。（白马才旦，男，34岁，藏族，2011年从尕朵乡卡茸村牧区搬来）

垃圾有，但是乱倒，垃圾不往垃圾箱里扔。（马生福，男，44岁，汉族，从拉布乡吴海村牧区搬来）

取水问题，冬天自来水冻了，取不上水，从这儿走两三公里到查拉河取水，走两三公里，那个地方不结冰，或到县城里问亲戚要水，用摩托车把水运回来。（更求代西，女，46岁，藏族，2011年从拉布乡郭吴村半农半牧区搬来）

移民点打扫卫生的没有，往县（城）里走，到处都放着垃圾桶，这里没有垃圾桶，不知该找谁反映。（平时垃圾的去处？）附近有厕所，厕所附近扔着，有个空地就扔那里，如果有垃圾桶，环卫工人可以把垃圾拉到垃圾场。（××，男，32岁，藏族，2010年从尕朵乡卡茸村牧区搬来）

每家每户安个自来水管该有多好。（扎西求将，男，47岁，藏族，2010年从尕朵乡卡茸村牧区搬来）

主要是水的问题，环境不太好。（索南，男，30岁，藏族，2010年从拉布乡拉司通村半农半牧区搬来）

主要是水，这里不干净，路有点窄，两个小车过的话过不了，大车只能过一个。（索昂吾周，男，37岁，藏族，2010年从拉布乡得达村农区搬来）

没搬来时，房子是灾后重建前建的，搬到这里后房子有裂缝，门也不太好使，门都坏了，房子顶棚是预制板，害怕，地震灾区过来的，觉得有点害怕，垃圾到处都扔，垃圾桶有呢，不自觉。有的人往垃圾桶放，有的人不放，一说的话就吵架呗，再没办法说。（白马卓尕，女，48岁，藏族，2010年从拉布乡达哇村半农半牧区搬来）

取水稍微不方便，有时有水，有时没水。（没水怎么解决？）附近工地上送个水，2015年没水，现在稍微好一点，夏天那边流水，接个水，冬天就没水了，去年（2015年）没水，开个拖拉机到前面那个山底下，三四公里远，取泉水，尼日山（藏语发音niqie）有泉水。（扎西的老婆，女，48岁，藏族，从尕朵乡卡茸村牧区搬来）

最大的问题是刚搬到这里听说国家给的补助多，后来也就每年1000元左右烤火费，清水河（镇）、珍秦（镇）生活补助6000元左右。（江才，男，47岁，藏族，2009年从拉布乡吴海村牧区搬来）

吃水有困难，冬天吃不上，吃不上水的时候从县上或者山里头用摩托车拉。主要是水少，治安还好，没见过小偷。（更多，男，54岁，藏族，2009年从称文镇上庄村牧区搬来）

主要是离学校有点远，还有就是环境。距学校差不多3公里，有些没有摩托车，只能走路。（白军元旦，男，49岁，藏族，从称文镇阿多村半农半牧区搬来）

这里厕所没有，挺困难的，平时是在路边的公共厕所上厕所。房子质量好，厕所不太好，卫生不好，没人管，（移民点）一共有4个厕所。（土登嘎松，男，38岁，藏族，2011年从尕朵乡岗由村牧区搬来）

偶尔停电，停水算正常吧，再（其他）都挺好的，外面打了个井，自己在家里又打了个井。（才仁拉毛，女，21岁，藏族，2013年从尕朵乡卡吉村半农半牧区搬来）

主要问题是吃穿。上学路远，平时走路，有时候父亲接，走路要30分钟。治安好，小偷啥都没有，生活环境好着。（且措，女，30岁，藏族，2012年从尕朵乡卡吉村半农半牧区搬来）

没有问题，治安状况好。（卓才，女，40岁，藏族，2009年从尕朵乡岗由村牧区搬来）

路远，车多，走路得半小时（才能）走回来，妈妈接孩子，骑摩托车，爸爸教会的。（扎西代吉，女，32岁，藏族，2009年从称文镇宋当村农区搬来）

一是没水，二是厕所拆了，下面的楼房（移民区第一排房子紧邻政府的公务员安置住宅楼）臭得不行，路上太远。（罗松，男，29岁，藏族，2015年从拉布乡拉达村半农半牧区搬来）

没水。反映是反映了,没有人解决,乡镇府和村领导没人管。(QYCZ,女,37岁,藏族,2009年从拉布乡拉达村半农半牧区搬来)

除了水,就是怕地震——房子塌了。(元旦松包,男,42岁,藏族,2011年从拉布乡拉达村半农半牧区搬来)

查拉沟社区的环境卫生问题确实比较突出,似乎缺乏管理,有几处垃圾堆放点的垃圾扔得到处都是,散发着难闻的气味,路过的村民都绕着走。尤其是厕所附近,是村子里卫生最差的地方。此外,村子里有许多废弃的房子,门和窗户早已不翼而飞,院子里杂草丛生,围墙倾颓。建设美丽乡村,就是要让每一个村落都能够成为可以令村民"诗意地栖居"之地。建设美丽中国,每个人都是行动者。2018年6月24日公布的《中共中央国务院关于全面加强生态环境保护坚决打好污染防治攻坚战的意见》提出,坚持建设美丽中国全民行动。美丽中国是人民群众共同参与共同建设共同享有的事业。习近平总书记不仅身体力行,还是美丽中国的引领者。[1] 就查拉沟生态移民社区而言,这的确需要改善社区规划,加强社区生活设施建设,解决移民社区中存在的影响人民生活的问题。

---

[1] 央视新闻客户端:《建设美丽中国,在习近平生态文明思想引领下》,2018年6月30日(http://www.legaldaily.com.cn/index/content/2018-06/26/content_7577989.htm?node=20908)。

结　语

如何拓展生计

　　单纯地靠政策补助难以实现移民在新社区的安定和幸福，设法转变移民的思想观念又是一个需要长时间教育宣传而无法一蹴而就的事情，但是对于第一代移民来说，他们的时间只有10年。这10年既是他们最关键的适应期，也是他们能否实现转变的重要阶段。搬迁时大部分移民都是三四十岁的年纪，10年的适应期一过，他们都将步入老年而失去工作劳动的能力。如何能在10年之中实现移民的转产、就业和致富，要比将他们从牧区/农区/半农半牧区迁移出来难得多。因为笔者也走过了不少移民社区，很多移民都感叹如果年轻的话工作会好找一些。可是，年轻的时候移民享受着国家给予的大量补助而没有太大的生活压力，当10年的适应期一过，自己已步入中老年，国家的补助无法维持生活时，一切都已经来不及了。每当看到这种现象，我们心里就充满了怜悯、忧伤，以及恨铁不成钢的种种情绪。同时，我们也深知这本就怨不得他们，又有谁愿意背井离乡去谋生活呢？政府规划里明确倡导"搬得出，稳得住，能致富"，可是一个又一个5年、10年过去了，规划一个又一个地出台，我们可以无忧无虑地调查、考察、写报告，可是对于这些中老年移民来说，他们的人生又有几个5年、10年呢？也许，对于他们来说，这一辈子印象最深的就是这一次搬迁，情绪复杂地命运般地接受着这样的改变。我们这些研究者只是在他们最艰难的时刻零星出现的那么一点星火，却什么都没有给他们留下。生态移民，任重道远……

　　　　国家给个扶贫贷款，开个农机修理厂，开个小卖部。（卓玛，

女，藏族，2010年从孞朵乡卡吉村半农半牧区搬来）

笔者：你觉得对于生态移民来说，怎么能让你们变得富裕？

索昂吾周：社区移民点，国家进行一些技术培训，开个服装裁缝点或开个砖厂，进行机械技术培训——盖房子，砖用得多，开个农机修理厂，称多开修理厂的少，每家每户买拖拉机的多。

笔者：你脑子挺清楚的。

索昂吾周：我觉得我不怎么聪明，要是聪明的话可能比现在的生活更好吧。（索昂吾周，男，37岁，藏族，2010年从拉布乡得达村农区搬来）

要是国家有贷款政策，让定居点的人开个小卖铺，买几头牛，回去养，草山（集体的）虽不大，但还可以养活几头牛。银行贷款有保障的人能贷，定居点的这些人怕还不起，贷不了。（白马卓孞，女，48岁，藏族，2010年从拉布乡达哇村半农半牧区搬来）

想富起来，每个乡的移民都搬到这里的移民点，没有个带头的，没有个领导，移民特别散，在（迁出地）每个村缺水，可以告诉书记，这里如果缺水，想告诉人，也没个领导。现在移民点有事，没处找，待在这儿已经7年了，没水了，也没处说。（江才，男，47岁，藏族，2009年从拉布乡吴海村牧区搬来）

补助不给的话，没办法了，只能搬回去过游牧生活。（更多，男，54岁，藏族，2009年从称文镇上庄村牧区搬来）

建个大型裁缝（企业），可以解决就业问题，有收入，没钱的话，没什么作用。（白军元旦，男，49岁，藏族，从称文镇阿多村半农半牧区搬来）

最好是有个裁缝铺，有个裁缝长，收入也多。（土登嘎松，男，38岁，藏族，2011年从孞朵乡岗由村牧区搬来）

自己做个小生意，但爸妈都不做，都懒得很。（才仁拉毛，女，21岁，藏族，2013年从孞朵乡卡吉村半农半牧区搬来）

有个厂子，有干活的地方，现在主要是没地方打工。（卓才，女，40岁，藏族，2009年从孞朵乡岗由村牧区搬来）

生态移民,由于多数是从牧区和半农半牧区迁出来的,除了种地和放牧之外,没有其他的生存技能,加之文化水平较低,语言不通,也很难在社会中找到合适的工作。只有极少的移民具有裁缝、修理等技能,但也仅能用于维持生活。男子会裁缝是藏区经常能够见到的现象,这一点在《玉树调查记》中有简略记录:"西番妇女不操针黹,男子多腰(腰在此处为动词,佩在腰上之意)小包藏针;补绽时,则捻羊毛以为线。"[1]现在人们常说"贫穷限制了想象",正是由于贫穷,即使搬到城镇,移民们也想象不出更好的致富方式。所以,许多移民将开小卖铺作为一种理想的致富手段。据我们调查期间的观察,虽然移民社区路边的许多房子都改造成小卖铺,但是生意惨淡,只有村子里的小孩和附近的村民会买一些零食和烟酒。生态移民社区的后续产业发展是一个极难的问题,在其他移民村庄,比如甘肃夏河县桑科新村则有移民自发的养殖合作社,只有极少数能够盈利并年年分红。多数移民社区中的合作社组织,最后都因失败而解散。移民政策与移民生计、社会适应之间的适配性,关乎移民生计拓展和美好生活的实现,这些都是后续有待更具系统性、理论性解答的问题。

---

[1] 周希武、田雯、张澍:《〈青海玉树调查记〉黔书〈续黔书〉》(合订本),中国台湾华文书局1968年版,第156页。

下 篇

镇内搬迁：清水河镇生态移民

第一章

高寒缺氧的清水河镇

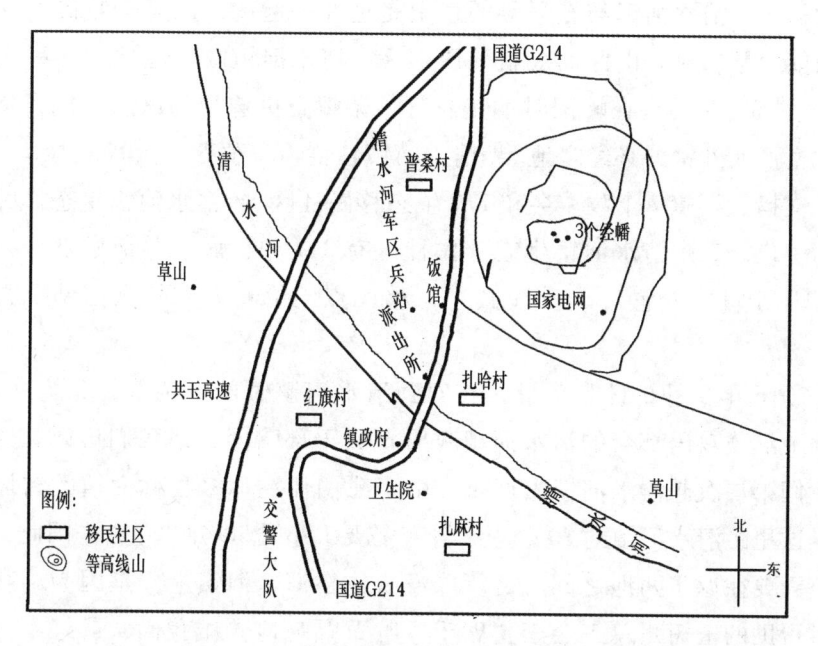

图 B1—1　清水河镇生态移民社区示意图

一　查拉山下有"当达"：清水河的由来与巴颜喀拉山的传说

清水河镇位于称多县东北部，历史传说是格萨尔王丞相的领地，与玉树州政府所在地结古镇相距150公里，平均海拔为4400米。① 清水河镇是一个纯牧业镇，地处214国道沿线，是通往"玉树的东大门"②。全镇土地总面积为682.71万亩，可利用草场面积531.6万亩。③ 也就是说，全镇大部分土地都是草场。清水河镇北靠曲麻莱县和玛多县，南接称多县珍秦镇，西连扎朵镇，东邻四川省石渠县，是通往玉树各县的交通咽喉。在这样的表述中，我们并不能深切体会清水河镇与各县的邻近关系。田野调查过程中，清水河镇藏族移民白加（从清水河镇扎麻村搬来）和他的媳妇习木查仁（从四川省石渠县搬来）就是在牧区放牧时遇见的。由此得知，清水河镇与石渠县的草山是连在一起的，以至于牧民们在放牧时能时常遇见，由此而成就一段姻缘。清水河镇政府驻地藏语称之为"查当滩"，相传远在岭国时期是总管王荣嚓查更选择的风水宝地，是全州农畜产品外销的必经之地。④ 清水河镇辖普桑、尕青、扎麻、中卡、扎哈、文措、红旗7个牧委会和1个生态移民社区。⑤ 清水河镇生态移民总计387户，其中清水河镇生态移民社区有317户，属于零散搬迁，另外70户属于自主安置，"没（搬）来移民点的给4万，愿意去哪里去哪里"⑥。

2016年8月6日和7日，我们到清水河镇做田野调查，分为两组，有两个汉藏双语都会的清水河镇政府藏族干部陪同，帮我们口译。这已是我们第二次赴清水河镇做调查。由于我们住在称多县称文镇的雪域宾馆，这里距清水河镇约80公里，开车需要1小时30分钟左右。因此，我们每天要往返于两地之间。之所以没有住在清水河镇上，是因为给我们提供帮助的玉树州总工会李主席千叮咛万嘱咐地告诫我们，最好不要在清水河镇住宿，因为那里海拔高，晚上住在那里怕有意外。事实上，8月6日中午在一家面馆吃饭的时候，我们用手机测了一下当地的海拔高度，地理坐标是北纬33°48′18″、东经97°6′58″，海拔高度是4432米，而称文

---

① 《清水河镇小城镇建设基本情况介绍（2006年7月20日）》，内部资料，2014年。
② 《清水河镇基本情况》，内部资料，2014年。
③ 同上。
④ 称多县志编纂委员会：《称多县志》，内部资料，2016年，第122页。
⑤ 同上书，第123页。
⑥ 2016年8月6日，资料来自从扎哈村搬到清水河镇的38岁藏族妇女巴真访谈所言。

镇的平均海拔只有 3800 米，两地海拔相差 600 多米，足以见得李主席所言非虚。8 月 5 日我们与清水河镇政府的领导沟通，由他们派车于 8 月 6 日早上从县城送我们去清水河镇。约定的时间是早上 9：00，因为根据当地的作息习惯，9：00 是正式上班时间。当 8 月 6 日早上我们吃过早饭，回到雪域宾馆的时候，小汽车已经在宾馆门口等候多时了。迎接我们的是两个年轻人，开车的年轻人 30 多岁，皮肤较黑，一看就知道是藏族人，他是清水河镇政府的办事人员；另一位 20 多岁，山东人，是退伍的士兵，退伍后就在清水河镇当公务员。能在青藏高原上见到中国其他地区的人，既亲切又有些好奇。毕竟很少有其他地区的人会选择在这么偏远的高海拔地方当公务员，这里公务员的工资和待遇要比其他地区高很多，虽然条件艰苦，地方有些偏远。这个小伙子姓范，比较开朗健谈，他举例子说，他有个哥哥在山东本地当公务员，哥哥的工资和他的相差很多。送我们去清水河镇的这两个人，询问之下得知，最近几天来县上开会，8 月 6 日正好要返回清水河镇，于是顺路把我们捎过去。到了清水河镇，当地政府安排了两位工作人员担当我们的翻译。其中一位就是刚刚送我们过来的司机，他叫扎西才让；另一位叫土登扎西。

第一天做完调查时已经下午 5 点了，因为是周末，镇政府的工作人员都不在，因此没有车能送我们回去，两位翻译只好把我们送上一辆往返于称多县城与清水河镇之间的私人面包车。也许是巧合，也许是世界太小了，有缘的人总是能够碰到一起。在这辆面包车上，副驾驶上坐着一位光头的男人，是这辆车的司机之一。就在我们有一句没一句地相互询问中，我们了解到他是果洛州玛多县黑河乡的人，他在这里做生意，先前我们去过的生态移民点果洛新村（在青海同德县）也有他的房子。

> 我是果洛玛多的，果洛新村就是我们玛多的，我老婆是这地方的，就是清水河现在我住（这里），果洛新村有我的房子，那边房子租出去了，房子一个月 300 多（元），不多。租给的还是搬过去的，我享受的是我父亲的房子，我父亲（母亲）离婚了，离婚的时候我们两个（从）那边搬家了，搬家第二年的时候我的父亲没了，再就是我的媳妇是这个地方的，我现在住到这个地方。现在房子是我买下的，在这儿买的。果洛新村还经常去，我和两个尕娃的户口都是

那边的。老婆是清水河的牧民，不是移民。①

之后我们聊了一些果洛新村现状的问题，从他的口中得知，果洛新村到2016年为止搬迁已满10年，村民们依然没有搬回玛多，他们仍然是玛多的户口，而管理属于同德，并没有发生任何的改变。

回顾这一路的调查行程，从甘肃省夏河县桑科新村到青海省泽库县和日村，从和日村到果洛新村，又从果洛新村到甘肃省玛曲县，之后又到玉树州称多县称文镇和清水河镇。在从清水河镇返回称多县的路途中竟然巧合地遇到这样一位来自果洛新村的藏族男士，他也是果洛新村的生态移民之一。他的出现，为我们两年来的调查似乎画了一个圆圈，也将遥远的果洛新村和清水河镇串联在了一起，用一个移民的身份将这两个完全不同的地方联系了起来。

第二天（8月7日）早上把我们从称多县城送到清水河镇的是一位警察，他家在县城，但是在清水河镇当警察。从称多县城到清水河镇的公路上，有一些路段公路两侧有很高的围墙，据司机说那是用来防止冬天大雪滑落的。一路上，会看到路边时不时出现的经幡，据说那是曾经出现过事故的路段，死者亲属所搭建的经幡，有警示和祈福的作用。第三天（8月8日）的时候，清水河镇书记GSDZ正好在县上，早上他把我们捎到了清水河镇。接我们的时候他还没吃早饭，于是匆匆在县城路边的小饭馆买了一些包子。书记是一个比较博学的人，一路上给我们讲了许多有关本地的传说掌故。据他讲，"有一条河流从清水河镇正中穿过，当地人把这条河流经清水河镇的一段叫作当曲，河流的上游叫作查曲，河流的下游叫作扎曲。格萨尔王手下有一个老将，将他自己的封地选在了称多县这一大片草地上，可能是出于避免政治斗争的原因，也可能是那个时候这片草地相比现在要肥沃得多。总之，自此之后，当地人把这里的一大片草滩叫作则滩"。

我们这里的整个土地面积是4540平方公里，（占）称多县（总面积）的1/3。在格萨尔王镇守时代，有一个叫xubeng的格萨尔王

---

① 2016年8月6日，根据录音材料整理而成。

的总管，他是格萨尔王三十大将中最老的一个，这个人的故乡就是清水河，清水河，藏语的话就叫"当达"，汉语的意思是"则滩"，选择的地方，选择的一个草地。怎么选择的，就是格萨尔王的大将们分这个草地的时候，这里面最老的不是总管王吗，叫 qugeyige，就选择了我们清水河的那个土地，所以叫则滩。从我们镇上穿过的那个河不叫清水河，那个叫当曲，那个水是雅砻江……雅砻江的源头就在我们清水河。雅砻江下到（汇入）金沙江里面，完了以后就是长江的一个大的支流。雅砻江的源头就在我们巴颜喀拉山这边。巴颜喀拉山，我们叫查拉，不是有个查拉乳业吗，那就是我们藏语的名字，查拉就是巴颜喀拉山的意思。查拉流下来的那个水叫查曲，我们镇上的叫当曲，因为我们镇叫当达（藏语音译），完了以后一下去就叫扎曲，清水河是怎么取的（名字）我也不知道。称文镇那边那个查拉沟社区的"查拉"和这个"查拉"，藏字不一样，那个移民社区进去往里头走有一个山沟沟，叫查拉沟，这两个不一样。①

《称多县志》记载："昆仑山脉在称多县北部地区向东延伸，即横贯称多北部地区的名山'巴颜喀拉山'，藏语称查拉，系昆仑山脉支流之一。"② 同时，县志中的另一段记载也证明了 GSDZ 书记所说的情况，这个记载详细叙述了称多县的河流状况及各河流的河源。

扎曲为雅砻江的上游一段，发源于巴颜喀拉山南坡，分东北源和西北源。源头高程（某点沿铅垂线方向到绝对基面的距离，称绝对高程，简称高程）4810 米，南流至四川汇入长江。县境内河长 196 公里，河床平均比降（河床比降是指在任意河段上，河床落差与其长度之比）0.35%，年总径流量 6.47 亿立方米。河水清澈，含沙量极少。

东北源称"查曲"，为正源，发源于巴颜喀拉山主峰附近的查佛让冷拉。源头系沼泽地，水坑多处，南流 8 公里中，东西共有 6 条小

---

① 2016 年 8 月 8 日根据一路上和清水河镇书记的交谈录音材料整理而成。
② 称多县志编纂委员会：《称多县志》，内部资料，2016 年，第 67 页。

水注入。与青康公路首次交会处，查拉沟水从东北方来汇，一无名时令河从西面注入。南流 5 公里多。波罗喀水从东面注入。查曲折西南流，吾从巴玛水从东南来注入，扎窝水、木那贡马水、木那巴玛水、木那多玛水从北边来汇，乐和贡玛水、乐和巴玛水、乐和朵玛水及 3 条无名小河从东面注入，中亥恩贡马水、中亥恩巴玛水、中亥恩朵玛 3 小曲从西北来注入。扎曲西南流，野休贡玛水、改梗地小水、野休朵玛水、康唐水从东边来注入。达陇水从东北来注入，枪果水又东南来注入。至"当达"东北 4 公里处，咱曲从西北来汇，咱曲为扎曲西北源，扎曲当从咱曲来，但查曲较咱曲源远流长，应为正源，咱曲与查曲在此合流后即称扎曲。咱曲发源于鄂阿日宁钦，全长 37.5 公里，源头名姜钦，由扎曲切纠、扎浪昂陇水、拉陇水（由荣依贡玛、荣依巴玛、荣依窝玛等小水汇成）。君群水、打陇娜保水、浪陇水、东青水、东琼水、耕扎水等 14 条支流汇成。扎曲从当达折向南流，至十道班，当曲从西北来汇。当曲由鄂阿琼水、当闹埂遏埂、当盖陇水、当格浪水、当查盖玛水、当尼马陇水、当夏牙水、当多坚水等 12 条支流汇成。扎曲南流，草陇水如网状来汇，依次有得次扎陇水、知陇水、吾丛玛水、草陇水汇流一起，西有二小水注入扎曲。东有草陇剎恩玛水注入。扎曲南流 3 公里多，盘池水从西北方来汇，盘池水由 13 条小水汇成。扎曲南流，列穷贡玛水从东面来汇，东可陇巴水从西面来汇，列穷巴玛水又从东面来汇，巴色陇巴水、要浪陇巴水相继从西边来注入，列穷多马水、日根沙志陇巴水从东边来汇。至十二道班，浓仁陇巴水从西面来汇，日根陇巴水从东南来汇，扎曲南流约 10 公里地段中，又有 6 条钦小水从东西两岸注入，至一道班，列仁陇巴水、列通陇巴水、朵钦陇巴水相继从西边来汇，扎曲折向东南流，向南又有 5 条小水注入。扎曲流至竹节寺，水量大，涨时骑马难涉，河床水呈网状，珍钦陇巴水及一小水从西边注入，东木陇巴水自北来汇，莫哇涌水及二小溪从西来汇，扎曲流至三道班，折向东流，河床宽阔，如罗网状，南岸有龙东陇巴水、江巴贡玛水、江巴巴玛水、江巴朵玛水、仁毛陇巴水、加仁陇水、致钦陇水依次注入，北岸着木陇巴水、克通陇巴水、赛拉陇巴水依次注入，朵秦陇巴水、曲秦陇巴水、勒仁陇巴水、无名曲四条时令河也依次注入。南岸又有查色玛水、毛秦陇巴水相继来汇，扎曲汇进勒仁陇巴水后，折向东北流，至尼达坎多，洋涌水从北面来汇。扎曲又折向东南流，麻冒柯河来汇后，即称雅砻江。扎曲从源头至尼达坎多总长214.3公里，大小支流共81条。①

关于查拉山的另一段传说也能管窥巴颜喀拉山名字的由来。这个传说讲述了查拉与巴玉的美丽爱情故事。

> 当地人一直称呼这座山为查拉，是格萨尔王的叔父甲查管辖的地方，有一个民间传说，讲述了这座山下发生的爱情悲剧故事。
> 一位名叫巴玉的英俊青年，来自查拉山麓的玛多地方，他出生于贵族家庭，受过良好的教育，有着极好的音乐天赋，喜欢弹一把三弦琴。他的音乐打动了许多姑娘，可是他年轻气盛，不愿意早早就受到束缚，因此，他背上心爱的三弦琴，到处游走，打发着漫长的青春时光。当他来到查拉部落时，在一个晴朗的天气里，忽然听到一阵缥缈的歌声传来，那歌声扑朔迷离，哀婉悠扬，轻轻地传到这位贵族青年的耳畔，也传进了他的心房。他举头远眺，看到一位美丽的少女正在不远的地方放着牛羊，朴素的衣着掩盖不住她的天生丽质，正在唱着让他心荡神摇的歌儿。
> 巴玉痴痴地望着她，知道命定的女神已经来到他的身旁，他不由得弹起琴来，远远地为那位少女的歌谣弹着相配的音乐。少女回头一望，看到了陌生的青年，看到了他的目光，也看到了他的内心。她羞涩地转过身去。他们虽然没有交谈，但是配合得天衣无缝的音乐，使他们感受到从未有过的默契，一个歌声，一个琴声，让辽阔的山野充满了芬芳，让晴朗的天空充满了欢乐，爱情的力量已经使他们的目光打上了一个结实的情结，再也不能轻易地散开，他们倾心相爱了。
> 这位名叫查拉的美貌少女出身贫寒，她的父母要依靠她的劳动才能得以生存，因此她无法跟随心上人远离家乡，巴玉只好留下来，

---

① 称多县志编纂委员会：《称多县志》，内部资料，2016年，第92—93页。

承担赡养老人的责任。可是好景不长，巴玉生病了，病得很严重，以至很快就不能弹琴，甚至不能走路了，查拉听说山上有108眼山泉，生病的人如果能喝上这些泉水，就会不治而愈，于是她背起巴玉，踏上了寻找山泉的道路，山上的道路曲折而艰难，但是查拉不顾生命危险，只愿巴玉能起死回生，两人重新过上幸福的生活。可是巴玉还没有来得及喝完108眼泉水，就与世长辞了。之后，草原上就盛开了一种红艳艳的小花，现在我们看到这种小小的红花，就知道曾是查拉背着巴玉走过的地方，后来人们为了纪念这对苦命的恋人，就把这座山叫作巴玉查拉。至于巴颜喀拉这个名字，是后来人们的讹传。①

之后，GSDZ书记还给我们讲述了嘉塘草原和巴塘草原之争的故事。这个故事形成了当地"嘉塘和巴塘"的谚语，形容两个人势均力敌，没什么可争的。

> 玉树州上最好的草场是嘉塘草原和飞机场（那边）的巴塘草原，这是玉树州最大的两个草原，传说啊，这个嘉塘和那个巴塘他们两个每次都争，你争我打，巴塘说是他的草原大，嘉塘说是他的。到底哪个大我也不知道，现在看的话，好像巴塘大。现在我们有这么个说法，嘉塘和巴塘当时争得比较厉害，最后他们要徒步量。首先量的是这个嘉塘，他量一天啊，徒步走上一天，他放一个石头，作为记号呗，然后走一天放一个石头——用石头做标记，走一天放一个石头，所以这个嘉塘有点小了，因为啥，小石头变成大山，草原没这么大了。②

历史上，藏区分为安多、康巴和卫藏三个部分，玉树州属于康巴藏区，这里流传着一种说法，"卫藏的佛，安多的马，康巴的人"。据说这还涉及1949年中华人民共和国成立后藏区建省的问题。

---

① 称多县志编纂委员会：《称多县志》，内部资料，2016年，第831页。
② 2016年8月8日根据一路上和清水河镇书记的交谈录音材料整理而成。

卫藏的佛，安多的马，康巴的人。当时藏区，新中国成立，建省嘛，周恩来向毛泽东请示过，我们藏区怎么分，当时毛泽东说的是，这个安多和卫藏可以集中设置省份，藏族不是有说法——"康巴的人"呗。青海除了玉树以外全是安多，四川除了甘孜以外其他全是安多，云南迪庆是康巴，甘肃那边好像有一个康巴，一个州嘛一个县，还有西藏的这个昌都是康巴，所有的康巴分散在五个省区，反正有这么个说法。现在有个康巴赛马节，（西藏、甘肃、青海、四川、云南）五省区都来参加，三年一次。①

此外，GSDZ 书记还发表了自己对于生态移民工程的看法。在他看来，生态移民政策似乎不尽如人意，一定程度上，它违背了自然规律，并没有很好地起到保护生态环境的作用。草山包产到户，并用铁栅栏分隔，造成近处的草地过度踩踏，而远处的草地过度闲置，不利于人与自然的和谐。而且，在一定程度上削弱了藏族牧民的劳动精神。

问：GSDZ 书记，您说生态移民这个政策好不好啊？
答：不好说，它有点违背自然规律。
问：不是说要保护自然环境吗？
答：没有（完全）保护上呗，所有的现在的草原草山它都禁牧了，禁牧了以后那边没有牛羊的踩踏，完了以后草一年比一年退化。为啥这么说，因为它原来那边放牧着，人住着，牛羊也有，草山是需要饲料的，它牛羊的尿和粪啊，这些全是饲料。再一个，牛羊它朝山上走的时候不是有那个蹄子吗，可以踩踏草原，草山第二年的长势（就）比较好，现在禁牧了以后，草山反过来越来越退化了，这是我们体会到的、看到的。原来的这个，国家不是一家一户弄了个草山承包吗，比较懒一点的牧民，夏天要到远处去，他就不想去，完了以后就在房子里住。他得了点病，或者有了点需求，他在州上马上可以过来，要是到远的地方还得骑马骑牛过来，完了以后还得路边找个车，他不方便。这样一来，他远处的草山也相当于禁牧了，

---

① 2016 年 8 月 8 日根据路上清水河镇书记的谈话录音材料整理而成。

近处的草山过度踩踏。远处的也不是太好，近处的也过度踩踏，草根本没有这个休息的日子。以前我们老祖宗传下来的四季牧场，四个季节都要轮牧，轮牧了以后比如说这个季节是我们的夏季，夏季三个月，三个月我们在这里，三个月以后它可以休息，这个草，从出土开始，到它结出果实，到果实落地，全部都可以完成。四季轮牧的话，三个月三个月地轮牧。现在没有啊，现在都是踩踏，近处的地方（踩踏）严重，草山闲置的地方越来越闲置。去年（2015年）我调查的时候，有些草山闲置了六七年。

面对目前的牧区困境，当地政府提出了整合草山、整合人力及整合财产的"三步走策略"，并逐步实施，试图改善牧民的生存境况。

现在我们镇上弄了个啥，所有的家庭承包者弄成联营模式，户加户，草山整合到一块，一块放牧，没办法弄了。我们现在五个村已经弄完了。怎么弄的，把所有的这个村的草山整合到一块，这个草山的权利交到村委会，交了以后他们统一安排。比如说我们现在在冬季草场啊，完了以后我们要统一安排到夏季牧场，因为彼此有个照应。十几户甚至二十几户搬到那个夏季牧场，他们不害怕，因为有自己的伴。要是按以前草山承包的样式的话，一块草山只有一户，这个草山的纠纷就会越来越严重。比如说你（家的牛羊）吃了一点我（家）的草山上的草，吃了一口草，他都会跳起来。现在整合了以后，没有"你的草"和"我的草"这个概念，只有集体的草。这样一来，就可以融到一块，人的和谐问题我觉得根本上要从这里解决。围栏把群众给（放）懒了，群众更懒了，牛放到围栏里他就不担心啊，不担心跑出去啊，他就在家里坐着，在街上转转，懒得很。这个围栏，第一个是对于自然科学上动物的这个来回的出入给堵掉了；第二个是这个围栏啊弄了以后，好像对这个草山的劳动的勤奋力，勤奋的这个精神没有了。因为围栏有了，为啥放牧啊，他就这个围栏挡住了呗。这个劳动精神没有了。我们现在把这五个村的草山整合，人员分配，一块轮牧。现在才第一步，后来慢慢发现，这里有五个家庭，五个家庭有五个放牧的人，其实一个家庭才二十几头牛，他这么放着，过了一年以后他自己发现，他们总共加起来才有一百头牛，只需要一个放牧人就行了。慢慢接触了，他们相处比较融洽，只需要一个人放牧就行了，其他四个可以出去打工。所以我们第一步是整合草原，第二步是整合人力——劳力。把多余的劳力闲散出来，然后我们想办法把多余的劳力放到更合适的地方。第三个是他们慢慢地想清楚，我有 20 头，我们有也行的，我投入这个家庭，我回来，整个这个家搬到乡镇上，一是让娃娃们上学，二是让自己的这个剩余劳动力挣钱。第三步是我想把他们的牛羊这个财产整合起来，那成了入股形式了。整合以后，牧场里留上十几户看（照看）一百多户的牛羊，到时候分工，那其他一百多户就可以出来，或者搬到城市。在人力整合的时候，我想着把这个网给拔出来，再不要了。一个是人与草山的和谐，另一个是草山纠纷从历史上根本拔出。①

为了全面观察和体验清水河镇周边的地理环境，托 GSDZ 书记的福，我们得以在阿尼湖实地考察一番。8 月 8 日早上，我们从县城乘坐 GSDZ 书记的车到清水河镇政府略停，找厕所解手之后，便继续驱车前往听说风景美丽的阿尼湖。阿尼湖，又叫阿尼海，寇察湖或者格执措，距清水河镇政府所在地约 30 公里，位于清水河南部、清水河镇政府驻地西北方，海拔 4530 米，面积 92.37 平方公里（水面面积 18.5 平方公里），淡水湖，产无鳞高原裸鲤。② 阿尼湖的两边是辽阔的草山，从远处向湖边望去，水天一色，蓝蓝的湖水里清澈地倒映着蓝天白云，景致颇为秀丽。阿尼湖的岸边有一个藏传佛教的尼姑寺院，里面有许多穿着绛红色僧袍的尼姑，她们很乐意地与我们合照。其中有许多小尼姑，可能是由于出家的缘故吧，长得都像小男孩。看起来，她们的日子似乎与寻常孩子们上学没什么两样。阿尼湖边尼姑修行的寺院叫作扎西康卓秋阔林尼姑寺，它位于清水河镇尕青村阿尼湖边，距 214 国道 16 公里。寺院创建于 2006 年，尼姑 55 名，2010 年批准开放，其中政府批准认定活佛 1 名，信教群

---

① 2016 年 8 月 8 日根据路上清水河镇书记的谈话录音材料整理而成。
② 称多县志编纂委员会：《称多县志》，内部资料，2016 年，第 94 页。

众主要分布在清水河、扎朵镇及果洛玛多部分地区，总占地面积35亩，建筑面积210平方米，寺院传统型法会有两次：第一次，每年夏天举行朝拜神山活动；第二次，每年冬季举行"格庆"活动。①

  8月9日，从称多县城返回玉树州府所在地的路上，原本有两条可以选择的路线，一是214国道；二是通天河沿岸，这条路并不好走。为了再次观察三江源保护区核心腹地的生态环境，我们选择了后者。在路上，我们看到了滚滚流淌的通天河，雄伟的拉布寺，高大的"玉树第一棵树"，以及独有特色的拉司通村。从称多县清水河镇到玉树结古镇的路上尽是绵延起伏的高山，通天河就流淌在称多县的西南方。我们沿着一条山边的旧路行驶，车道狭窄，仅容两辆车并排通过，有的地方，相向行驶的车辆经过时，一辆紧靠山边停下，另一辆才能慢行安全通过。每当遇到转弯的地方，不管有无车辆，司机都要小心翼翼并按响喇叭。每隔一段路程就能看到一个寺院，有的坐落在繁华的村落，有的孤立在陡峭的山巅。汽车行驶了四五十分钟，在一处开阔的岸边停下。一下车，我们所面对的就是浩荡的通天河水，河流两边是高耸的山峰，岸边是河水冲刷而成的沙滩，远处还有长长的五色经幡横跨河流两岸。在去往拉布寺的路上，我们遇到一位僧人，他是从别的寺院出来，准备到拉布寺②学习的，我们笑称他是访学的僧人。僧人在路边招手搭车，司机是当地人，对僧人很敬重，于是便把他捎上了。这下车里坐了四个人。在后面的路途中，我们还看到路边有女性招手搭车，虽然车里还有空间，但是由于有僧人在车里的缘故，不便于再乘坐女性，所以我们乘坐的汽车扬长而去。

  僧人在拉布寺门口下车时，我们看到，拉布寺是雄伟的，四周正在施工，最大的佛殿前僧人们正在举办法会，急促的诵经声向我们传递着藏传佛教的神秘文化。"玉树第一棵树"就在大殿不远处，这是一棵历史悠久的古树，枯萎的枝条显示着它的斑驳年龄。干枯的树枝上挂满了红

---

① 称多县志编纂委员会：《称多县志》，内部资料，2016年，第796页。
② 拉布寺，藏语称"嘎登郭囊谢舟派吉楞"，意为"具喜显密讲修兴旺洲"。位于县治南20公里处，在今拉布乡拉司通（亦名拉莎梅朵塘）学群沟口的嘉日僧修昂却山（狮子跃空山）山麓。沟脑有格拉山，寺后有叶热公嘉山，寺前有玛嘉山，均为该寺神山。

色的布条，想必那一定是祈愿的群众亲手挂上去的。树后的山壁是红色的，而其他地方的山石则并非红色，不知道这是什么原因。据史书记载，19 世纪末，拉布寺活佛江永·罗松尖措率众僧人从 800 多公里之遥的西宁、湟源等地用牦牛驮来 2000 余株树苗，种植成活的其中一棵堪称玉树地区的"杨树之母"①。这就是"玉树第一棵树"的由来。为此，江永·罗松尖措活佛有"环保大师""绿色活佛"的美誉。因此，当地人说，在玉树只有这里能看到树，其他地方则很少见到。

拉布寺的北方就是拉司通村，一座具有独特风格的藏族村庄。整个村庄最突出的一个特色是石头，石砌的院墙，石铺的路面，石盖的房子，据说这个村子是仿照北京民宅建造的，建造房子和街道的石头都采自当地山中。这个村庄也是由拉布寺德高望重的江永·罗松尖措活佛在 100 多年前规划的。② 村落民宅建造排列有序，纵横布局严密，街道笔直宽阔，司机说，如果从高处望去，整个村庄呈"卍"字形，藏语叫"雍仲"，标志着永生、永固、永存。有记者写道，"拉司通村为拉布乡政府所在地，是一个古藏村，具有悠久的历史，全称为拉司梅朵通，汉语意为'仙境花海滩'，简称拉司通。这里气候相对温和，依山傍水，纵横的街道构成"卍"字形，2005 年被称多县确定为康巴民俗村，是国家 4A 景区，但拉司通村在玉树地震中遭到了破坏。在玉树地震灾后重建之初，称多县确定了'将拉司通打造成"古村落"旅游重建示范区，夯实旅游产业发展基础'的规划"③。

不久前，《青海日报》刊登过一篇关于拉司通村的美文，现摘录于下，从中可深切体验。

  拉司通，一个鲜花盛开的村落。我们在这里寻找到了一些已经消失或者正在消失的记忆；寻找到了梦境里经常出现的"香格里拉"的美景。让很多很多的留恋和遗憾，变成一次又一次的探访和追寻

---

① 称多县志编纂委员会：《称多县志》，内部资料，2016 年，第 135 页。
② 同上。
③ 张晓阳：《青海玉树州称多县拉布乡拉司通村》，2017 年 3 月 21 日（http://www.tc-map.com.cn/qinghai/chengduoxian_labuxiang_cun.html）。

吧，遥远的通天河畔，一个古老的藏族村落，已经成了我们心中永远的牵挂……

盛夏，行走在长江上游——通天河沿岸深邃的河谷里，仰望高耸入云的崇山峻岭，谷地里一座座宁静安详的村落和定居点，一种高远而又亲切的感觉就会在心间迅速地升腾。

波涛汹涌的古铜色河流一直陪伴着我们在陡峭的悬崖边穿行。那些构成大峡谷山体的纹理清晰、质地细腻的片页岩，在深深的河谷两岸构成了一处处峭拔突兀的山体。岩石上一片片、一簇簇的红景天、龙胆花、岩黄耆和蜜罐罐花竞相开放，红的娇艳、黄的诱人、蓝的深沉，把整个悬崖装点得极富层次，很有意境。

是的，在这样的山水长廊中追寻，我们的目的地就是一个深藏在通天河谷里的藏乡古村落，一个充满了传奇色彩的秘境之地——拉布乡拉司通村。

汽车拐进另一条开阔的山谷时，一抬头就会看见在山脊间兀立着一座座饱经沧桑的石头古堡。而在公路的两旁，大片的油菜地一片金黄，一垄一垄的青稞地里也是穗青芒长。最引人注目的，当然是道路两旁一排排高大的白杨，伸展着枝叶，引领我们来到这个远近闻名的古村落，感受与内地城市截然不同的意境，寻找神秘而又宁静的藏乡情韵……

（一）

来到拉司通村，只见整个村道用片石铺筑，村里新建的排排民居也都是由片石垒砌而成。

石头，俨然成了这里所有建筑物的主角。但是，细细看来，每栋石砌的民居从外观设计到内部格局都不尽相同，古朴典雅，独具康巴民居特色。

通天河两岸到处都分布着片页岩，这就为当地居民就地取材，建屋铺路提供了丰富的建筑材料。从玉树称多一直顺流而下来到金沙江两岸的大小金川一带的丹巴地区，从石头民居直到高大威严的石砌碉楼，康巴藏族用智慧和勤劳，将藏地的石砌建筑艺术推向了极致。

在拉司通村，远道而来的人们可以近距离了解石砌艺术和石砌民居的特色。

藏族民居对砌筑用石的要求颇高，石料质地要坚硬，不易风化，无裂纹，表面无破损迹象。砌筑前要将地基用石础夯实，然后用大块条石铺筑墙基，填砌石块间要交错搭接密实，空隙用碎石填充，地基部分的表面要找平。在砌筑墙体时先放线、盘角，然后进行挂线、砌筑。砌筑时要求错落叠压，石块与石块之间形成"品"字形结构，绝无二石重叠。石砌墙采用挤浆法分段砌筑，首先是砌筑角石（定位石），然后再砌填腹石。并采用"三皮一钓、五皮一靠"的砌筑方法。即砌完一层后不必找平，继续抹灰砌上一层石块。每砌三层，用线硾找平一次，每砌五层，用靠尺找平一次。

康巴藏族民居的外墙一般都不做刻意的粉饰，石头的颜色就是它最美的本色。

走进村民扎西达娃的家，我们直观地了解到康巴民居的更多特色。

由于地处高寒山区，冬长夏短，民居的保暖是十分重要的。而石砌民居的保温性能远超于土木和砖混结构，这也满足了藏族人民的生活习惯，石砌房屋的主室，要求宽大、有藏式火炉，并且居中布置，以保持与之相连的卧室、厨房的温度平衡。特别是到了漫长的冬季，主室内的火炉保持长时间燃烧，不但能取暖，而且还能烹煮食物，家人以及来客围坐在火炉旁嘘寒问暖，再热上一壶醇香的青稞酒，那才叫个其乐融融呢。

在地势雄奇的青藏高原，石砌建筑的色彩有着显著的地域特点，它的形成和发展受到高原自然环境和藏民族历史文化的影响，每一种用色都有着特殊的文化内涵。石砌建筑室内的装饰色彩粗犷、质朴，尽显艳丽之美，彰显着康巴藏族建筑文化的神奇魅力！

据村党支部书记介绍，玉树地震发生后，按照"修旧如旧"的原则，全村398户村民都是在原址重建新居，尽量使用传统的建筑工艺和材料，门窗也采用传统藏式木质雕刻框架，使民居外观保持了原有的风貌，住房建设做到了外观如旧、功能齐全、别具一格，充分体现出了浓郁的地域特色和民族特色，吸引了很多人们前来参观。

走在拉司通的村巷里，一排排高大的石砌建筑棱角分明，院落之间错落有致；一户户石砌院落门前白杨婆娑，屋后流水环绕；村巷都是用石板铺就，就连排水沟渠也是用砌石筑成……普通的鹅卵石，平凡的片页岩，在拉司通人的巧手组合之中，扮演着神奇的角色，也焕发出夺目的光彩。

走进村民久美才仁的家，只见古朴的石墙、雕花的门窗都充满了康巴建筑风格。院落房屋主体为"凹"字形的三层建筑，宽敞的庭院里种着很多花草鲜菜。屋子的功用依次为客厅、客房、卧室、仓房、经堂、厨房等，内部装饰异彩纷呈。

久美才仁告诉我们，只有亲自动手参与，才能修建出自己满意的新房子。当初，久美才仁在规划新居的时候，就有了在庭院里修建一个"家庭宾馆"的打算。于是，他投资150万元，在宽大的院落里建起了三层的"家庭宾馆"。房间宽敞明亮、干净整洁，室内设计大方明快，令人耳目一新。

久美才仁还带我们参观了在二楼特意设置的"藏家风情"展览厅。里面整齐而有序地陈列着康巴藏族游牧时代的各种生产生活用具及用品。他说，这，就是我们的祖先留下来的"乡愁"，也是为了给远方的客人们留下一个古老而亲切的记忆。

村党支部书记也说，像久美才仁一样，我们村里的年轻人的头脑也十分灵活，纷纷兴建起了三四十家"家庭宾馆"或"牧家乐"，还开设了"拉司通游客接待中心"。往后啊，我们拉司通村，一定会成为通天河畔最美最富的藏地民俗文化村。

随着村党支部书记的指点，我们看到，在村里新建成的广场上，演出舞台、体育健身器材一应俱全。广场四周的石砌建筑物各具特色，沿街整齐地排列着很多的店铺，有玉树特产经销部、小超市、音像店和藏式餐馆等。村民、僧侣和游客在这里穿梭往来，神情怡然。

（二）

来到拉司通村，除了置身于一座座充满美感的石砌建筑民居之外，我们发现，远远拱卫着村庄和寺院的，是四周巍峨峻拔的青山；而环绕这些石砌建筑群落的，则是一排排高大挺拔的白杨树，给这坐落在深山里的古村落增添了无限的生机。

当我们跨过石桥放眼一看，在拉布寺恢宏高大的寺院建筑周围，也到处生长着亭亭的白杨。这些白杨树有大有小，可以看出，这是年复一年地精心栽植而长成的。拉布寺背靠游龙一样起伏的青山，面对拉司通古老的村落，寺院建筑的高大恢宏和晨钟暮鼓，对应着石砌村落的古朴宁静和鸡鸣犬吠，再加上一条充当了寺院和村落天然分界线的潺潺小河，一种无比恬淡的氛围弥漫在村庄的周围。

据称多县史料记载，拉司通古村落的规划是拉布寺的第十三世活佛嘉央·洛松尖措①制定的，这些在河谷里茁壮成长的白杨树，也是他率先引进栽植的。

相传，600多年前，代玛·仁清活佛初建拉布寺，是为了圆宗喀巴大师的一个梦——他梦见拉萨往东很远的地方有一个村子里到处都开满了鲜花。沿着第二佛陀梦境里的提示，代玛·仁清跋涉了1500多里山路，到了通天河谷一个拐弯的地方。在这里，他发现了一个名叫"拉"的村子，大山怀抱里宁静的古村落，村边流过的清澈的小溪，河边草地上怒放的野花，这些物象都和大师梦中的所见十分吻合。于是，活佛在这里修建起了拉布寺，并把村庄命名为"拉司通"，意思是"鲜花盛开的地方"。也有作家亲切地称之为"拉司梅朵"。

当时轮转到公元1902年，代玛·仁清活佛的第十三世转世灵童嘉央·洛松尖措前往北京求法学经。北京宽阔笔直的马路，能发光发亮的电灯，以及屁股后头一冒烟就跑来跑去的小汽车，让来自高原深处的13岁小活佛怦然心动。而在深宅大院里埋头苦读、苦思冥想的时候，经常陪伴大师的是那些种类颇多、枝叶繁茂的高大树木，

---

① 嘉央·洛松尖措，也译作江永·罗松尖措、姜雍·罗松姜措、江云·罗逊嘉措等。

那是在他的家乡难以见到的。

第三年，当嘉央·洛松尖措从北京学成返回玉树时，他早有打算似的从西宁附近的湟源县购得了2000株杨树栽子，雇用50头牦牛驮运。而且将每捆杨树栽子的两端都用毡毯紧紧地包裹，晚上宿营歇脚时，脚户们就把杨树栽子浸泡在有水的地方，有效地防止了因为长途运输而出现的树身干枯。

这个奇怪的牦牛队开始了一段紧张而神秘的"白杨树"之旅。1600多里的行程，活佛一行足足跋涉了三个多月，才从日月山走到拉布寺。

虽然，只有三分之一的杨树栽子挺过了海拔3700多米的严冬的考验，开始在遥远的栽植地发芽绽绿——当奇迹真真切切地出现在通天河谷时，嘉央·洛松尖措更加坚定了在当地植树造林的决心。第二年，僧人们又以同样的方式从湟源运来1000多棵杨树栽子。

后来，这就成了拉布寺的一个约定俗成的规矩：所有僧人每人每年都要栽植15棵白杨树。

附近村落的村民们也跟着效仿植树。为了保护小树顺利成长，僧人和村民们在每棵小树的周围都筑起了泥巴矮墙，围起篱笆，阻挡严寒和牲畜的危害。

岁月荏苒。当绿树逐渐掩映了寺院和村落时，嘉央活佛又开始为寺庙和村子制定统一的规划。他们将弯曲的河道拉直，让流水把寺庙和村庄自然地分开。他还告诉村民，要把泥泞的道路拓宽，铺上厚厚的片石，将来好让那个叫"汽车"的东西来回奔跑。他甚至连架电话线和放置变压器的地方都留出来了——虽然，那时候的电还离玉树遥不可及。

几十年以后，当地的人们才意识到这位活佛的远见和卓识。一种意味深长的生态文化，也在当地逐渐形成……

也难怪，早在十几年前，一位叫苏解放的美国规划协会的秘书长，来玉树藏族自治州考察三江源生态时到达拉司通村后，惊讶得目瞪口呆：我简直无法相信，在这么一个遥远的地方，竟然会有规划得如此完美的一个藏族古村落！

当时的拉司通是称多县拉布乡最大的一个村子。在规划师苏解放的眼里,村里好几条纵横交错的土马路和巷道,使它与藏地司空见惯的环绕寺庙随意修建民居的村庄格局大相径庭。马路和巷道的两侧,生长着高大的白杨树,浓密的枝叶在微风的吹拂下沙沙作响。村民的院落都修建在这些大树环绕的平地上,显得十分和谐和安逸。

"这简直是一个相当完美的区域规划概念",因为这条清亮亮的河流把超凡的寺庙和世俗的村子隔开了,再加上用树木和石板规范了村中的道路,显示出一种颇具匠心的规划思路。规划师苏解放认为,这个规划完好的村落和寺庙,是一种值得赞赏的"绿色遗产",当代的人们应该好好地研究和保护。

随着清澈的河水来到村口处,就看见了一片茂密的白杨树林,弯弯的小径延伸处,怪石成堆,鸟鸣阵阵;林间有葱郁的灌木和盛开的铁线莲点缀。陪同我们的乡干部说,这里是村里最早形成的"林卡",也就是现在所说的公园。

然而,我们看见,公园里众多的粗可盈抱的白杨树干苍白,枝叶变黑。面对成片死亡的足足有六七十年树龄的枯树,这位乡干部面露困惑。他说,不知道什么原因,从5年前发生地震后,村里就出现了白杨树枯死的现象,而且一直延续到现在。大树死亡现象不仅出现在成片的树林里,就连田间沟渠的边坡上、村道两边、院落深处的高大白杨,也未能幸免。

是地震引发的地质作用让拉布乡一带地下水位下降或者河流水系发生了位移,高大的白杨树的根系因吸收不到足够的水分而出现死亡?

是因为这里的树种明显单一,六七十年树龄的白杨树出现了自然衰老现象,因而导致其大量的死亡?

是由于这些年来青藏高原逐渐升温,而造成这些已经适应了严寒气候的白杨树对于"回暖"的气候趋势难以适应?

一个个问号出现在我们的脑海里。而此时,寺院的僧人们和古村落的居民们焦急了;乡里、县上的主管部门也在组织力量会诊!

一个藏地古村落在地震之后焕发出无限的活力,拉布寺新建的经堂僧舍等建筑更加巍峨辉煌,在这样的大背景下,这些饱经风霜的高大的白杨树,却这样不合时宜、无可奈何地一棵棵死去,令人嘘唏!

之所以运用一些史料,讲述一百多年前,河湟谷地的白杨树"远嫁"通天河谷的往事;之所以在枯死的白杨树前喃喃地表达我们此时此刻的无奈和忧伤,只是真心希望人们痛定思痛,在已经掌握了高寒地区耐寒耐旱植物移植、栽培技术的今天,应该积极寻找白杨树枯死的病因,然后再适当地引进更加合适的树种,以弥补因树种单一而产生的种种不测,让这"绿色遗产"充满盎然生机。

(三)

由于时间的关系,我们未能选择一个有山岚轻飘的早晨,从拉布寺巍峨大殿的后面登上逶迤连绵的山脊,俯瞰晨雾中刚刚醒来的拉司通村和拉布寺,然后,在岁月沧桑的古城堡里徜徉流连。

我们也未能到嘉央·洛松尖措的纪念馆里,亲手抚摸一下一百多年前那些驮运树苗时派上大用场的驮具和毡毯,这些物件所传递的信息,就是留给后人最为直观而珍贵的启示。

我们也未能从清亮亮的河水中看到卓玛们在河边翩翩起舞的婀娜身影。因为,这里独有的藏族舞蹈——"巴吾巴姆"远近闻名。巴吾巴姆舞以独特的舞蹈语言,表现出人们对神山圣湖、草原林地以及对雄鹰、骏马、飞鸟等象征物的崇敬,展现出一种人类与自然和谐共生的美好愿景。

拉司通,一个鲜花盛开的村落。我们在这里寻找到了一些已经消失或者正在消失的记忆;寻找到了梦境里经常出现的"香格里拉"的美景。让很多很多的留恋和遗憾,变成一次又一次的探访和追寻吧,遥远的通天河畔,一个古老的藏族村落,已经成了我们心中永远的牵挂……[1]

---

[1] 张翔:《拉司通:一个藏乡古村落的美丽与诱惑》,《青海日报》2015年8月28日。

8月9日下午我们到达玉树州府驻地结古镇，受到了玉树州总工会李主席的热情款待。第二天，我们从玉树州上出发，坐飞机赶往西宁。李主席的司机送我们去机场，汽车行走不远，我们便目睹了玉树地震的标志，一座刻意保存下来的地震建筑——坍塌的楼。之后南行20公里左右，在贝纳沟坐落着文成公主庙，在这里我们稍事停留。这是公元641年文成公主进藏时留下的遗迹，已有1300多年的历史。在文成公主庙的前后都是山峰，经幡错落有致地搭满了整个山峰，连头顶上都是经幡。文成公主庙并不大，但显得精巧雅致，里面供奉着大日如来佛的佛像。走进佛堂，高大的佛像映入眼帘，佛像下面坐着一位僧人。站在佛堂中，静静地看着这尊庄严的佛，心中想象着公元600多年时文成公主千里迢迢、历尽艰辛进藏时的情景，内心竟充满一阵感动和宁静。

从称多县城前往清水河镇途中，部分见闻如图B1—2至图B1—8所示：

图B1—2（a）　公路贯穿壮阔的草原　　图B1—2（b）　公路边的挡雪墙

图B1—2（c）　山坡上的经幡　　图B1—2（d）　蓝天下的经幡与白塔

216 / 玉树临风

图 B1—2（e） 草地上的帐篷与经幡　　图 B1—2（f） 炊烟与经幡

图 B1—2（g） 静谧的清水河镇

图 B1—3 和协助我们调查的清水河镇干部在一起

下篇 镇内搬迁:清水河镇生态移民 / 217

图 B1—4 清水河镇生态移民社区平房

图 B1—5 在平房遇见的妇女

图 B1—6 临街的移民社区楼房

图 B1—7 入户访谈

图 B1—8 从查拉乳业酸奶直销点前方十多米处俯瞰清水河镇

二 为何搬:"因灾""因病""因学"

清水河镇的 GSDZ 书记将生态移民搬迁的原因概括为因灾、因病及因学三个方面,这三方面的原因导致生态移民社区成为当地最贫困的社区。而同时,移民理财观念的缺乏又加深了这种贫困的程度。

下面是笔者和 GSDZ 的对话,从中对生态移民的搬迁原因可有所了解。

GSDZ:生态移民的历史原因是这样的,生态移民搬迁啊,它出于什么考虑呢,出于我们牧区比较贫穷,完了以后这个地方不养一方人。在这么个情况下只能搬到另一个地方,就是说异地搬迁。应该是这样的,国家的出发点是这样。那我们这边弄的啊,那些多畜户,那些有牛羊有牲畜的人,不愿意搬过来,因为他要依托自己的牲畜发展自己的生活。但是没有牲畜的这些(牧民)希望来,因为这个国家的扶持比较大。当时我们这是 04 年(2004 年)弄的,04年(2004 年)弄的时候所有的这个绝畜户、无畜户,就是没有牲畜的,都搬到这边来了。所以我们生态移民集中点成了我们清水河的贫民区,就是说最穷的地方。

笔者:现在就有个疑问,为什么同样在牧区,有些人就没有牛羊呢?

GSDZ:因灾、因病、因学,什么都有。一个是因灾,一般我们除了雪灾以外没有其他灾害。你比如说现在有 100 多头牛,万一来了雪灾,一下子全都返贫了,又成了这个困难群众了,有可能所有的牲畜都死了,这是第一个。第二个,因病。到现在我们镇上是 8580口人,其中 70 岁以上的只有 82 个,才达到 1%,90 岁以上的只有 1个。为什么我们的这个生命率(生命率指影响一个居民群人口规模和成分的各种生命活动的因素所出现的频率,如出生率、死亡率……这里指 70—90 岁的人口占总人口的比例)比其他地方还低?因为我们这边病比较多。主要还是气候寒冷,高寒缺氧的这个原因。肝包虫、结核病,其他的小病则不用说。这些病特别频繁,而且我们全县的高发点就在这里——清水河镇。再一个就是医疗的救助方面，没有条件。牧区里面，一般小病忍着点。我们这个地方面积比较大，全县总面积的1/3就是我们清水河镇。小病，没有及时的治疗条件，然后忍忍忍，变成大病了。完了以后现在开始要救治，钱也没有，把牲畜卖掉，到西宁去一住院，绝症、癌症什么什么的。一下子不是返贫了吗，这就是因病。还有因学——上学。为了娃娃上学，他放弃放牧的这个机会，搬到乡镇。看着娃娃上学上学，最后自己没有牲畜，弄成贫困人了，这叫因学。因为我们这边的学校，除了我们三个村有个小学，只有二年级，三年级开始到镇上。所有的都在镇上学校，而且7岁开始要上一年级，寄宿制。父母担心啊，7岁开始要脱离家庭关系到学校里寄宿，不忍心啊。父母就开始跟着变卖所有的财产，变卖所有的牛羊，搬到镇上了。过了几年了，娃娃的学习越来越好，越来越好，但是家里的状况越来越贫，越来越贫，最后还是变成穷人了。这就是因学。很多很多很多……再一个最关键的我觉得还不是这些，而是理财观念，理财观念没有。今天给你发1万块钱，明天他能给你花完。没有存款的这个意识。我说一个实实在在的事，就发生在我们移民搬迁点。有一个家庭，五个人，两口子，三个娃娃，五个人呗，当时发了这个救济面，因为他们都是贫困人呗，救济面发了四袋，他留了两袋——家里吃的呗，两袋卖出去了，变了一点钱，他拿着这个钱过去，饭馆里去了，点了两斤手抓（肉），自己吃着（在饭馆）里面，娃娃和媳妇在窗户上朝他看着。实实在在的例子，这就是理财观念。

与此类似，玉树州工会李书记认为生态移民对习惯生活于草原上的牧民来说是一个革命性的变革，他们需要经历一个农民阶段才能逐步习惯定居生活，用他的话来说就是"牧民离开了牛羊跟牛羊一样"。

从访谈材料来看，移民搬迁的原因主要有几个方面：一是为了享受政策补贴；二是家庭贫困；三是出于身体健康原因；四是为了孩子上学。而其中最主要的原因还是家庭贫困，这似乎是一个循环链。牧民在牧区牛羊不多，或者牛羊因灾而死，导致家庭贫困，在此基础上，生态移民政策提供的补贴对于他们来说就有很大的吸引力，因此选择搬迁，但是搬迁之后依然处在贫困状态。还有些牧民则由于年老、医疗状况和孩子上学而不得不选择搬迁。

> 牛也不多,身体不好,牧区的劳动干不上,为了尕娃上学。(才江,男,41岁,藏族,2003年从清水河镇扎哈村搬来)

> 国家宣传要移民搬迁,开过会,谁要是搬迁,国家给你们补贴,所以才搬下来了。当时啥都不知道,以为搬迁下来国家啥都提供呢,可以说是国家养着,所以就搬下来了。(娘德,男,55岁,藏族,2003年从清水河镇扎哈村搬来)

> 为了保护草地,所以搬迁过来了,国家说是把草地放着、空着,让我们搬迁过来给补贴。(曲军,娘德的亲戚,男,65岁,藏族,2003年从清水河镇扎哈村搬来)

> 国家让我们搬,说给我们补助多,然后就搬来了。(蔡文久美,男,40岁,藏族,2003年从清水河镇红旗村搬来)

> 不知道,可能是家庭条件不好,所以搬来了。(帮嘎,女,19岁,藏族,6岁时从清水河镇普桑村搬来)

> 那时国家说给的待遇特别好,给房子、带卫生间,听了这些后,心想小孩也可以在这里上学,对孩子的前途出路有好处,就搬来了。(阿加日,男,51岁,藏族,2003年从清水河镇文措村搬来)

> 身体不太好,所以搬下来了。(松加,男,65岁,藏族,2003年从清水河镇尕青村搬来)

> 山里没有吃头,牛羊(因)雪灾全都死了,死完的那年大约是2003年之前。(果措,男,汉族,本来是汉族,改名换姓,身份证上现在为藏族,原来户口在青海乐都,19岁到清水河镇扎麻一社,在巴颜喀拉山北公路边上打工,后来户口转过来了,草山都分上了,在扎麻村,2003年从扎麻村搬来。后文同此。)

> 在牧区时牛羊多,(因)雪灾死了,政府说条件最差的搬过去,我们就搬来了。(周扎,男,44岁,藏族,2003年从清水河镇扎麻村搬来)

> 国家给补助,所以搬来了。(加通,男,50岁,藏族,2003年从扎麻村搬来)

牛羊也不多，尕娃出嫁了，两个人都干不了活，只能靠公家，所以搬下来。6个孩子，3个尕娃，3个丫头都出嫁了。（阿侧，男，62岁，藏族，2003年从清水河镇扎哈村搬来）

公家给的多，所以搬过来了。（仁青，男，41岁，藏族，从清水河镇扎哈村搬来）

在这里每年有6000（元），所以搬下来了。（洛日，男，60岁，藏族，2003年从清水河镇红旗村搬来）

牲畜少，国家给的多，牧区没什么经济来源。（尕桑，男，46岁，藏族，2005年从清水河镇普桑村搬来）

两口子经常病，公家给的多。高血压、胆结石，老婆患有胆结石、关节炎，胆结石手术做了，过了3年了，老婆在牧区时就有关节炎了，我是搬来这里才有的。（仁青昂布，男，63岁，藏族，2003年从清水河镇中卡村搬来）

房子给的有，钱也给的有。（江翁，男，49岁，藏族，2003年从清水河镇尕青村搬来）

（牧区）房子没补助。（白加，男，53岁，藏族，2003年从清水河镇扎麻村搬来）

牛全死了，国家给的多。（央央，女，60岁，藏族，2003年从清水河镇扎麻村搬来）

牧区草滩少，房子没有，这里生活费、吃、穿、房子，好好管着。（周洛，男，52岁，藏族，2003年从清水河镇尕青村搬来）

三　如何搬："牦牛""拖拉机""小汽车"

清水河镇生态移民属于零散搬迁，集中安置，也就是说政府并不负责移民的搬迁过程，而是需要移民自己解决这一问题。这与我们在青海同德县果洛新村遇到的情况有些差别，那里是集中搬迁、集中安置，政府统一安排移民的搬迁过程。我们看到，清水河镇的移民是用牛、拖拉机、汽车等交通工具来完成搬迁的，其中使用拖拉机搬迁的移民较为普遍。有的移民搬迁距离短，只需要几个小时就可以搬完，有的移民则要往返两三次才能完成搬迁。而他们使用的拖拉机，多是借的或租的。对于那些距离较远的牧民来说，搬迁过程也显得较为艰难和耗费资金。

一个尕手扶（小拖拉机）上就搬过来了，那时候东西不多，柜子箱子没有，用了2个多小时，48公里有了呗。白天搬的，晚上不搬，就在这里住着，其他啥都没有，吃的自己带着，火是当天生的，尕手扶（小拖拉机）下面拿了两三袋牛粪。（才江，男，41岁，藏族，从清水河镇扎哈村搬来）

那时搬下来时包了个拖拉机，然后就这样搬下来了，搬了两三次，各家搬各家的，领导说按指定的时间搬下来。（周扎，男，44岁，藏族，2003年从清水河镇扎麻村搬来）

（当时怎么搬的?）那时候用牛背下来的，用了1天，大概元月，冬天房子有了，牧区房子没有，用了5头牛。（阿侧，男，62岁，藏族，2003年从清水河镇扎哈村搬来）

各搬各的，用人家的拖车搬的，两三次，牛粪那些都得拉下来，刚开始没电，点蜡烛，水有了。（仁青，男，41岁，藏族，从清水河镇扎哈村搬来）

用小型车搬了一趟。（洛日，男，60岁，藏族，2003年从清水河镇红旗村搬来）

拖拉车，一次性搬过来了。（尕桑，男，46岁，藏族，2005年从清水河镇普桑村搬来）

用手扶拖拉机，租的，一天七八百（元）。（仁青昂布，男，63岁，藏族，2003年从清水河镇中卡村搬来）

拖拉机啪啪啪啪地搬过来，拖拉机一辆100多（元），三四趟，租了一个。（白加，男，53岁，藏族，2003年从清水河镇扎麻村搬来）

有一个拖拉机，别人的，不用掏钱。（周洛，男，52岁，藏族，2003年从清水河镇尕青村搬来）

四 搬迁前："谁愿意谁搬"

清水河镇生态移民都是自愿选择搬迁的，并没有移民被迫搬迁。事实上，这一点我们在牧民的搬迁原因中就可知晓。因为牧民都是出于自身的客观现实状况而做出的搬迁选择，而非其他外部因素的逼迫。政策补助只是在其中起到了吸引和扶持的作用，政府在政策宣传与动员时就已经向牧民们讲述得很清楚，"谁愿意谁搬"。

> 自愿搬下来，当时实施生态移民工程。（巴真，女，38岁，藏族，从清水河镇扎哈村搬来）
> 愿意搬迁。（才江，男，41岁，藏族，从清水河镇扎哈村搬来）
> 当时愿意搬迁。（娘德，男，55岁，藏族，2003年从清水河镇扎哈村搬来）
> 当时愿意搬迁。（蔡文久美，男，40岁，藏族，2003年从红旗村搬来）
> 当时愿意搬迁。（松加，男，65岁，藏族，2003年从清水河镇尕青村搬来）
> 当时愿意搬迁，反正没牛，没事干，报名走了。（果措，男，本来是汉族，改名换姓，身份证上现在为藏族，2003年从扎麻村搬来）
> 当时愿意搬迁。（周扎，男，44岁，藏族，2003年从清水河镇扎麻村搬来）
> 当时愿意搬迁，刚搬下来时也没什么不习惯，心里担心国家的政策是不是永久性的，有人说是6年。（加通，男，50岁，藏族，2003年从清水河镇扎麻村搬来）
> 愿意搬，谁愿意谁搬。（仁青，男，41岁，藏族，从清水河镇扎哈村搬来）
> 愿意搬迁。（洛日，男，60岁，藏族，2003年从红旗村搬来）
> 都是自愿搬迁的。（尕桑，男，46岁，藏族，2005年从清水河镇普桑村搬来）
> 当时愿意搬迁。（仁青昂布，男，63岁，藏族，2003年从清水河镇中卡村搬来）
> 愿意搬迁。（央央，女，60岁，藏族，2003年从清水河镇扎麻村搬来）

五 搬来时:"闲""急""忧"

除了个别访谈对象认为自己刚搬来时的心情不错之外,其他的移民都表现出刚来时的不适应和不习惯。这种不适应和不习惯体现在三个方面,就是闲、急、忧。一些牧民刚刚离开自己生活了多年的草场和牛羊,不知道该干什么,呈现出一种无所事事、无所适从、不知所措的状况,这就表现为移民所说的闲。如果说这种闲对于男性牧民来说是一种暂时没有工作或找不到工作的无所事事状态的话,那么对于女性牧民来说则是一种搬迁后的现代城镇生活与传统藏族女性家庭身份的脱轨。因为男性在牧区需要放牧,女性则要挤奶、制作酥油、糌粑等。还有一些牧民,刚搬到城镇,牛羊都卖了,家庭成员身体有疾病,然而家里没有任何财产和经济来源,这就表现为移民所说的急。更多的牧民则是担心搬来后如果国家不给补助的话,他们又没有其他收入,那样生活就会过不下去,这就表现为移民所说的忧。

> 刚来时感觉特别闲,一天日子很难过去,就几天(习惯了),迁来大概十年了。(巴真,女,38岁,藏族,从清水河镇扎哈村搬来)

> 就这样坐着,吃什么吃什么,经常是这样的想法,刚来时不习惯,全部是汉族人吃的饭菜,饭也好好(十分)不会做,一年多(后)就习惯了。(才江,男,41岁,藏族,从清水河镇扎哈村搬来)

> 刚搬过来时牛羊啥都没了,有些心疼,不习惯。牛羊没了,有些心疼,不知道该干吗,过了一两年有些习惯了。(娘德,男,55岁,藏族,2003年从清水河镇扎哈村搬来)

> 刚搬下来有点不适应,牛羊都没有,刚下来时补助没给,一两年之后才给补助,之后慢慢习惯了,年龄也上了(现在是环保队的),闲着没事干就转转,把垃圾捡着烧了。干环保,一年有1200元的工资。(曲军,娘德的亲戚,男,65岁,藏族,2003年从清水河镇扎哈村搬来)

> (刚搬来时的心情)妹妹(帮嘎)不太记得,姐姐(22岁)特

别开心，因为感觉进城里了。（帮嘎，女，19岁，藏族，6岁的时候从清水河镇普桑村搬来）

刚迁来时心情非常好，以前一直住帐篷，一下子住房子了，感觉非常好，小孩也可以在这里上学，想着心想事成了。（阿加日，男，51岁，藏族，2003年从清水河镇文措村搬来）

刚来时心情好着，老婆在这边，跟上老婆。（果措，男，汉族，57岁，本来是汉族，改名换姓，身份证上现在为藏族，2003年从清水河镇扎麻村搬来）

刚搬下来，好得很，现在有点不好，老公病着，我也病着，家里非常困难，刚下来时我们夫妇二人一天捡一手扶拖拉机牛粪，卖掉，有四十袋，一袋卖三块多（或）四块多，现在一袋十到十几块。（果措的老婆，女，59岁，藏族，2003年从清水河镇扎麻村搬来）

刚搬来时心情可以。那时搬下来时包了个拖拉机，然后就这样搬下来了，搬了两三次，各家搬各家的，领导说按指定的时间搬下来。（周扎，男，44岁，藏族，2003年从清水河镇扎麻村搬来）

牛羊不多，靠国家给（补助）。（阿侧，男，62岁，藏族，2003年从清水河镇扎哈村搬来）

刚来时心急得很，什么也没有，国家给的也不知道。（仁青，男，41岁，藏族，从清水河镇扎哈村搬来）

牲畜没有，吃的住的，想得比较多。（洛日，男，60岁，藏族，2003年从清水河镇红旗村搬来）

万一国家没补助就生活不下去。（丞桑，男，46岁，藏族，2005年从清水河镇普桑村搬来）

跟牧区上一样。（仁青昂布，男，63岁，藏族，2003年从清水河镇中卡村搬来）

公家给的有，有点高兴。刚搬来的时候没电，两三年以后才有电，用蜡烛和太阳能。太阳能是今年（2016年）买的，停电的时候用太阳能，2000（元）左右，牧区就用太阳能了。（江翁，男，49岁，藏族，2003年从清水河镇丞青村搬来）

心情好，原来没有住过房子。（白加，男，53岁，藏族，2003年从清水河镇扎麻村搬来）

牧区活干不上，病多，牧区太冷，这里住得好。有关节炎，头经常疼，上面海拔高（巴颜喀拉山）。他（老公）有胃病。（习木查仁，白加的老婆，女，52岁，藏族，从清水河镇扎麻村搬来）

刚来时不太好，慢慢习惯了，现在好了。草滩上牛羊奶子有，酸奶、酥油、肉有，这么想着。草滩上变了，（回）去一个牛羊没有。（周洛，男，52岁，藏族，2003年从清水河镇尕青村搬来）

六 搬迁后："只要经常给就有好处"

移民所认为搬迁的好处主要有四个方面：一是交通便利，二是孩子上学方便，三是打工方便，四是国家政策补助多。其中，大多数移民都认为补助多是搬迁最大的好处，而如果没有这些补助的话，搬迁后的生活并不比牧区好。

只要经常给（补助）有好处，像这样不给就死了。（仁青昂布，男，63岁，藏族，2003年从清水河镇中卡村搬来）

活干得不重，尕娃们方便。（才江，男，41岁，藏族，从清水河镇扎哈村搬来）

搬迁后交通方便。（娘德，男，55岁，藏族，从清水河镇扎哈村搬来）

搬迁后反正闲着，好着。（蔡文久美，男，40岁，藏族，2003年从清水河镇红旗村搬来）

应该是这儿好，牧区不太记得，不知道好不好。（帮嘎，女，19岁，藏族，6岁的时候从清水河镇普桑村搬来）

这里好，在牧区的话小孩长大也上不了学，还要赶牛放羊，这里可以上学，懂点知识。（帮嘎的姐姐，女，22岁，藏族，9岁的时候从清水河镇普桑村搬来）

对我来说，搬迁特别好，国家政策好，没有国家的政策，我们早就饿死了，也不会做任何生意，非常感谢国家的帮助。（松加，男，65岁，藏族，2003年从清水河镇尕青村搬来）

好着，打工去也方便，我个人腰折掉了，（生活所需）全部乡政府给我着（腰好的话，身体健康的同时享受着国家的补助，日子会更好），再没什么办法（果措，男，汉族，57岁，本来是汉族，改名换姓，身份证上现在为藏族，2003年从清水河镇扎麻村搬来）

小孩上学特别容易，方便，有两个小孩。（周扎，男，44岁，藏族，2003年从清水河镇扎麻村搬来）

在牧区里待着，这里搬来这里好着，国家的政策好。（加通，男，50岁，藏族，2003年从清水河镇扎麻村搬来）

公家给的很多，每年都看病，亲戚朋友也给我钱看病。（阿侧，男，62岁，藏族，2003年从清水河镇扎哈村搬来）

公家这些给着，有好处，靠着这些。（洛日，男，60岁，藏族，2003年从清水河镇红旗村搬来）

有点好处，所以搬下来了，留籍户和移民户给的不一样。（尕桑，男，46岁，藏族，2005年从清水河镇普桑村搬来）

搬来好处多，烤火费，小孩又不住，低保原来有，今年（2016年）开始没了。（白加，男，53岁，藏族，2003年从清水河镇扎麻村搬来）

此外，从草场和牲畜的状况也可以侧面体察牧民搬迁后的生活景况。移民认为自己的草山由国家统一收了，或者是禁牧了。至于牛羊，有些牧民的牛羊在雪灾时已经死亡，有些牧民将牛羊卖了，还有一些人则将牛羊交给亲戚打理。当地牧民普遍喜欢养牛，很少有牧民养羊，原因是羊不好养，养得太少的话不好管理。白加觉得"羊看得（放牧）麻烦得很，怕狼呢，狼多"。而周洛认为"这个地方羊养不开，养了羊都死了，可能是草滩的问题"。

有草山，一个家族的，有多少不知道，搬迁时牛羊都没了，搬来大概10年了。（巴真，女，38岁，藏族，从清水河镇扎哈村搬来）

我们有两个人的草山，十六七头牛，死的死，剩了三四个，放在亲戚家。（才江，男，41岁，藏族，2003年从清水河镇扎哈村搬来）

以前放二三十头牛，没羊，全部卖了，卖了两三千元，当时分

的时候羊也少，慢慢就没了，草地是集体的，统一收了。（娘德，男，55岁，藏族，2003年从清水河镇扎哈村搬来）

牛羊都卖了，处理了。（曲军，娘德的亲戚，男，65岁，藏族，2003年从清水河镇扎哈村搬来）

有四个人的草山，自从搬迁后就不让放牧了，以前有五六十头牛，一百多只羊，两匹马，两三只狗，牛羊现在一个都没了，吃的吃了，卖的卖了，（另外）一些托给别人看管，都死了，一个不剩。（蔡文久美，男，40岁，藏族，2003年从清水河镇红旗村搬来）

牛羊都没了，卖了。草山禁牧了，一直没用着，自2003年以来说是10年禁牧，但是现在还禁牧着，说过10年后可以回去，但是没用。（阿加日，男，51岁，藏族，2003年从清水河镇文措村搬来）

羊没有，有四五十头牛，死的死，卖的卖，现在一个都不剩了。（松加，男，65岁，藏族，2003年从清水河镇尕青村搬来）

牛羊（因）雪灾全都死了。（果措，男，汉族，57岁，本来是汉族，改名换姓，身份证上现在为藏族，2003年从清水河镇扎麻村搬来）

有40多头牛，现在没了，（因）雪灾死了，大概是1998年，那时除了放牧什么都没干，雪灾牛死后，到曲麻莱县打工（藏语音"优宝"）。（周扎，男，44岁，藏族，2003年从清水河镇扎麻村搬来）

公家收上去了，搬到这里草山自己不能用了，不能往外卖，是为了保护草山，十几年以后就把草山还给我们，住10年左右再回去。牛羊2006年（因）雪灾死了。（阿侧，男，62岁，藏族，2003年从清水河镇扎哈村搬来）

家里以前有两个人的草场，二三十头牛，本来就没羊。搬来这里，牛，有的亲戚朋友放（牧）着，有的宰了，亲戚朋友放（牧）着，不用给钱。酥油、曲拉，亲戚会给一点，生下小牛是属于人家的，他们看着，人家放（牧）着，（牛）不能死，死了亲戚朋友要赔。草场公家收走了。（仁青，男，41岁，藏族，2003年从清水河镇扎哈村搬来）

搬下来的时候把牛卖了。（洛日，男，60岁，藏族，2003年从

清水河镇红旗村搬来）

牧区草场有3个人的，我、老婆、大儿子的，分草场是90（1990）年、91（1991）年左右。搬来后草场就那样放着，草场，（我们）没权利（国家收回了，自己没权利管）。有四五十头牛，羊不好养，羊多一点好养，十几个不好养，牛羊一点一点卖了。（尕桑，男，46岁，藏族，2005年从清水河镇普桑村搬来）

有5个人的草场，家里6口人，4个孩子。大点的3个孩子，在牧区都出嫁了，小的孩子在上学。孩子们用的是婆家的草场，自己的（草场）公家收了。（仁青昂布，男，63岁，藏族，2003年从清水河镇中卡村搬来）

搬下来的时候牛羊给汉族人卖了，一头牛2000（元），草山国家收走了，放的地方没有。马现在有呢，亲戚放着。（江翁，男，49岁，藏族，2003年从清水河镇尕青村搬来）

牛羊有些卖了，有些给亲戚朋友了，现在没有了。有5个人的草场，50多个（头）牛，（养羊）麻烦得很，怕狼呢，狼多。（白加，男，53岁，藏族，2003年从清水河镇扎麻村搬来）

以前有四五十头牛，（因）雪灾死了。（央央，女，60岁，藏族，2003年从清水河镇扎麻村搬来）

从牧区刚来时牛羊卖了，草滩少，牛羊死得多，卖得少，雪灾大，以前牧区40个（头）牛，这个地方羊养不开，养的羊都死了，可能是草滩的问题。牛卖了10个（头），那时价格低，最好的（1头）400—500块（元）。（周洛，男，52岁，藏族，2003年从清水河镇尕青村搬来）

第二章

移民政策的了解

一 移民工程认知:"就是全部搬下来"

清水河镇大部分移民对三江源生态移民工程都了解一点,虽然这种认知只停留在十分浅显和片面的程度,但是相比于很多地方移民对政策完全不了解,这已经好很多了。移民对三江源生态移民工程的认知可以概括为几点:保护草原,搬迁,房子和补贴,退牧还草,10年禁牧及卖牛羊、草地归国家管理。事实上,我们发现,将所有移民对这一工程的认知整合到一起,我们基本上总结出了这一工程的主要内容。

> 知道三江源生态移民工程,为了保护草地,所以搬过来了,国家说是把草地放着、空着,让我们搬过来给补贴。(曲军,娘德的亲戚,男,65岁,藏族,2003年从清水河镇扎哈村搬来)
> 知道的,乡政府通知的,搬下来补助每年有的,保护草原。(阿侧,男,62岁,藏族,2003年从清水河镇扎哈村搬来)
> 不知道三江源生态移民工程。(洛日,男,60岁,藏族,2003年从清水河镇红旗村搬来)
> 三江源生态移民,主要指的是退牧还草,乡政府宣传的。(尕桑,男,46岁,藏族,2005年从清水河镇普桑村搬来)
> 生态移民,知道,就是全部搬下来了。(仁青昂布,男,63岁,藏族,2003年从清水河镇中卡村搬来)
> 生态移民工程,不知道,搬来时政府说房子给的有,钱给的有,愿意搬就搬,搬来的都是条件差一点的。(江翁,男,49岁,藏族,

2003 年从清水河镇尕青村搬来)

（知道三江源生态移民工程吗?）牛羊卖了，公家给的多。知道，草山 10 年不能用，保护着，10 年以后想怎么用（就）怎么用，移民证背后的优惠藏文条款看过。房子有、补助有、年龄大的有、小的也有。(白加，男，53 岁，藏族，2003 年从清水河镇扎麻村搬来)

二 移民补助政策："国家养着的人"

移民对于国家的补助政策没有准确和系统的认知，他们所了解的补助政策往往只是通过政府发到他们手里的资金而了解的，因此到底从何时开始补助，补助的标准是什么，补助的年限有多长，等等，这一切他们只是根据自己这十年的经验而获知的。从移民提供的信息来看，从 2003 年他们搬来开始，每家可以享受每年 6000 元的生活补贴，这一生活补贴大约补到 2012 年，然后生活补贴停止发放而改为草山补助，草山补助根据每户家庭成员所拥有的草山面积而金额不等，草山补助一直补到 2020 年。此外还有燃料费，大约从 2011 年开始发放，每年数额不等，平均每年 2000 元左右。草山补助和燃料费都是由政府直接打到移民的银行卡里，草山补助每年七八月发放，打到一张农行卡里，而燃料补助每年年底发放，打到一张信用联社的卡里。此外，从移民提供的《生态移民证》里，我们能看到一些相关的优惠政策。

对搬迁补偿政策不知道，搬来大概 10 年了。(巴真，女，38 岁，藏族，从清水河镇扎哈村搬来)

不了解，当时啥都不知道，要是搬下来国家啥都提供，可以说是国家养着，所以搬下来了。每户生活补贴 6000 元，补了四五年，现在已停发了。燃料每年补 2000 元，现在还补着，生态补偿每人每年补 3000 元，现在还补着，到 2020 年。(娘德，男，55 岁，藏族，2003 年从清水河镇扎哈村搬来)

对政府的搬迁补偿政策不了解。(蔡文久美，男，40 岁，藏族，2003 年从清水河镇红旗村搬来)

草山生态补偿每年 1200 元，现在还在补，还可连续补 5 年，到

2020年。移民搬迁补到现在，燃料费每年每户有2800元，姐姐有一个儿子1岁半，因为去年（2015年）入了户口，今年（2016年）才可以享受补助每年5600元。（帮嘎，女，19岁，藏族，6岁的时候从清水河镇普桑村搬来）

刚开始住着，第一次住房子感觉特别好，在牧区时一直住帐篷，搬来后开始说每户给6000元，结果两年没给生活补助，第一年只给了1500元，说是给10年，只给了8年，有时给1000元，有时给4000元不等。扣掉的钱说当时建房子不够，就用了，那时给现金，每年11—12月发。（阿加日，男，51岁，藏族，2003年从清水河镇文措村搬来）

草山费一年一万七（千元），夫妇二人、儿子，还有小丫头，4个人的，6个人在吃，包括2个小孩（孙子、孙女）。这一年一万七（千元），本来是5个人的（夫妇、儿子、2个女儿）草山费，搬下来后，大女儿的分给她自己了（现在还在补）。烤火费每年2000元，现在还在补。每年每户生活费补助6000元，说是发10年，但只发了8年，后来生活费不发了，改发草山费，还发5年，到2020年，16岁以下每人每年发4600元，到现在还有，发了5年左右。（果措，男，57岁，本来是汉族，身份证上现在为藏族，2003年从清水河镇扎麻村搬来）

补助每年给着6000块钱，搬到这里开始给的，吃的、穿的、买东西的钱。买煤的钱有，每年2000（元），去年（2015年）3000（元），可能是11年（2011年）的时候开始给的，乡政府拿到这里，这几年6000块钱没有，3年了没有，以前都是年底给。（阿侧，男，62岁，藏族，2003年从清水河镇扎哈村搬来）

生活补助6000（元），现在没了，给了9年，买牛粪的钱也给，刚开始给了1000（元），第二年2000（元），第三年3000（元），去年（2015年）3000（元）。草山补助，搬迁户每人每年3000（元），给了5年了，没搬迁的每人每年1500（元）。2010年以前出生的有，2010年以后出生的没有。这个每年7月发，直接打到卡里——农行卡。那个6000块钱是现金，买牛粪的钱是用信用联社的卡（蛇年卡）。（仁青，男，41岁，藏族，2003年

从清水河镇扎哈村搬来）

搬的时候领导说让住10年，公家每年补助6000（元）。草山补助一个人4900（元），买牛粪每年2000（元），刚开始1000（元），第二年涨成了2000（元），第三年3000（元），（发）3000（元）已经六七年了。（洛日，男，60岁，藏族，2003年从清水河镇红旗村搬来）

草山补助每个人3600（元），我们家5个人，2011年开始的，之前给了5年，今年（2016年）还没给。烤火补助3000（元）。（尕桑，男，46岁，藏族，2005年从清水河镇普桑村搬来）

生活补助6000（元），低保2个人，每年4000（元），草山补助每人4000（元），3个人有，今年（2016年）什么都没给。草场收10年，牛羊没有，如果有牛羊，可以放牧。（仁青昂布，男，63岁，藏族，2003年从清水河镇中卡村搬来）

草山补助每年3400（元）。（江翁，男，49岁，藏族，2003年从清水河镇尕青村搬来）

买牛粪的钱3000（元），年底给，草山费3500（元），6个人的，最小的没有，实行的时候户口里没进去，5年了。（为什么不上户口？）出生证、准生证没有，不让进，医院里没去，家里生的，自己接生，户口里没进去的多得很，（我们给）乡政府提意见，统一进去了。（白加，男，53岁，藏族，2003年从清水河镇扎麻村搬来）

有低保，一年2000（元）左右，3000（元）的草山费，孩子们的草山费自己拿走了，她有烤火费，出嫁的孩子没有。以前6000（元），需要钱的时候给她们用。出嫁2个，都在这里；（4个女儿都有房子吗？）国家给了一个60平（方）米的房子，女儿的草山补助1700多（元），出嫁的女儿是一半草山费，两个女儿都有房子。（央央，女，60岁，藏族，2003年从清水河镇扎麻村搬来）

草山费有2个人的，去年（2015年）2个人9000多（元），死了的那个人就不给了。（周洛，男，52岁，藏族，2003年从清水河镇尕青村搬来）

三 获知政策渠道："村上开会"

移民获知搬迁政策的渠道是政府的宣传，由当地乡/镇政府通知或者村领导开会告知，开会内容则是愿意搬迁就搬迁，不愿意可以不搬，搬迁的人会有房子和补贴。

不太清楚，开过会，谁要是搬迁，国家给你们补贴，所以才搬下来了。（娘德，男，55岁，藏族，2003年从清水河镇扎哈村搬来）

村上也开会，我是第一个报名的，山里没牛，到囊谦（县）打工，一年挣了六万多（元），当建筑上的小工，家里没吃的，老婆问别人要着吃。（果措，男，57岁，本来是汉族，改名换姓，身份证上现在为藏族，2003年从清水河镇扎麻村搬来）

领导开会说愿意搬的可以搬，不愿意的不搬，在这里有补助。（仁青，男，41岁，藏族，从清水河镇扎哈村搬来）

上面领导这样那样说着，（怎么说？）你们想搬的搬下来，6000块生活补助有了。（洛日，男，60岁，藏族，2003年从清水河镇红旗村搬来）

政府宣传，搬的时候政府说，搬这里的话给的多，愿意搬的就搬，不愿意也可以不搬。（仁青昂布，男，63岁，藏族，2003年从清水河镇中卡村搬来）

搬的时候村里领导说房子给的有，每年生活费有，这样说，一般的草山（牛羊）不能吃，不能往外卖。（白加，男，53岁，藏族，2003年从清水河镇扎麻村搬来）

四 补助政策评价："上面给的多"

移民对于国家的补助政策比较满意，这种满意体现在移民认为国家层面的政策对他们来说已经足够用了，但是在政策落实过程中，真正到达他们手里的资金却很少。也就是说，调查所体现的是，移民对于国家层面的政策满意度要高于基层政策落实的程度。换句话说，移民认为自已享受补助政策存在的问题并不是国家政策制定的问题,而是在落实过程中因贪污、克扣等造成的。

> 补助还可以。(娘德,男,55岁,藏族,2003年从清水河镇扎哈村搬来)
>
> 国家补的可以,上面给的多,到手里就慢慢少了。做手术花了2万多(元),国家补了1万多(元),在县民政局和人事局,住院才有。(仁青昂布,男,63岁,藏族,2003年从清水河镇中卡村搬来)
>
> 对国家没什么说的,国家发补贴,国家的政策好着,(但)给的任何补贴,到我们手里就很少了,当时说办房产证,收了三四百(元),目前还没房产证。(阿加日,男,51岁,藏族,2003年从清水河镇文措村搬来)
>
> 国家给的补偿特别满意,但是社区领导对我们不是太好,钱不能按时发到手里。(松加,男,65岁,藏族,2003年从清水河镇尕青村搬来)
>
> 在牧区里待着,这里搬来这里好着,国家的政策好。(加通,男,50岁,藏族,2003年从清水河镇扎麻村搬来)
>
> 今年(2016年)什么都没给,原来给的可以。现在用牛粪,有时候亲戚朋友给,有时候买,去年(2015年)买了1000块钱的牛粪,再就是两口子捡,朋友的草地上捡,随便去(别的地方)不让捡。冬天煤和牛粪都烧。(仁青,男,41岁,藏族,2003年从清水河镇扎哈村搬来)

五 生态移民效益:"有些没得到保护"

移民认为草原生态环境的确在变差,这表现在黑土滩的增多和老鼠的肆虐。但是,并不是所有人都认为草原生态环境的破坏是牛羊太多造成的,一些人认为生态环境越加恶劣是气候冷、海拔高的缘故。同时,大部分人也承认,搬迁之后,一方面国家的补助对于移民有好处,另一方面对于牧区生态环境也有益处,这表现在迁出地的草长得更好。

生态环境保护得非常好，现在好着，吃的牛没有，去看（草山）时，在路边经过时看到了。（阿加日，男，51岁，藏族，2003年从清水河镇文措村搬来）

有些保护着，有些没得到保护，领导的安排没做到位，搬下来的时候，有些草山别人还用着，管理不到位，有些草山现在还禁牧。（加通，男，50岁，藏族，2003年从清水河镇扎麻村搬来）

黑土滩特别多，还有老鼠，本身地方有点是黑土滩，不是牛羊多造成的，气候冷，海拔高。（洛日，男，60岁，藏族，2003年从清水河镇红旗村搬来）

好处有是有，我们没牛羊，国家给补助。对生态环境有保护，主要是老鼠多的原因，国家以前给灭老鼠，恢复（得）好。牛羊再怎么多，黑土滩也弄不了。（丞桑，男，46岁，藏族，2005年从清水河镇普桑村搬来）

有老鼠吃草，草原上是黑的，没有老鼠的地方草好，现在草原一年比一年黑。搬出来好一点，吃草的牛没有，草原好呗。（才江，男，41岁，藏族，从清水河镇扎哈村搬来）

生态环境恢复得好着呢，搬过来后草山没有人用，草长得也特别好。（曲军，娘德的亲戚，男，65岁，藏族，2003年从清水河镇扎哈村搬来）

从笔者和受访人的对话中，也可以进一步体会生态移民工程对保护草原生态环境所取得的成效。

笔者：草场还让放牧吗？

才江：现在没有牛，不知道，没去过，禁牧了——10年。以后可以继续使用，现在啥也没给说。

笔者：三江源生态移民工程给藏族带来了什么？

曲军：从牧区搬来后，国家给的生态补助，55岁以上老人每人每年发4600元，16岁以下小孩每人每年发1600元，现在还发，这还一年一年涨着呢。这些对我们好，房子也给了。

笔者：给国家带来了什么？

曲军：保护环境，相信党和政府，国家让我们干吗就愿意干吗，抱着很好的心态。

第三章

移民的社会适应

一 气候:"高寒"与"缺氧"

牧区的气候与清水河镇的气候基本一样,至于气候,大部分牧民都能适应。据 GSDZ 书记说,牧区的平均海拔可能会比清水河镇略高一些。因此,搬迁后的气候对移民没有太大影响。但是,生活环境方面的差距就很大了。牧区宽广的草地,望不到尽头的绿色草原和蓝色天空,以及珍珠般镶嵌在草地上的牛羊,使得移民更怀念牧区的自然环境。相比之下,生态移民社区则只能用脏、乱、差来形容了。清水河镇的移民社区杂乱地分布在公路的两侧,并不像我们在其他地方的移民点上所见到的那样整齐有序。此外,移民的房子大多破旧不堪,墙垣坍塌,垃圾较多。更加难以忍受的是,厕所难觅,人们随意大小便,到处充斥着难闻的气味。移民点的生活环境与牧区的自然环境相比,差别很大。

对这里的环境比较习惯,搬迁前后环境一样好,搬来大概 10 年了。(巴真,女,38 岁,藏族,从清水河镇扎哈村搬来)

搬迁前后环境一样好,牧区(过)去的话老婆病着,奶挤不上,所以搬来了。(才江,男,41 岁,藏族,2003 年从清水河镇扎哈村搬来)

搬迁前后气候一样,牧区环境好,牛羊都有,一出来都是草地。(娘德,男,55 岁,藏族,2003 年从清水河镇扎哈村搬来)

牧区环境好,心理作用吧,草地那些都好。(蔡文久美,男,40 岁,藏族,2003 年从清水河镇红旗村搬来)

牧区空气好，（搬迁前后）气候一样寒冷，牧区空气清新，没什么污染。在这儿可以随地大小便，相对来说，牧区空气好一点，牧区水好，没污染。（牧区厕所？）专门大小便的地方有，（移民点）街上气味闻一下，就知道怎么污染的，牧区一个集中点两三户人家，最多三四户，特别分散，有些地方车也进不去，共用（qia niang）一个厕所（藏语音为 qia kong，汉语意为坑），男女都有。（阿加日，男，51岁，藏族，2003年从清水河镇文措村搬来）

气候那边好，有山有水有草。（松加，男，65岁，藏族，2003年从清水河镇尕青村搬来）

搬迁后这边好，这里比巴颜喀拉山稍微热些，牧区牛没有，这边坐着，这边好，这边坐习惯了。（果措，男，57岁，本来是汉族，改名换姓，身份证上现在为藏族，2003年从清水河镇扎麻村搬来）

搬迁前后水、空气、气候差不多，海拔一样高，搬迁前环境好一点，有山有水还有牛羊，那些看着心里比较舒服。（周扎，男，44岁，藏族，2003年从清水河镇扎麻村搬来）

那边好一点，有山有草，天天不用花钱，对钱没什么太大的担忧，这里花钱多一点。（加通，男，50岁，藏族，2003年从清水河镇扎麻村搬来）

适应呢，（气候）一样吧。这里牛羊没有，牧区好是好，没房子，冬天这边热一点。（阿侧，男，62岁，藏族，2003年从清水河镇扎哈村搬来）

适应，（气候）基本上一样。（仁青，男，41岁，藏族，2003年从清水河镇扎哈村搬来）

环境基本上一样，适应。气候都一样，这个地方天气冷，牧区也冷。（洛日，男，60岁，藏族，2003年从清水河镇红旗村搬来）

（这里自然环境）可以，这里（气候）可以。（环境）牧区好，牧区看牛羊好。国家给的多，这里也好，娃娃好上学，国家不给，啥也干不了。（仁青昂布，男，63岁，藏族，2003年从清水河镇中卡村搬来）

不适应的没有。（环境）牧区好，看牛羊，牛也（在）草山上走，环境好。（江翁，男，49岁，藏族，2003年从清水河镇尕青村

搬来）

很适应，现在这里好，现在牛羊没有，牧区去也白去，孩子们（在）这里上学方便。（白加，男，53岁，藏族，2003年从清水河镇扎麻村搬来）

差不多一样，牧区住着有关节炎。（央央，女，60岁，藏族，2003年从清水河镇扎麻村搬来）

很适应。牧区好，水滩到处都是，这里挖井，井水不如牧区的水，现在习惯了，12家2个井。刚来时没水，清水河挑水，搬过来1年不到就有水了；电也没有，1年多了才有电，没电，没太阳能，蜡烛（是）自己买的，牧区就是太阳能，400多块钱。（周洛，男，52岁，藏族，2003年从清水河镇尕青村搬来）

某种程度上来说，移民觉得牧区环境好，正如村民蔡文久美所说："是一种心理作用。"但是从客观环境来说，清水河镇移民点上只有几个简易的小厕所。因此，随地大小便的现象很普遍。加之村子里各种牲畜的粪便比较多，无怪乎村民会觉得搬迁后的空气不如牧区空气新鲜。此外，影响村民对两地气候环境适应性的另一个重要影响因素是距离。牧区离迁入地较远的移民，可能对气候环境的感受更加明显，而距离较近的村民则感受气候环境的差别很小。

二 穿衣："男人汉服"与"女人藏服"

移民中女性的穿衣习惯并没有因为搬迁而发生太大变化，她们依然在一定程度上保留着穿藏服的习惯。一方面，从小习惯穿藏服，使得她们不容易改变长久形成的穿衣习惯；另一方面，对于年长的传统女性，穿汉服的外部压力的自我认知，也使得她们羞于穿汉服。在这一点上，女性是保守的。但同时，我们也可以说，对于处在变迁中的藏族牧民来说，女性是文化的承载者，至少是服饰文化的承载者，这是相对移民中的藏族男性而言。较之女性，男性在穿衣习惯上则有更多的开放性，如果说女性的穿衣习惯更多地受到传统和他人看法的影响，那么男性的穿衣习惯则更多地出于环境和衣服本身实用性的考虑。还有一些藏族男性在牧区时已经开始习惯穿汉服,藏服只是在节日的时候才穿。从这一点来看,现代服饰早已经渗透牧区和藏族的传统生活,而传统节日对于一个民族文化的保留、恢复和再现也在这一点上得到体现。

(女主人上身穿汉服,下身穿藏服)牧区不这么穿,现在这么穿方便,在牧区穿藏袍——长袖。(巴真,女,38 岁,藏族,从清水河镇扎哈村搬来)

现在穿汉服,以前(在)家里干活也这么穿。(对这种衣服适应吗?)比较适应。(才江,男,41 岁,藏族,2003 年从清水河镇扎哈村搬来)

在牧区时,穿汉服和藏服一样多,在牧区时就穿汉服,庙会节日穿藏服,这里穿汉服多,方便,比较适应。(娘德,男,55 岁,藏族,2003 年从清水河镇扎哈村搬来)

搬来后开始穿汉服,干啥活都特别轻松,牧区穿藏服,对这里的穿衣习惯比较适应。(蔡文久美,男,40 岁,藏族,2003 年从清水河镇红旗村搬来)

现在穿汉服,穿过藏服,过年过节小时候都穿藏服。穿汉服比较方便,比较好看,不太喜欢穿藏服,不太方便。(帮嘎,女,19 岁,藏族,6 岁的时候从清水河镇普桑村搬来)

在牧区时穿藏服,到这里穿汉服,一直干活,非常方便,能习惯。(阿加日,男,51 岁,藏族,2003 年从清水河镇文措村搬来)

搬迁后穿汉服,这里冬天天气冷了偶尔穿藏服,天气好了穿汉服,比较方便,在牧区穿藏服,对这里的穿衣习惯比较适应。(松加,男,65 岁,藏族,2003 年从清水河镇尕青村搬来)

在牧区时穿藏服,冷。老婆穿藏服,不穿汉服,从来都没穿过,穿那个汉服有点害羞,我干重活穿汉服,容易、方便,藏服暖和。老婆对这里的穿衣习惯不太适应,我比较适应。(周扎,男,44 岁,藏族,2003 年从清水河镇扎麻村搬来)

现在穿汉服,牧区穿藏服,到这里 5 年过后才穿汉服的,大部分人都一样,过了四五年才穿汉服的,方便得很。(加通,男,50 岁,藏族,2003 年从清水河镇扎麻村搬来)

搬迁前穿藏袍、羊皮袄，现在穿汉服。（现在为什么穿汉服？）藏袍买不起。（藏服和汉服哪个穿着好？）藏袍穿着舒服，藏袍好，藏袍热一点。（哪个好看？）藏袍好看。（穿汉服习惯吗？）还行。（阿侧，男，62岁，藏族，2003年从清水河镇扎哈村搬来）

搬迁前穿藏袍。搬到这里以后开始穿汉服，汉服方便，藏服不方便，袖子那么长，干什么活都不方便，山上（牧区）穿藏服暖和。老婆穿藏服，已经习惯了。（仁青，男，41岁，藏族，2003年从清水河镇扎哈村搬来）

以前穿藏服，现在穿汉服，这里藏服不方便，系腰带，袖子也长，各种各样，最便宜的也得五六百（元）。汉服不舒服。老婆穿藏服，这是我们这里的风俗习惯。老婆穿汉服会（被人）笑话，本来是牧区上的，一直穿藏服，穿汉服就（有人）笑话。（洛日，男，60岁，藏族，2003年从清水河镇红旗村搬来）

搬迁前穿藏服，来这里穿汉服，汉服比较舒服、方便，藏服不方便，藏服冬天穿，藏服暖和。好看是藏服好看，价格藏袍高。（对现在的衣服）比较适应。妇女牧区穿藏服，下来不习惯，如果穿汉服，别人会笑话，自己也接受不了，年龄大了，穿汉服就（被人）笑话，上学的都穿汉服。（尕桑，男，46岁，藏族，2005年从清水河镇普桑村搬来）

什么都可以穿，现在穿藏服多，年轻的时候穿汉服，因为汉服方便，藏服袖子太长太大。女性经常穿藏服，习惯了。（对穿衣服）比较适应。（仁青昂布，男，63岁，藏族，2003年从清水河镇中卡村搬来）

现在穿汉服，从搬下来就穿，（为什么不穿藏服？）不方便，这里热一点。牧区住的话穿藏服好，这里住的话穿汉服好，在这里冬天也穿汉服，特别冷的话就穿藏服。（江翁，男，49岁，藏族，2003年从清水河镇尕青村搬来）

以前穿藏服，搬到这里以后穿汉服，不穿藏服，干活这个（汉服）方便，藏服太大太长，舒服还是汉服好，藏服是羊皮做的，冬天穿藏服。（白加，男，53岁，藏族，2003年从清水河镇扎麻村搬来）

藏服，从小穿藏服，现在已经老了，我们藏族年龄大了不穿（汉服）。(央央，女，60岁，藏族，2003年从清水河镇扎麻村搬来)

汉服、藏服，有啥穿啥，这里习惯了，汉服走路好走。老婆穿藏服，现在老了，不适应，(穿汉服)别人笑死了，不穿(汉服)。(周洛，男，52岁，藏族，2003年从清水河镇丞青村搬来)

下面是笔者和受访者的一些对话，可以听听当地人是怎么说的。

笔者：为什么不穿汉服？
仁青昂布的老婆：不喜欢穿，两个都穿的话买不起。
笔者：穿汉服别人会笑话吗？
仁青昂布的老婆：年龄大了穿的话就会笑话，年龄小的时候没穿过，大了穿就不行。
笔者：为什么穿着藏服？
江翁的老婆：小的时候就穿藏服，现在一直穿着。
笔者：为什么不穿汉服？
白加的老婆：太胖了能穿的没有（开玩笑），年龄太大，人家笑话，年龄小的时候不穿，年龄大了穿什么。
笔者：穿过藏服吗？
白加的小儿子：穿过，汉服穿着舒服，没在牧区生活过，现在（我）13岁，差不多刚生下就到这里了。

事实上，不只藏族移民的穿衣习惯会随着环境的变化而发生改变，我们自身的穿衣习惯也是经过了历史变迁的。虽然文中我们将现代服饰称为汉服，但这只是出于调查便利、翻译简单和跨文化理解的需要。而现代服饰，基本没有太多的汉族特色，它是文化多样性的体现，一定程度上，也受到西方文化的影响。移民中有一个不一样的例子，可以说明汉族人到了牧区也会改变原本的穿衣习惯而改穿藏服。果措，虽然名字是藏族名字，但是他原本是一个汉族人。现年57岁（2016年）的果措原本是青海乐都县人，等他长大以后，他的母亲去世了，而他的弟弟正在上高中，姐姐已经出嫁。为了让弟弟上学，他来到巴颜喀拉山北公路边上打工，每年寄钱回家。19岁来这里打工，4个月之后他就结婚了，娶了个藏族媳妇。于是他成了清水河镇扎麻村的人，并且把户口转了过去，分了草山。他的弟弟在考大学失败后，也娶了一个藏族媳妇，在清水河地区安家了。就这样，果措成了一个藏族牧民，学着放牛羊，穿藏服，住帐篷，身份证上改成了藏族，别人也都认为他是藏族人。因此，不仅藏族移民会随着环境而改变穿衣习惯，汉族如果生活在青藏高原牧区，也会发生改变。果措说："现在穿汉服，在牧区穿藏服，穿汉服冻呢，放牛去冻得受不了，（清水河）镇政府给过一件黑色的汉服。"

三 吃饭："糌粑""肉"与"面食""蔬菜"

饮食习惯的适应程度似乎与移民迁出地、迁入地的距离有较大联系。迁出地距清水河镇比较近的搬迁牧民，他们的饮食习惯搬迁前后基本一样，没太大差别，因为距离近的牧区，是可以吃到蔬菜和白面的，对于这些并不陌生。相比之下，迁出地距清水河镇超过30公里的地方，移民的饮食差别会大一些。因为这些偏远的牧区主要以牛羊肉和糌粑为主食，对于蔬菜和白面是十分陌生的。当然，对于所有移民来说，饮食习惯上的改变主要来自牛羊肉的减少，蔬菜和白面的增加。同时，移民认为牧区牛羊肉和奶子的味道更好，而且不用花钱。搬迁后，牛羊肉和奶子的价格都很贵，因此在饮食结构中所占比例降低（见表B3—1）。

表B3—1　　　　移民搬迁前村庄与清水河镇政府驻地距离

姓名	搬迁前村庄	牧区与清水河镇的距离
巴真	扎哈村	2—3公里
娘德	扎哈村	2公里
周洛	尕青村	10公里
松加	尕青村	19公里
周扎	扎麻村	25公里
白加	扎麻村	25公里
阿侧	扎哈村	27公里
加通	扎麻村	30公里

续表

姓名	搬迁前村庄	牧区与清水河镇的距离
仁青	扎哈村	30 公里
才江	扎哈村	40 公里
央央	扎麻村	40 公里
阿加日	文措村	60 公里
洛日	红旗村	70 公里
尕桑	普桑村	70 公里
仁青昂布	中卡村	90 公里
蔡文久美	红旗村	100 公里

对于搬迁前后的饮食，受访者大都这样叙说。

搬迁前后饮食一样，和牧区吃的一样，早上糌粑，中午米饭、炒菜，晚上面片，在牧区时就会炒菜。（对现在的饮食适应吗？）比较适应。（巴真，女，38 岁，藏族，从清水河镇扎哈村搬来，距镇政府驻地2—3 公里）

搬迁前后饮食一样。（娘德，男，55 岁，藏族，2003 年从清水河镇扎哈村搬来，距镇政府驻地2 公里）

牧区吃酸奶、酥油、曲拉。现在肉吃得少，酥油少，现在贵，肉最好的 30 块钱 1 斤，酥油 40 块钱 1 斤，买也买不起。菜有洋芋，牧区吃过馍馍，菜也吃过，（但）没吃过那么多。（肉好吃还是菜好吃？）好是肉好，现在菜也可以。（周洛，男，52 岁，藏族，2003 年从清水河镇尕青村搬来，距镇政府驻地10 公里）

牛羊有的话牧区好，在这里想买酥油、牛羊肉，非常贵，没有国家的补贴就买不到，搬迁后主食是糌粑、蔬菜。（松加，男，65 岁，藏族，2003 年从清水河镇尕青村搬来，距镇政府驻地19 公里）

搬迁前后饮食一样，但牧区（有）牛奶、酥油、炒面、肉，这些好。搬迁后主要饮食是肉、蔬菜、酥油、炒面。（周扎，男，44 岁，藏族，2003 年从清水河镇扎麻村搬来，距镇政府驻地25 公里）

牧区吃糌粑、肉、酸奶、曲拉，菜卖的没有，面吃呢，啥都吃。

现在早上糌粑，中午有时吃菜有时吃肉，晚上面片，牛没有，不吃酸奶、曲拉，价格太高，钱没有。（白加，男，53岁，藏族，2003年从清水河镇扎麻村搬来，距镇政府驻地25公里）

牧区吃糌粑、酥油、酸奶、肉。现在吃大米、菜、酥油，买肉，钱没有，没办法。现在一般是早上吃糌粑，中午吃菜，菜"阿拉巴拉"（一点点）炒着，晚上有时面片有时稀饭，菜好好（十分）不会炒，菜有橄榄菜，好的买不上。现在一直病着，不能走，酸奶、酥油想吃，吃不起。（菜好吃还是肉好吃？）菜好是好，肉是买不起，还是喜欢吃肉。（阿侧，男，62岁，藏族，2003年从清水河镇扎哈村搬来，距镇政府驻地27公里）

搬迁前后饮食一样，牧区主要吃酸奶、糌粑、奶子、牛肉，搬迁后主要吃大米，肉一点点买上，就这么吃着（用汉语说的）。刚来不习惯，饿得很，酸奶想喝，奶子想吃，喝不上，吃不上，三四年就好了，习惯了。（加通，男，50岁，藏族，2003年从清水河镇扎麻村搬来，距镇政府驻地30公里）

搬迁前吃肉和炒面。现在就那么着呗，早上炒面，中午炒面，晚上面片，有时候吃蔬菜，最喜欢吃肉。（对现在的饮食适应吗？）比较适应。（仁青，男，41岁，藏族，从清水河镇扎哈村搬来，距镇政府驻地30公里）

搬迁前曲拉、酸奶、糌粑，再有钱的话买个肉，牧区吃得好一些，活也重一点。搬迁后这里吃得差一点，活轻一点，尕娃上学，再到牧区就坐（待）不住，这里主要吃面食、蔬菜、米饭，镇上买肉，刚来时不习惯，一年后饮食就习惯了。（才江，男，41岁，藏族，从清水河镇扎哈村搬来，距镇政府驻地40公里）

牧区吃肉、酥油、酸奶。现在吃面、大米，能吃上肉，买酥油的钱不够。（央央，女，60岁，藏族，2003年从清水河镇扎麻村搬来，距镇政府驻地40公里）

在牧区吃的多半是肉和酸奶、糌粑，牧区好一点，到这里吃蔬菜，有时没钱也吃不上，想吃肉也买不上，酥油那些价格高。刚开始吃菜，搬过来时，牛羊都卖了，家里有些积蓄，有房子住，学着别人做饭，吃菜感觉非常好，过了几年之后，手里没钱，把所有的积蓄都用完了，再没钱买菜了。搬迁后早上吃糌粑，中午馍馍那些，吃菜没钱，晚上面片。（阿加日，男，51岁，藏族，2003年从清水河镇文措村搬来，距镇政府驻地60公里）

牧区吃肉、糌粑，早上炒面，中午酸奶，晚上面片。现在吃菜，自己牛没有，牧区不吃菜，卖的没有。我会炒洋芋、白菜。（菜好吃还是肉好吃？）肉好吃，不想吃蔬菜，也没办法。对现在的饮食比较适应。（洛日，男，60岁，藏族，2003年从清水河镇红旗村搬来，距镇政府驻地70公里）

搬迁前上午炒面，中午酸奶和肉，晚上面片。现在菜吃得多。（菜好吃还是肉好吃？）肉好吃，因为从小吃肉，跟肉一起长大。（对现在的饮食）比较适应。（尕桑，男，46岁，藏族，2005年从清水河镇普桑村搬来，距镇政府驻地70公里）

搬迁前后吃的不一样，牧区主要吃糌粑、肉、酸奶，这边搬下来吃菜，不太习惯，菜越吃越不好，因为以前吃酸奶习惯了。刚搬来后，刚吃菜的话特别好吃，然后吃着吃着就没什么味道了。平时吃的菜有，多半吃的是洋芋、粉条、油白菜（现在菜好吃还是肉好吃？）肉好吃。（蔡文久美，男，40岁，藏族，2003年从清水河镇红旗村搬来，距镇政府驻地100多公里）

搬迁前主要吃酸奶、糌粑、面饭、肉，在这里主要吃炒菜，菜有土豆、青椒和红椒、菜瓜，主要从街上买。这儿吃得好，比较喜欢吃蔬菜，对现在的饮食比较适应。（帮嘎，女，19岁，藏族，6岁的时候从清水河镇普桑村搬来，距镇政府驻地70公里）

搬迁前牛没有，主要吃奶子、糌粑，吃饭不固定，愿意啥时候吃（就）啥时候吃。搬迁后吃菜，老公教的，啊，腌酸菜，买上两个橄榄——泡菜，早上吃糌粑、馒头，中午和早上差不多，晚上下面片，晚上有时面片有时吃米饭。我和老婆两人都做，老婆在牧区时就吃一些菜，对现在的饮食非常适应。（果措，男，57岁，本来是汉族，改名换姓，身份证上现在为藏族，2003年从清水河镇扎麻村搬来，距镇政府驻地40公里）

酥油和肉，牧区有时候吃馍馍，没菜。现在吃馍馍、肉，酥油吃不上，买不起，现在吃菜。（肉好吃还是菜好吃？）肉好吃，吃肉

身体好，菜不好吃，不好炒。（江翁，男，49岁，藏族，2003年从清水河镇尕青村搬来，距镇政府驻地10公里）

我们还可以通过与受访者的对话，来进一步感受牧民搬迁前后饮食的变化及适应状况。

笔者：菜好吃还是肉好吃？

白加的小儿子：蔬菜好吃。

白加：啥都吃。

笔者：对现在的饮食适应吗？

白加：牧区现在吃得好，差不多一样。①

笔者：搬迁前后，你们吃的有什么不一样？

仁青昂布：搬迁前，早上糌粑，中午肉和酸奶，晚上肉汤。现在，早上糌粑，中午炒菜，老婆炒，洋芋、辣子、油白菜，今年（2016年）钱没给，菜也买不起。晚上肉，有时肉汤，肉没有的话，"阿拉巴拉"（一点点）炒些菜。

笔者：肉好吃还是菜好吃？

仁青昂布：肉好吃，医生说，肉吃多了容易得高血压，吃菜生病少。

笔者：对现在的饮食习惯吗？

仁青昂布：习惯，菜可以。

笔者：炒菜怎么学会的？

仁青昂布的老婆：亲戚朋友炒着（我就）看，在这里学会的，牧区上菜卖的没有，刚来时只会做肉汤、糌粑。②

饮食结构的不同，某种程度上体现的是生产方式的不同。就像村民

---

① 受访者：白加，男，53岁，藏族，2003年从清水河镇扎麻村搬来，距镇政府驻地25公里。

② 受访者：仁青昂布，男，63岁，藏族，2003年从清水河镇中卡村搬来，距镇政府驻地90公里。

才江所说,"牧区吃得好一些,活也重一些"。移民在牧区所从事的体力劳动要重于搬迁之后,加之牧区严苛的自然环境,只有高热量、高脂肪的牛羊肉才能满足生产生活和气候环境对身体的要求。而搬迁之后,脱离了原本的牧业劳动,饮食习惯也随之发生变化,因此,才会有移民觉得搬迁后一开始不适应,总是觉得吃不饱。这背后所隐含的正是不同的生产方式对人类饮食结构的塑造。

四 居住:"黑帐篷"与"平房""楼房"

住宿条件上的改变相对比较简单,而且容易适应,从之前的黑帐篷变成现在80平方米的平房,移民对于住平房还是很满意的,唯一比较担心的就是房子的质量问题。尤其是玉树地震之后,许多房子开裂,而且由于房子10年没有进行过维修,已经比较破败。尤其是路边移民点的楼房,已经是明显的危房,很多人家不敢在二楼住宿。从这一点来看,集中住宿增加了地震时伤亡人数的概率及危险程度。原因是,移民在牧区时分散居住,一定区域内人口很少,而且帐篷相比土石结构的房子更能降低地震风险。笔者叙写这些内容的时候,正逢2016年10月17日玉树州杂多县发生了6.3级的地震。由此可见当地地震频繁发生,难怪移民对于房子的质量十分担忧。

(以前住)黑帐篷。现在的住房,长期住的话不好,前后都裂开了,里面还漏雨,房子后面(路上)车走的话从(屋里的)墙缝里能看见。(巴真,女,38岁,藏族,从清水河镇扎哈村搬来)

搬迁以前夏天白帐篷,冬天破房子,对目前的房子感觉还可以。(才江,男,41岁,藏族,从清水河镇扎哈村搬来)

以前住黑帐篷,现在是平房,好的房子有的话肯定房子好,这个房子有些不安全,夏天下雨多,漏水,前后墙都已裂开了,上面是预制板,(玉树)地震后就害怕了,不敢住。(娘德,男,55岁,藏族,2003年从清水河镇扎哈村搬来)

以前住黑帐篷,现在住平房80平方米,对现在的住房满意是满意,(但)时间长了房子裂缝多。长久住的话房子好,因为热。(蔡

文久美，男，40岁，藏族，2003年从清水河镇红旗村搬来）

以前住黑帐篷，后来自家盖的土房子，现在住的是平房，80平（方）米，目前的住房还可以，就是有点小。（帮嘎，女，19岁，藏族，6岁的时候从清水河镇普桑村搬来）

以前夏天住黑帐篷，冬天住自己盖的土木房子，这里住平房（藏语发音kong ba），80平（方）米，这里稍微好一点，比较大，看上去这里好看一点，温度的话，牧区的暖和一点。（阿加日，男，51岁，藏族，2003年从清水河镇文措村搬来）

在牧区住黑帐篷，害怕风刮掉，这里房子好，不用担忧，比较暖和。没人修，满意是满意，但是下雨时漏水得发麻（很厉害），房子后面，冬天墙面直接结冰。（松加，男，65岁，藏族，2003年从清水河镇氽青村搬来）

以前住牛毛黑帐篷，有一个帐篷，一间房子大，做饭睡觉都在里面，习惯不习惯的就忍呗，老婆在哪里就哪里生活。（果措，男，57岁，本来是汉族，改名换姓，身份证上现在为藏族，2003年从清水河镇扎麻村搬来）

在牧区时住黑帐篷，移民点平房最好，房间多，有院子，搬迁后（我家）住的是二层楼房，80平方米，4间房子的面积。楼房的好处是夏天住，比较高一点，凉快一点，舒服一点。楼房不好的是，以后老了上下不方便，地震时，裂开厉害、严重，今年（2016年）下雨时还漏雨。现在的住房是国家给的，还算满意。（周扎，男，44岁，藏族，2003年从清水河镇扎麻村搬来）

以前住黑帐篷，现在是平房，80平（方）米，房子好是好，舒服是黑帐篷舒服，随时可以搬家，根据草地好坏，随时可以搬。房子比较暖和，又不漏雨。（加通，男，50岁，藏族，2003年从清水河镇扎麻村搬来）

搬迁前搭帐篷，搬迁后住的是平房，房子可能有80平（方）米。房子好，房子热一点。（阿侧，男，62岁，藏族，2003年从清水河镇扎哈村搬来）

搬迁前住的是黑帐篷，搬迁后住的是平房。天气冷的时候房子好，天气热的时候帐篷好。天气冷，房子热。（仁青，男，41岁，藏

族，从清水河镇扎哈村搬来）

搬迁前住黑帐篷，现在住平房。房子好，搬家的不要，可以一直住，牧区冬天搬、夏天搬，时间长了漏水，裂开了，质量是这个（小手指）。地震时房子裂开了。（洛日，男，60岁，藏族，2003年从清水河镇红旗村搬来）

以前黑帐篷，现在平房，八九十平（方）米，对家里的住房条件还算满意，觉得现在好，房子暖和，不漏水。（尕桑，男，46岁，藏族，2005年从清水河镇普桑村搬来）

搬迁前住黑帐篷，搬迁后住平房。房子里好，漏的没有，风吹的没有。（房子质量怎么样？）现在不行，国家给的投资大，地震时裂开了。刚开始是预制板，地震之后是橡胶房。现在也漏水，镇政府准备拆了重新盖，今年（2016年）说是说了，什么时候盖不知道。（仁青昂布，男，63岁，藏族，2003年从清水河镇中卡村搬来）

搬迁前住的是黑帐篷，那时候房子不会盖，现在住平房。在牧区都是黑帐篷，这里都是平房，房子热一点，夏天帐篷凉快。（江翁，男，49岁，藏族，2003年从清水河镇尕青村搬来）

搬迁前住黑帐篷，搬迁后住平房，住房面积80平方米，旁边不是我们的，是亲戚的。现在住得好，现在房子里暖和。以前在牧区，下雨、下雪能流进来。房子，下雨、下雪不漏。（白加，男，53岁，藏族，2003年从清水河镇扎麻村搬来）

活也干不上，这里住着不行。以前住的是黑帐篷，现在住的是楼房，房子好住，房子里暖和。（央央，女，60岁，藏族，2003年从扎麻村搬来）

搬迁前住的是黑帐篷，牛毛帐房，现在住的是楼房。对现在的住房条件不满意，冬天热，帐房里面风吹，冬天楼房好，不漏。（周洛，男，52岁，藏族，2003年从清水河镇尕青村搬来）

传统上牧民以黑帐篷为居所，冬天也有居住"土房子"的习惯。《玉树调查记》中记载了农区的藏式木楼和牧区的帐篷两种居住方式。

西番有庐居者，有插帐者。室庐多居山麓。番地林少木艰，以牛自他处运木至者，皆短小，故规模狭隘，结构粗恶①。多楼居，有四层者。墙壁皆用天然石板甃砌，凿壁以受天阳。屋宇皆平，无瓦，有漏以出烟，屋顶四周皆有短垣，若垛墙然，盖西番无城郭堡塞，有事则据屋而守，颇不易攻。

屋上以木为井干，悬五色绢，印番文，名"摩尼达雀"。屋内无床，席地而卧，以木为栏，有茵无被，寝则解带拥抱而卧。富者多铺藏织绒毯，或以氍毹裹麝毛为垫；贫者但用羊毛毡而已。灶突，多在卧室中。

插帐多就地势避风、水草丰美处。帐用牛毛所织毯为之，撑以木格，维以皮绳，方形，若覆斗然，大者宽广至三丈。帐外四周堆牛粪，或石为短垣，以闲牛、羊、马匹。中帐为灶，出灰处为主人卧所，添薪处为厮养卧所，帐脚排列牛羊，浑脱中储食物。门右堆粪为小圈，以藏牛犊、羊羔。帐外有犬三四，以警不虞。西番生活程度最低，而帐居较庐居尤苦，恶食恶衣，与牛羊同寝处，鹄面鸠形，无生人趣。每当阴风怒号，则帐房摆簸欲拔，粪土飞扬，眯目秽口。此内地人所不能一日居者，然番族则习而安之，不知为苦云。②

五　出行："马""牦牛"与"摩托车"

移民搬迁后交通状况更加便利，摩托车取代马和牦牛，成为最主要的交通工具。马曾经在游牧民族的历史和文化中占有很重要的地位。如果说，冷兵器时代的结束逐渐削弱了马作为战争工具的作用，那么现代交通工具的快速发展则侵占和替代了马在游牧民族社会中的交通运输功能。在甘肃玛曲县调查的时候，我们认为生态移民是人的社会化，与此相伴的是狗的社会化。马和狗一样曾经是牧民的忠实伙伴，如果说狗代表一种忠诚精神，那么马则是牧民尚武精神的体现。

---

① 粗恶，意即粗糙低劣。
② 周希武、田雯、张澍：《〈青海玉树调查记〉黔书〈续黔书〉》（合订本），中国台湾华文书局1968版，第159—161页。

然而，与生态移民相伴的是马也失去了它最后的领地。当然，也许东方不亮西方亮，一年一度的赛马会为牧民和马提供了展现的机会。它可以不再是发挥战争和交通运输功能的牲畜，而变成游牧文化的象征符号。

（牧区）步行，（现在）步行，不会骑摩托，这里的交通状况好，搬来大概10年了。（巴真，女，38岁，藏族，从清水河镇扎哈村搬来）

搬迁前开一个尕手扶（小拖拉机），现在开出租。（才江，男，41岁，藏族，从清水河镇扎哈村搬来）

搬迁前后都骑摩托车，交通这边好。（娘德，男，55岁，藏族，2003年从清水河镇扎哈村搬来）

搬迁前后出门主要步行，这里交通方便一点。（蔡文久美，男，40岁，藏族，2003年从清水河镇红旗村搬来）

以前出门骑马，现在出门骑摩托车。这边交通好，摩托车开上走得也快，骑马不会，骑的话会摔跤的，女的多半不会骑。（帮嘎，女，19岁，藏族，6岁的时候从清水河镇普桑村搬来）

在牧区出门骑摩托车，在这里出门开汽车，客货两用，经常拉货。这里交通好一点，这里干任何事都方便，只要自己有钱。（阿加日，男，51岁，藏族，2003年从清水河镇文措村搬来）

以前出门骑马，现在出门步行。这里交通好，比较方便，步行过去买啥东西也比较近，特别容易。（松加，男，65岁，藏族，2003年从清水河镇尕青村搬来）

以前出门步行，走呗，连个自行车也没有，公路边呢，能骑呗（自行车）。搬迁后步行，还有一辆摩托车，怕尕娃骑着把人碰了，又卖了。这边交通好，出去全部是街道，好呗。（果措，男，57岁，本来是汉族，改名换姓，身份证上现在为藏族，2003年从清水河镇扎麻村搬来）

搬迁前出门搭别人的车，现在出门骑摩托车，这里比较方便，亲戚都有，这里交通好一点。（周扎，男，44岁，藏族，2003年从清水河镇扎麻村搬来）

以前出门骑马、骑牦牛，现在出门骑摩托车，这里交通方便。（加通，男，50岁，藏族，2003年从清水河镇扎麻村搬来）

搬迁前骑马，现在骑摩托车，现在交通好。（仁青，男，41岁，藏族，从清水河镇扎哈村搬来）

牧区骑马，现在坐车，这里交通状况还可以。（洛日，男，60岁，藏族，2003年从清水河镇红旗村搬来）

牧区骑马和牛，现在骑摩托车，这里交通状况好着呢。（尕桑，男，46岁，藏族，2005年从清水河镇普桑村搬来）

搬迁前骑马、牛，十几岁开始骑马，这里骑摩托车。这里的交通状况好，比牧区好得多。（仁青昂布，男，63岁，藏族，2003年从清水河镇中卡村搬来）

牧区骑马，现在摩托车没有，人家的汽车上坐着，到县上30（公里），来回60（公里）。这里的交通状况好，坐车好，骑马的地方没有，开车比骑马好，开车随便坐着。（江翁，男，49岁，藏族，2003年从清水河镇尕青村搬来）

牧区骑马和牛，现在骑摩托车，三四年了。在这里养马，没有草吃。现在交通状况好，以前路都不通，（去）哪里的路都没有，这里去哪儿的路都有。（白加，男，53岁，藏族，2003年从清水河镇扎麻村搬来）

牧区骑马，现在啥都没有，步行。（这里交通状况）好。（央央，女，60岁，藏族，2003年从清水河镇扎麻村搬来）

牧区骑马、牦牛。现在走路，一个摩托没有。（周洛，男，52岁，藏族，2003年从清水河镇尕青村搬来）

在牧区，移民的出行方式主要是骑马，而搬迁之后交通方式变为步行、骑摩托车和开小汽车。看起来是搬迁导致交通方式的改变，事实上，具体来说则是由交通状况、出行距离、用途和家庭情况等多种因素共同决定的。而摩托车的价格相对便宜，速度快、易上手、占地少等优点是它被选择的原因。此外，马和摩托车在骑乘方式上的相似性也是人们选择它的一个重要原因。

六 生产："职业""收入"与"消费"

（一）职业多样

移民搬迁前的职业是在牧区放牧，搬迁后所从事的职业种类多样，有修摩托车、挖虫草、做生意、清洁工、跑车、开出租、打工等。移民所从事的职业都是一些收入较低、零散、不稳定的工作。移民在搬迁之后，当地政府提供过相关的技能培训。41岁的藏族男性仁青说："培训班来了，我没学，修摩托、做饭，去年（2015年）和前年（2014年）来过，有人去学。"但是他觉得自己年龄大了，学不会，所以没参加。有这样想法的不只他一个人，60岁的洛日也说："我那些都学不出来，年龄大了。"当然，也有村民利用培训掌握技能，53岁的白加就说："参加了裁缝培训，缝藏服，二十几户参加过，自学的，（到）县上来培训（参加培训）的藏族人多，三四年前，差不多一个月，缝藏袍可以呢，原来当裁缝挣过钱，现在眼睛不好。"阻碍移民外出找工作的还有文化水平、语言等各种原因，其中语言问题是最主要的原因。村民周洛就认为，"最年长的、最穷的，工作不好找。干活能干，不能干的没人要，老板不要，（劳力）条件好一点的要呢，条件差的不要"。当过扎哈村书记的曲军则认为，如过移民想要过上好生活的话，就需要"国家的帮助，各种培训，修理摩托，修理汽车，学习做饭，自己开饭馆，学会做生意，有些年轻人出去打工，出去当司机，再这样的话，未来的日子好一点"。

在牧区时，主要是挤牛奶，有草山，一个家族的，有多少不知道。搬迁时牛羊都没了，搬迁后老公主要修理摩托车，自己开的铺子，开了六七年了。修理车，在一个汉族那里干了两三年小工，是一个摩托车修理铺。老公修理摩托车一年下来反正吃穿那些都不愁，我吧，家里的活干着，小孩放学，那些管着。（有没有去挖虫草?）挖过，找虫草找不见。老公不去挖，要修理摩托，在扎哈地盘挖，小孩再找不见虫草，家里让他们读书，最多挖过4—5根，卖了25元左右。挖虫草季节放假一个月左右，5月20日到6月20日，一般情况下是5月15日开始挖，扎哈虫草不多。（巴真，女，38岁，藏族，

从清水河镇扎哈村搬来)

以前在牧区赶牛。搬迁后主要干裁缝和修房子,15岁时就学会裁缝了,裁缝一年收入不多。每年去挖虫草,有3个儿子、1个女儿,每年带两个孩子去挖虫草,一个多月,今年(2016年)挖了80多根,每根30元,我们这里虫草不多。(搬来的人做什么工作?)有的做买卖,有的打工,有活干的(人)不多,近三四年汉族(人)的手工厉害,藏族(人)不如汉族(人)。(才江,男,41岁,藏族,从清水河镇扎哈村搬来)

搬迁前主要放牧,以前放20—30头牛,没羊,(牛)全部卖了,卖了2000—3000元,当时分的时候羊也少,慢慢就没了,草地是集体的,统一收了。搬迁后主要做生意,夏天做酥油,往(玉树)州上卖,从牧区收购了再卖出去,冬天做牛羊肉生意,买进卖出,2015年开始做这个生意。去年(2015年)想起做这个生意,牛羊都没有,为了生活,没什么经济来源,就想着做点生意赚点钱。(娘德,男,55岁,藏族,2003年从清水河镇扎哈村搬来)

在牧区时我当过扎哈村的书记,(现在)闲着没事干就转转,把垃圾捡着烧了,干环保,一年有1200元的工资。(曲军,娘德的亲戚,男,65岁,藏族,2003年从清水河镇扎哈村搬来)

搬迁前主要放牧,有4个人的草山,从搬迁后就不让放牧了,以前有50—60头牛,100多只羊,2匹马,2—3条狗,牛羊现在一个都没了,吃的吃,卖的卖,一些托给别人看管,都死了,一个不剩。搬迁后买了一辆沙车,跑了1—2年,现在活干得也不多,没地方跑,搬来两三年后买的,在牧区时好好开不来,来这儿以后学的技术。(蔡文久美,男,40岁,藏族,2003年从清水河镇红旗村搬来)

以前在牧区时主要放牧,搬迁后爸爸做生意——卖牛皮子、酥油。姐姐挖过虫草,在距这里56公里的扎多(县)挖,扎多虫草多,交草山费,上学时挖虫草,一年交草山费800元,跟着亲戚去挖,最多的一次挖了20根,20—30元一根,普桑村没虫草,今年(2016年)没挖,要(照)看孩子,爸爸腿不好,走不了,所以爸爸没去挖。还有去扎哈村挖虫草的。(帮嘎,女,19岁,藏族,6岁

的时候从清水河镇普桑村搬来）

在牧区时放牛、放马，原来有107头牛，没羊，羊很难管，家里小孩没有放羊的，都去上学了，上了年纪的干不动，羊不好放，一般不养羊和马，（邻近的）四川人偷马，害怕。搬迁后开出租3年，当时开的时候也没执照，很难，拉人也很难，之后又买了个翻斗车，已破了。再后来，又买了这辆五菱客货两用车，从别人手里买的，还欠着钱，主要用来拉货赚钱，往扎多县等地方跑着。（挖虫草吗？）不挖，清水河镇7个村，只有扎哈村有虫草，文措村的人去扎哈村挖虫草交草山费1200元，虫草也不多，不长。（是不是海拔问题？）不是海拔高的原因，（是因为）想要去杂多县、曲麻莱县（那个地方虫草好）挖虫草，一个人交草山费5000—6000元，给不起。今年（2016年）青海整体虫草比较少，藏族有个说法"虫草一年不好，第三年就会好"，灵不灵也不知道。（阿加日，男，51岁，藏族，2003年从清水河镇文措村搬来）

在牧区，搬迁前和妻哥两家有30多头牛，放牛一起放，雪灾时死完了，每天回来时牛各回各家，拉着个绳子，牛闻气味，不是自家的就走了。搬迁后刚开始买了个手扶拖拉机，给人家拉东西，拉着卖牛粪，后来把拖拉机卖了，买了个三马子，拉沙子、修房子，三马子又卖了，开了个菜铺，一场车祸，我的腰折了，从西宁拉菜，菜铺刚开上时生意挺好，开了6个月，出了车祸，再就这么坐着，腰腿都不好，成残疾人了，吊着尿管，走路走不动，不能干了，外面欠60000多元。（挖虫草）没挖过，找不见，有一年去挖过，一个月挖了3根虫草回来了，卖了7—8元，在扎哈大队挖的，交草山费300多元，赔了，最后对方也没要钱。婚后，妻子没挖过。（果措，男，57岁，本来是汉族，改名换姓，身份证上现在为藏族，2003年从清水河镇扎麻村搬来）

以前是牧民，有40多头牛，现在没了，雪灾死了，大约是1998年，那时除了放牧什么都没干，雪灾牛死后，到曲麻莱县打工，帮别人家放牧打工，工资用牛羊给着，一年用钱算可能是5600元，给别人放牧，一年牛羊十几个，给活的，羊多一点，卖了，那时牛羊价不高，羊最多300（元）1只，牛最多1头2000元，再换吃的，有的宰了自己吃。搬迁后，没干啥，一直病着，以前打工，给别人当小工，1天挣110元左右，受伤了再没干什么。挖虫草期间，在杂多镇饭馆里打工，在汉族（人）饭馆打工，1个月1500多元，曾打工1个多月，今年（2016年）我们夫妇二人做点虫草买卖。搬来后，挖过虫草，每年去，今年（2016年）没去，草山费太贵，在扎哈村挖，1人交费1200元才能挖。以前我虫草挖得好，后来生病了，就再没挖过，去一次最好能挖30根，那时最好的1根10元，中间的5元，差一点的1—2元。在牧区时，在曲麻莱（县）给别人放牧时没时间去挖虫草，夏季牧区的人走几步就到挖虫草的山上了，虫草季节，牧区一家留够放牧的人，其他的人都挖虫草去了，放牧的人也是边放边挖，有时牛羊会把虫草踩坏或吃了，这种现象还挺多。（周扎，男，44岁，藏族，2003年从清水河镇扎麻村搬来）

以前有20—30头牛羊，搬迁后拉个沙子、当小工，1天30元，有时1天50元，现在1天100元左右，现在活干不上，家里有劳力的一个没有，眼睛开过两次刀，不太好，一个女儿智力有问题（加通，男，50岁，藏族，2003年从清水河镇扎麻村搬来）

搬迁前主要是看管牛，家里收入靠牛、酥油、奶子。现在啥干的都没有，脚不行，脚是关节炎，走不动6—7年了。（阿侧，男，62岁，藏族，2003年从清水河镇扎哈村搬来）

搬迁前主要是看管牛，收入靠酥油、肉等。搬迁后随便坐着，挖虫草，在扎哈村挖，有虫草，但不多，今年（2016年）好好没挖，卖了，大概5000—6000（元）。家里有两个孩子，最大的是女孩，9岁，二年级，在镇上的学校上学。（仁青，男，41岁，藏族，从清水河镇扎哈村搬来）

搬迁前啥都没干，（照）看牛，收入靠养牛，搬下来的时候把牛卖了。现在靠公家补助，也挖虫草，挖虫草的地方没有，去杂多镇挖，要交1200块钱，5月29日到7月，我和尕娃看房子，眼睛看不见，尕娃没挖过，上学去呗，今年（2016年）挖的虫草卖了5000—6000元钱。以前有3个人的草场，草场收上去了。（洛日，男，60岁，藏族，2003年从清水河镇红旗村搬来）

搬迁前主要放牛，家里收入靠牲畜，虫草挖的没有。搬迁后，

普桑村 70 多户，靠国家补助。（尕桑，男，46 岁，藏族，2005 年从清水河镇普桑村搬来）

搬迁前收入靠（照）看牛，有 100 头牛，羊没有，看羊的人没有。有 5 个人的草场，家里 6 口人，4 个孩子，大的 3 个孩子都出嫁了，小的孩子在上学。孩子们用的是婆家的草场，我自己的公家收了。现在随便坐着，年龄太大了。（仁青昂布，男，63 岁，藏族，2003 年从清水河镇中卡村搬来）

搬迁前主要是看管牛，收入靠牛、卖东西（酥油、曲拉）。在牧区的时候什么都不是，从 06 年（2006 年）开始管这两个村子，不稳定，一年大概 3000 多（元）。牧区有 2 个人的草场，有 40 头牛，2 匹马。（江翁，男，49 岁，藏族，2003 年从清水河镇尕青村搬来）

搬迁前主要是管牛，家里收入靠牛，其他啥都没有。现在年龄大了，轻松一点的活干着，挖虫草，修路当小工，1 天 140 元。今年（2016 年）没挖虫草，草皮费高得很，眼睛不行，挖虫草能挣 200（元）左右，去杂多镇挖。（白加，男，53 岁，藏族，2003 年从清水河镇扎麻村搬来）

牧区的时候挤奶子，老公放牛，搬下来丈夫去世了——病逝，肝炎，是地震之前去世的。现在年龄大了，病多，什么也干不了，靠公家的补助。草场 6 个人的，4 个娃娃，都是丫头，一个个都出嫁了，开小卖铺的就是我（其中一个）女儿，其他的家庭条件不好。以前有 40—50 头牛，因雪灾死了。（央央，女，60 岁，藏族，2003 年从清水河镇扎麻村搬来）

搬迁前主要靠放牧，3 个人的草场，还有 1 个丫头，去世了，如果在的话就 30 岁了，生病——肝包虫，西宁看过，作用不大。现在啥工作没有，老婆是清洁工，一个月 400 元，6 年了。清洁工是镇长照顾，我平时干活、盖房子，当小工。这些房子（移民点的房子）盖的时候我没打过工，那时在牧区。（周洛，男，52 岁，藏族，2003 年从清水河镇尕青村搬来）

搬迁之前，牛羊作为最主要的收入来源，为牧民提供生活所需的牛奶、酥油等日常食物。搬迁之后，依然有移民通过买卖这些物品而赚取收入。挖虫草也是重要的收入来源，但是并非所有移民都可以挖，而是要视原住地草山情形而定。有些草山并不生长虫草，牧民则只能去别人的草山挖虫草。这一收入也并不是稳定的，要根据虫草生长情况、市场价格、个人能力、草山费等多种因素而定。相比之下，打零工、当服务员、做小生意和开车送货算是移民社区收入较稳定的职业。同时，很明显可以看出，清水河移民点，由于搬迁时间较长，拥有职业的移民相对较多，职业的种类也更加多样化，只有极少数因为身体或年龄原因而空闲的移民。

（二）收入不一

移民对于搬迁后收入变化的认识大致有三类：第一类移民认为搬迁前后收入一样多，只是收入来源发生了改变；第二类移民则认为搬迁前的收入要比搬迁后多，因为牧区什么东西都不用花钱；第三类移民则认为搬迁后的收入要比牧区好，因为国家补助多。此外，大部分调查对象都认为一年的收入花在吃穿上面的最多。从这一点来看，移民的生活水平还维持在满足基本生存需要的层次上。

搬迁后收入主要靠修理摩托车，搬迁前收入主要靠牛羊、卖酥油和牛奶。搬迁前后收入差不多，一年花费20000—30000元，主要花在吃的方面，小孩上学都免费。（巴真，女，38岁，藏族，从清水河镇扎哈村搬来）

搬迁前后收入一样。一年花费多少没算过，吃一点花一点，都花在吃的、穿的和上学上面，一个在兰州当兵，18岁，两个尕娃在县上上初一，这边没初中，最多六年级，只有中心寄校（在清水河镇）一个学校。（才江，男，41岁，藏族，从清水河镇扎哈村搬来）

搬迁前收入主要靠牛羊，搬迁后收入靠政府补贴，还做点小买卖，和搬迁前的收入一样多。全家一年的支出大概是20000—30000（元），主要花在吃的方面。（娘德，男，55岁，藏族，2003年从清水河镇扎哈村搬来）

搬迁后收入主要靠政府补贴，国家给面、大米，这里收入多了。（曲军，娘德的亲戚，男，65岁，藏族，2003年从清水河镇扎哈村

搬来)

搬迁前家里的收入主要靠卖牛羊、牛奶、酸奶,镇上的人去牧区低价买了,高价拉(玉树)州上卖出去。搬迁后家里的收入主要靠政府补贴,刚建房子时,跑了四五年沙车,现在沙车已经卖了,卖了40000(元)。现在的收入好了,去年(2015年)全家总支出大概是50000—60000(元),以前卖了牛的钱存着。花费比较多的是食物啊、服装,还有小孩的教育费用。(蔡文久美,男,40岁,藏族,2003年从清水河镇红旗村搬来)

搬迁后收入主要靠政府补贴、做生意,爸爸收牛皮、酥油,再卖到扎多镇,那里有个老板,老板再卖到西宁。(帮嘎,女,19岁,藏族,6岁的时候从清水河镇普桑村搬来)

搬迁后收入主要靠政府补贴、打工,跑个车,两边没地方跑,因为认识的老板跑了,需要钱(所以)搬到这里,只能靠国家的补贴。现在收入没以前多,牧区相对好一点,在牧区时没钱的时候宰个牛,酥油都可以卖。家里的支出主要花在三个学生身上,两个高中,一个快要上大学了,给他们学费一年30000(元),包括生活费,而且这30000—40000(元)都是贷款,私人贷款,给20%—30%的利息。刚搬下来时有积蓄,2010年老婆去世了,2013年儿子去世了,藏族人死了要超度,给寺院放钱念经,一个人最少花30000元,从那儿开始就一直没钱了,身无分文,还欠着债。给老婆和儿子十几万(元)花掉了,现在有劳力的就是我一个人。(阿加日,男,51岁,藏族,2003年从清水河镇文措村搬来)

以前家里收入主要靠卖牲畜,还有畜产品,现在收入靠政府补贴,自己干不了活,子女也没有。(松加,男,65岁,藏族,2003年从清水河镇丞青村搬来)

搬迁前收入靠打工,搬迁后主要靠政府补贴、镇政府的帮助。和以前相比,腰没折时,这边收入多,腰折了就不行了。全家一年的支出为30000多元,主要用于医疗费用。(果措,男,57岁,本来是汉族,改名换姓,身份证上现在为藏族,2003年从清水河镇扎麻村搬来)

以前收入主要靠卖牲畜、畜产品、帮他人放牧,现在收入主要靠政府补贴、做点生意，老婆没打过工。去年（2015年）全家收入主要是政府补贴、打工、经商。和搬迁前相比，牧区收入好一点，牧区里没钱的时候，牛、曲拉、酥油可以卖掉。去年（2015年）家里总支出是四五万元，有两个孩子，交中专的学费，1人1年2000（元），除了水，其他东西都要买，吃，穿，燃料。（周扎，男，44岁，藏族，2003年从清水河镇扎麻村搬来）

搬迁前收入主要靠牛羊、酸奶、肉、曲拉，搬迁后收入主要靠政府补贴。去年（2015年）全家的收入来源主要是政府补贴，不算国家给的，没有任何收入，够用不够用就这么过生活，病了就不够。和以前相比，牧区收入没有，但是什么东西都不用去买。去年（2015年）全家支出多少说不上，要是生病或出什么事就花得多。（加通，男，50岁，藏族，2003年从清水河镇扎麻村搬来）

（收入）在这里好一点，看台球厅的时候，吃的穿的可以。刚开始花了十几万（元），（向）村上和亲戚都借过钱。收入主要花在吃穿上和看病上。家里的收入靠国家给的那些，就我们两个啥都干不动，老婆也经常病着。刚搬下来看着一个台球厅，得了病，什么收入都没有，那时1天能挣20—30元，干了7年。以前在牧区有8个人的草场，在30—40头牛，羊卖不下钱，没有羊。（阿侧，男，62岁，藏族，2003年从清水河镇扎哈村搬来）

搬迁前收入靠酥油、肉等，搬迁后随便坐着，挖虫草，在扎哈村挖，有虫草，但不多，今年（2016年）好好没挖，卖了，大概5000—6000（元）。家里没存款，花费主要用在吃穿上。（仁青，男，41岁，藏族，从清水河镇扎哈村搬来）

国家补助得多，这里好一点。去年（2015年）全家总支出20000—30000（元），吃的、穿的花得多一些。（洛日，男，60岁，藏族，2003年从清水河镇红旗村搬来）

国家补助一直保持的话这边好。去年（2015年）全家支出大概20000—30000（元），存的没有，有时候还得借钱，主要花在吃穿上。（尕桑，男，46岁，藏族，2005年从清水河镇普桑村搬来）

牧区收入好，那时候牛多，有些死了，有些宰了，有些亲戚朋友那儿放着，因雪灾死了。每年国家给的（补助），吃的、穿的都花

完了。（仁青昂布，男，63岁，藏族，2003年从清水河镇中卡村搬来）

（这里收入）少了一点，在牧区时牛多，酥油、曲拉卖出去，钱多。现在光靠国家补助，什么收入都没有。去年（2015年）全家总支出在2万（元）左右，存不上钱，公家给的有时候够，有时候不够。钱都花在吃的，穿的，娃娃上学上面了。（江翁，男，49岁，藏族，2003年从清水河镇尕青村搬来）

搬迁前后收入基本上一样。去年（2015年）家里总支出，公家给的"阿拉巴拉"（一点点）过去了，主要花在吃穿和看病上。（白加，男，53岁，藏族，2003年从清水河镇扎麻村搬来）

牧区靠牛羊，收入可以，这里靠国家，收入差不多。老公去世的时候看病念经跟人家借了四五万（元），竹节寺办的。（央央，女，60岁，藏族，2003年从清水河镇扎麻村搬来）

基本上一样，国家给的多，好一点，少的话不行。主要花在吃的，穿的，火上，牛粪1袋十几块，3000（元）1年不够，冬天加很多，牛粪1年200多袋，煤买30—40袋，1袋30—40元。（周洛，男，52岁，藏族，2003年从清水河镇尕青村搬来）

显然，国家补助在移民收入中占有很重要的部分，多数移民都把国家补助作为评判过去和未来生活的重要依据。简单来说，造成移民收入变化的原因就是牛羊的产出消失，生活的成本增加，新的收入来源无着。正如移民加通所说："和以前相比，牧区收入没有，但是什么东西都不用去买。"此外，还有一个重要的因素是牧民理财观念的缺乏。据当地干部反映，许多移民不懂得存款，今天刚发的补助，可能第二天就花完了。就像上述访谈中移民仁青所言，"家里没有存款"，他们的生活态度似乎就是"够不够用就这么过生活"。

（三）消费有别

问及"有钱花哪里比较好""家庭富有的标志"，他们的答复不尽相同，但从中可以直接或间接了解他们的消费观念。如果将移民的消费观念按层次由低到高来划分，最低层次者认为把钱花在吃穿及基本生活需求上，第二层次者认为花在做生意、学技术、买车方面，第三层次者认为把钱花在孩子上学方面。

（有钱花在）小孩身上（比较好），只要他们能学上东西，就愿意花在小孩身上。家庭富有的标志是家里有干部，他们可能懂点知识。（巴真，女，38岁，藏族，从清水河镇扎哈村搬来）

家庭富有的标志是吃得好，穿得好。（才江，男，41岁，藏族，从清水河镇扎哈村搬来）

做点生意，供小孩上大学，出来后工作。对我们来说，国家有资金上的扶持，做点大生意，那种家庭就是富裕的。（娘德，男，55岁，藏族，2003年从清水河镇扎哈村搬来）

家里有钱了做个生意，开个铺子，想开车的话年纪大了，也开不动，老了呗！再没什么其他想法。（曲军，娘德的亲戚，男，65岁，藏族，2003年从清水河镇扎哈村搬来）

家里面的钱花在买牲畜上比较好，想买牲畜，收入稳定一点。富裕的标志是当大老板，有很多的钱。（蔡文久美，男，40岁，藏族，2003年从清水河镇红旗村搬来）

如果家里有钱，先把家里收拾好，买家具、电器，做点生意，自己家开个铺子。钱多的人家就是富人家。（帮嘎，女，19岁，藏族，6岁的时候从清水河镇普桑村搬来）

要是自己有很多资金，想买个天龙（大车），24个轮子的——半挂货车，或者自己干个牧场，牛羊方面有特别多的经验，自己从牧区过来的，雇上几个人，干牧场。（阿加日，男，51岁，藏族，2003年从清水河镇文措村搬来）

有钱的话，想干个牧场也干不上，身体不好，想做生意也不会做，要是眼睛没瞎的话会裁缝，裁缝技术好，往那个方面发展。富裕的标志是有很多牛羊，会做各种生意，什么也不需要买的那种人。（松加，男，65岁，藏族，2003年从清水河镇尕青村搬来）

家里有钱花在医疗、买吃买穿、老婆身上比较好，老婆也是个病汉。富有的标志是家里有人，大家好好坐（待）着，没病就好着。（果措，男，57岁，本来是汉族，改名换姓，身份证上现在为藏族，

2003年从清水河镇扎麻村搬来）

　　如果家里有钱供小孩上大学比较好，现在要是有五六千元就做点小生意，从别的地方批发藏式帽子、藏袍，买过来，再卖出去，卖到果洛州上。要是有钱的话，自己开一间比较大的店，从玉树批发过来，往果洛州卖出去比较好卖。富有的标志是有店、有车、有钱。（周扎，男，44岁，藏族，2003年从清水河镇扎麻村搬来）

　　抱着一种做大生意的愿望，孙子、孙女多，让他们都上好大学，读大学出来以后不会像我们一样，他们懂点知识，有自己的出路。富有的标志是各个方面都没有难处。（加通，男，50岁，藏族，2003年从清水河镇扎麻村搬来）

　　钱有了看病。富有的标志是年龄小的话钱能挣上。（阿侧，男，62岁，藏族，2003年从清水河镇扎哈村搬来）

　　有钱花在吃穿上。（富有的标志是）娃娃们上学，什么都好，做买卖，当干部，每个月工资有，哪里都能去。（仁青，男，41岁，藏族，从清水河镇扎哈村搬来）

　　有钱花在娃娃上学和吃住上。（富有的标志是）生活没压力，吃穿没压力才好些。（洛日，男，60岁，藏族，2003年从清水河镇红旗村搬来）

　　有钱花在吃的、喝的、穿的方面，娃娃上个大学。富有的标志是不缺穿、不缺喝。（尕桑，男，46岁，藏族，2005年从清水河镇普桑村搬来）

　　有钱做买卖，什么都可以。富有的标志是有钱什么都可以干。（仁青昂布，男，63岁，藏族，2003年从清水河镇中卡村搬来）

　　有钱花在娃娃上学上。富有的标志是娃娃当上干部，家里病的没有。（江翁，男，49岁，藏族，2003年从清水河镇尕青村搬来）

　　有钱花在娃娃上学方面，孩子上学，汉字藏字都认识比较好，认识字什么人都可以打交道。富有的标志，最主要是有钱。（白加，男，53岁，藏族，2003年从清水河镇扎麻村搬来）

　　就我一个，花（钱）的地方没有。富有的标志是有钱，没有病。（央央，女，60岁，藏族，2003年从清水河镇扎麻村搬来）

　　（有钱花在）吃的、穿的方面，有了呗，丫头的奶子有了呗，小孩出生喂牛奶。富有的标志是不打架、不吵架、不贫、不喝酒、不抽烟。（周洛，男，52岁，藏族，2003年从清水河镇丞青村搬来）

多数移民倾向于将钱用在物质生活层面，一方面说明满足物质生活的需要是大多数移民当前最亟待解决的问题，另一方面也反映出多数移民缺乏长远的眼光，对未来缺乏完整的规划。只有少数移民认为，把资金花费在孩子的教育上更好，从年龄看，有这种想法的移民基本上是中年人群，年龄在38—50岁，他们更重视孩子的教育问题。当然，每个人的消费观念与自身的家庭状况和生活经历息息相关。生活困苦的人将钱的多少视为富有的标志，身体患有疾病的人则视健康、平安为富有的标志，每种观念都是移民生活现状的反映。

七 人际："手机""微信"与"交往"

（一）地缘与亲缘

有些移民认为，搬迁之后与亲戚朋友的联系并没什么变化，这是因为手机和微信等现代通信工具的普及，使得人们即使距离遥远，依然可以保持联系；有不少人的亲戚也搬到了镇上。而有些移民则认为，搬迁后与原来的亲戚朋友联系减少了，原因自然是距离远了。还有些移民则认为，搬迁后与亲戚朋友的联系增多了，原因是距离越远，感情越深。与搬迁前相比，搬迁后移民与邻居的交往要多于亲戚朋友，这是因为移民在牧区的时候居住很分散，交往的人往往都是自己的亲戚，而搬迁之后居住则很集中，打交道的人都是社区内的邻居。

搬迁后与原来亲戚朋友的联系没变化，在那里能打电话，牧区有信号。搬迁前交往最多的是亲戚，搬迁后交往最多的还是那些亲戚。（巴真，女，38岁，藏族，从清水河镇扎哈村搬来）

搬迁后与原来的亲戚朋友联系一样，还是亲戚，现在方便得很，打个电话就可以，以前得骑马。我们这里差不多300多家，哪里的都有。搬迁后交往最多的是邻居，差不多都是扎哈村的，眼前有谁就跟谁打交道。这里人好相处，这里人多，我们那边人少一点呗。刚开始不认识，相处一般，没有互相瞧不起的，大部分都是一起搬来的，以前清水河镇小小的。（才江，男，41岁，藏族，从清水河镇扎哈村搬来）

搬迁后和原来的亲戚朋友联系没什么变化，搬迁前交往较多的是亲戚朋友，搬迁后交往较多的还是亲戚朋友。（娘德，男，55岁，藏族，2003年从清水河镇扎哈村搬来）

搬迁后和原来的亲戚朋友联系少了。（蔡文久美，男，40岁，藏族，2003年从清水河镇红旗村搬来）

在这里交往比较多的是离家近的女同学，还有爸爸的朋友及亲戚。（帮嘎，女，19岁，藏族，6岁的时候从清水河镇普桑村搬来）

搬迁后和原来亲戚朋友的联系没什么变化。搬迁前整个村都打交道，我会打针，我们村里每家每户都叫着（打针）。（搬迁后）这边交往比较少，工地上跑沙车，刚放了三天假，所以没时间和别人交流。（阿加日，男，51岁，藏族，2003年从清水河镇文措村搬来）

搬迁后和原来的亲戚朋友联系少了，因为在牧区嘛，亲戚朋友大多在牧区，搬过来后，他们经常不过来，牧区那边没信号，亲戚朋友现在对我们已忽略了。在牧区交往较多的是亲戚邻居，三岁时父母都去世了，所以我不知道有哪些亲戚，也不认识亲戚，交往的人比较少。（松加，男，65岁，藏族，2003年从清水河镇尕青村搬来）

搬迁前后和亲戚朋友联系一样多，有时人来带个话，以前我开拖拉机拉上去，现在我腰折了，他们有时骑摩托车下来看我，现在他们的条件比我好一点。搬迁前联系比较多的是她（老婆）哥哥、她弟弟，我们那个地方有五六家人，相互联系。搬迁后交往比较多的是亲戚、镇干部，腰折后出又出不去。（果措，男，57岁，本来是汉族，改名换姓，身份证上现在为藏族，2003年从清水河镇扎麻村搬来）

搬迁后和原来的亲戚朋友联系更多了，有手机、有微信，因为牧区的人经常过来，以前他们没地方去。搬迁前交往较多的是我们两人的亲戚，搬迁后交往较多的还是亲戚。（周扎，男，44岁，藏族，2003年从清水河镇扎麻村搬来）

搬迁后和原来的亲戚朋友联系差不多一样。搬迁前交往多的是自己的亲戚，和其他人来往有是有，少，因为牧区分散得很，不集中。搬迁后有事没事都跟别人家打交道，交往多的是亲戚朋友。（加通，男，50岁，藏族，2003年从清水河镇扎麻村搬来）

搬迁后与原来的亲戚朋友联系基本上一样。搬迁后和亲戚交往多，邻居也可以。刚开始搬下来基本上不认识，认识了，关系都可以。（阿侧，男，62岁，藏族，2003年从清水河镇扎哈村搬来）

搬迁后与原来的亲戚朋友联系一样，没有因为距离而减少。搬迁后交往较多的是村上的人，妈妈在草场，他们照看牛。（仁青，男，41岁，藏族，从清水河镇扎哈村搬来）

搬迁后与原来的亲戚朋友联系更多了。这边只有我们一家，牧区的亲戚朋友来往得多，都来我们家。搬迁前交往较多的是亲戚朋友，搬迁后交往基本上一样，周边的邻居都是我们村的，（周围的人）好相处。（洛日，男，60岁，藏族，2003年从清水河镇红旗村搬来）

搬迁后与原来的亲戚朋友联系一样，这里来了不一定多，也不一定少。搬迁前交往较多的是亲戚，现在也是亲戚，邻居，普桑村的少。当地人好相处。（尕桑，男，46岁，藏族，2005年从清水河镇普桑村搬来）

搬迁后与原来的亲戚朋友联系一样，搬来的亲戚有，邻居也有。搬迁前交往较多的是亲戚，现在亲戚朋友一样多，关系好，都认识，曲麻莱（县）的，扎哈（村）的，中卡（村）的。（仁青昂布，男，63岁，藏族，2003年从清水河镇中卡村搬来）

搬迁后与原来的亲戚朋友联系一样，搬来的不多，他们牛羊多。牧区（我们）经常去，有时候打电话。搬迁后交往的亲戚邻居一样多，邻居——尕青、文措、普桑、中卡的都有。（江翁，男，49岁，藏族，2003年从清水河镇尕青村搬来）

搬迁后与原来的亲戚朋友联系一样，每年回三四次，夏天冬天都去，牧区的亲戚也来这里，啥时都有。搬迁后交往较多的是邻居，都是扎麻村的，搬来了70户。（白加，男，53岁，藏族，2003年从清水河镇扎麻村搬来）

> 搬迁后与原来亲戚朋友的联系和牧区一样，邻居是扎哈和扎麻的，秀玛的也有。（央央，女，60岁，藏族，2003年从清水河镇扎麻村搬来）

> 这里亲戚多，本来亲戚就不多。现在的邻居（就）一个字——好。（周洛，男，52岁，藏族，2003年从清水河镇尕青村搬来）

搬迁后交际圈的变化，一定程度上能够反映移民的社会融入程度。除了居住的空间格局和搬迁的距离远近这两大影响因素之外，对移民社会交往关系影响较大的另一个因素是迁出人口及安置方式。其中，迁出地搬出人口较多、安置较集中的移民适应最快，社会融入过程更加自然，对搬迁前后社会关系的变化情况也就越不敏感。相比之下，单独迁出的移民可能对搬迁前后社会关系的变化更为敏感，对原有亲戚关系的依赖程度也更深。

（二）族缘与业缘

从交往意愿方面来看，移民都愿意与汉族人打交道，用他们的话来说就是"汉族人藏族人一样，人都是各种各样的"。而造成藏族（人）与汉族（人）交往困难的最主要因素就是语言了，但是，当地有不少开饭馆的都是藏族人，因此，移民或多或少都会与汉族人有所交际。

> 和汉族有来往，汉族、藏族一样，人都是各种各样的。（才江，男，41岁，藏族，从清水河镇扎哈村搬来）

> 不认识汉族，不懂汉语，就没有汉族的朋友。（巴真，女，38岁，藏族，从清水河镇扎哈村搬来）

> 和汉族好相处，还可以。（帮嘎，女，19岁，藏族，6岁的时候从清水河镇普桑村搬来）

> 愿意和汉族来往，这里来个汉族领导，我想说说我家的困境，（就）反映一下。和当地汉族交往最大的障碍是语言问题。（阿加日，男，51岁，藏族，2003年从清水河镇文措村搬来）

> 周围的人认为我是藏族，我说自己是汉族，他们不相信，平时别人问"你是藏族还是汉族"，我说"我是藏族"。待到这个地方就

这个样子，这个地方待惯了，这个地方好呗。(果措，男，57岁，本来是汉族，改名换姓，身份证上现在为藏族，2003年从清水河镇扎麻村搬来)

没打过交道，汉语听的也不是那么多。(周扎，男，44岁，藏族，2003年从清水河镇扎麻村搬来)

和当地汉族交往还可以。(加通，男，50岁，藏族，2003年从清水河镇扎麻村搬来)

与汉族交往一点点，这里有汉族，做买卖的，和一个汉族打过交道。(仁青，男，41岁，藏族，从清水河镇扎哈村搬来)

再打交道的话汉语不会说。(仁青昂布，男，63岁，藏族，2003年从清水河镇中卡村搬来)

打交道，汉语不会。(江翁，男，49岁，藏族，2003年从清水河镇尕青村搬来)

就交往意愿来看，移民都不排斥与汉族之间进行交往。由果措的例子来看，族群身份对汉藏两族的交往并没有产生任何影响，语言才是阻碍人们交往的最大障碍。但是，即使在清水河镇，随着汉族和回族商人群体的增加，以及藏族群体外出流动范围的扩大，镇上有许多人能说汉语，人们的交往程度随着经济活动的拓展而逐步深入。

第 四 章

移民的文化适应

一 语言:"不懂汉语再就(是)文盲"

多数移民在搬迁前后使用的语言都是藏语,会说一点汉语的人一般来说有三类:打过工的人、做生意的人和上过学的人。移民们基本上都愿意学习汉语,这是出于买东西、看病、找工作等各方面的需要。而不愿意再学习汉语的人,则是那些年纪较大,认为再学习汉语也没有太多用处且学不会的移民。

搬迁前后都说藏语,不会汉语,买东西的话,要什么东西就直接用手指着,钱,用汉语会说,数额大的会说,一二百(元)、三四百(元)会说。想学汉语,想着各种语言会听的话就好。和汉族(人)交流,老公会一点(汉语)。有时我买东西,有时老公买东西。(巴真,女,38岁,藏族,从清水河镇扎哈村搬来)

搬迁前后说藏语,会说汉语,能用汉语交流。小时候十五六岁时,汉族人在我们那里修电厂,(我)在电厂打工打了一年,以后汉族人全部认识了,就会说汉语了,爸爸也会汉语,哪里都跑,爸爸做买卖,卖玻璃,拉布乡也跑,裁缝是跟爸爸学会的。孩子和朋友一起,有时说汉语有时说藏语。搬来的(人)会说汉语的很少,和汉族人打交道会说一点,牧民不和汉族人打交道就不会说,上学的会说汉语。(才江,男,41岁,藏族,从清水河镇扎哈村搬来)

搬迁前后说藏语,汉语听不懂,也不会说。(娘德,男,55岁,藏族,2003年从清水河镇扎哈村搬来)

搬迁前后都说藏语，不会汉语。（曲军，娘德的亲戚，男，65岁，藏族，2003年从清水河镇扎哈村搬来）

搬迁前后使用藏语，听不懂，也不会说汉语，不想学汉语了。（不会汉语到街上怎么买东西？）再就指着呗，用手。（蔡文久美，男，40岁，藏族，2003年从清水河镇红旗村搬来）

搬迁前后说的都是藏语，现在基本能听懂、会说汉语，在学校学会的，姐姐上了个初一，我上了个初三，有汉族朋友，汉藏交往都一样。（帮嘎，女，19岁，藏族，6岁的时候从清水河镇普桑村搬来）

搬迁前后说的是藏语，汉语听的话阿拉巴拉（一点点），不会说。（阿加日，男，51岁，藏族，2003年从清水河镇文措村搬来）

搬迁前后使用藏语，汉语不会。想学汉语，但是年龄过了，会汉语的话到哪个地方都认识路，自己想看个病，牌子都知道，买个东西都能自己买。（松加，男，65岁，藏族，2003年从清水河镇尕青村搬来）

我们搬迁前后说藏语汉语一样多，别人说藏语（我）就说藏语，别人说汉语（我）就说汉语，我母亲是藏族，父亲是汉族，从小会说藏语，母亲是果洛久治县的。我和老婆认识时，她会80%的汉语，结婚后在（我）老家乐都待了三年，岳父病了没人管，我们就搬来了，生活在牧区。我腰受伤时，镇政府的扎西才仁（陪同笔者的翻译）每隔十几天就过来看我。子女藏汉语都会说，我说汉语，他们听汉语，妈妈说藏语，他们听藏语，孙子开始学说话时，奶奶教藏语，我教汉语。自己的子女出生后开始学说话时，妈妈教藏语，我教汉语，比如说"玩"。（果措，男，57岁，本来是汉族，改名换姓，身份证上现在为藏族，2003年从清水河镇扎麻村搬来）

妻子能听懂汉语，基本上会说汉语，她的爸爸懂汉语，经常各地方跑，做生意就懂点汉语，跟着学会了。岳父是在这儿学会的汉语，以前是医生，西宁跑过，懂汉语，老婆原来就会汉语，来这儿好了一点，这里汉族比较多，买个东西说汉语，好了一点。（周扎，男，44岁，藏族，2003年从清水河镇扎麻村搬来）

搬迁前后使用多的是藏语，汉语会一点，能听懂，在牧区时上

过二年级，在牧区时就会。(加通，男，50岁，藏族，2003年从清水河镇扎麻村搬来)

搬迁前后说藏语。汉语，搬来之前不知道，一两个搬来这儿的人汉语学会了，能听懂，说不出来，多的也不行，看台球厅学会的。(阿侧，男，62岁，藏族，2003年从清水河镇扎哈村搬来)

搬迁前后说藏语。汉语会一点，能听懂，在这里搬下来的时候还没打交道，阿拉巴拉（一点点），有一两个汉族，学会了。会汉语有好处，做买卖、吃饭，好处多得很。(仁青，男，41岁，藏族，从清水河镇扎哈村搬来)

搬迁前后都说藏语，汉语会一点，能听懂。这里搬下来，做买卖，每个人汉语说着，慢慢学会了，刚来时用手指，卖东西的汉族人多。孩子学了（洛日竖起中指，用来表示一点点的意思），我们汉语不懂。称多县教育条件好，称多气候好。(洛日，男，60岁，藏族，2003年从清水河镇红旗村搬来)

搬迁前后说藏语，汉语不懂。愿意学汉语，出去买菜、买东西、看病，汉语方便。买东西随便问着，人们帮我翻译，卖东西的汉民多，藏族人想开一个铺子没条件，他们（汉族人）能吃苦。(尕桑，男，46岁，藏族，2005年从清水河镇普桑村搬来)

搬迁前后说藏语，不会汉语，你现在说的我都听不懂。(仁青昂布，男，63岁，藏族，2003年从清水河镇中卡村搬来)

搬迁前后说藏语，汉语会一点，能听懂，以前上学学的。愿意学汉语，汉字藏字都认识，好得很。会说汉语，哪里都去得了，有好处。(江翁，男，49岁，藏族，2003年从清水河镇尕青村搬来)

搬迁前后说藏语。汉语会一点，能听懂。汉语好好不会说，十五六岁打工，打交道阿拉巴拉（一点点）学一点。(白加，男，53岁，藏族，2003年从清水河镇扎麻村搬来)

搬迁前后说藏语，不会汉语。不愿意（学汉语），快死的人了，还学啥。(央央，女，60岁，藏族，2003年从清水河镇扎麻村搬来)

搬迁前后说藏语，汉语会一点，能听懂，打工慢慢学会的，这地方修路盖房子，其他地方没去过。(周洛，男，52岁，藏族，2003年从清水河镇尕青村搬来)

做生意和上过学的移民群体对汉语的掌握情况最好，也说明这类群体在移民过程中的适应性较强。搬迁后，汉语掌握程度在移民购物、工作、就医等多方面的影响程度加深，移民对于汉语的掌握就越加迫切。同时，当汉语的掌握与否成为一种社会共识、社会标准和判断文化水平的标准时，不会汉语的移民无形中就被排除在社会发展的边缘。而这种迫切程度正好与年龄成反比。

下面从笔者和受访者的一些对话中，还可以更为具体地体会搬迁后移民的语言使用状况，以及他们对于学汉语的认知。

笔者：镇上很多人会说汉语，你没学会吗？
娘德：没有知识文化，没学会汉语。
笔者：想学汉语吗？
娘德：想着，但是年龄已经过了。
笔者：怎么买东西？
娘德：藏语汉语一块混着说。
笔者：不会汉语怎么买东西？
曲军：买东西用手指着，"多少"会说呢。鞋、衣服、裤子、面、米，那些都会说，以前就一两句会说。
笔者：为什么没学会汉语？
曲军：没上过学，那时候一直在牧区呢，不是做生意的，和汉族很少打交道。
笔者：想学汉语吗？
曲军：想学。
笔者：为什么？
曲军：像内地城市，不会汉语不行，看个病也不行，牌子不认识。
笔者：不会汉语到街上怎么买东西？
蔡文久美：再就（是）指着呗，用手。
笔者：会说汉语有什么好？
阿加日：作用非常大，现在这个社会，不懂汉语再就（是）文盲，啥都不知道，会汉语的话啥都可以干，比如吃糖时，糖的皮子上写着甘肃、青海哪个厂家出来的,看着就认识了几个汉字,因为我喜欢吃糖,不懂的地方问一下小孩,就认识了几个汉字。

笔者:你想学汉语吗?

阿加日:想学汉语,但是年龄已经过了,自己学过几个汉字,从这里到玉树、西宁,路牌都认识。

笔者:不会汉语怎么买东西?

阿加日:用手指着,有时候阿拉巴拉(一点点)说汉语,到这儿之后别人对我说汉语,基本上能听懂汉语。在牧区基本上不说汉语,2003年3月搬到这里,在这里藏文懂得多,比如交了费的存根,在藏文"存根"后面再写上汉字,慢慢就认识一些汉字了,搬到这里后花了一两年时间就慢慢听懂汉语了。

笔者:不会汉语怎么买东西?

松加:老婆去买,我瞎了。她指着,是不是假冒伪劣,她自己也不知道,就买回来了。有时过去买个东西,买回来以后结果买错了,有时讲价也不会讲,有时钱也找错了。

笔者:你为什么不会汉语?

周扎:因为是牧民,整天赶牛着,哪个地方都没去,和人打交道少,在牧区时,女的挤奶,房子里的活女的干,洗衣做饭,男的放牧。我想学也学不会。

笔者:来这里汉语有进步吗?

加通:说不上,一点点有了呗,小的时候一点点懂呢,好好(非常好的汉语)说不上。

笔者:平时买东西时说藏语还是汉语?

加通:基本上说藏语,老板不懂藏语的,我就用手指。

阿侧:搬迁前后说藏语。汉语,搬来之前不知道,一两个搬来这儿的人汉语学会了,能听懂,说不出来,多的也不行,看台球厅学会的。

笔者:想不想学汉语?

阿侧:年龄大了,眼睛看不见,耳朵听不成。

笔者:会汉语有什么好处?

阿侧:有好处,哪里走——出门,汉字认识,好处大得很。

笔者：有没有跟汉族打过交道？

阿侧：没有，汉语不会说，说不出来，想是想打交道，今年（2016年）碰上你们两个，我一点也听不懂。

笔者：愿意学汉语吗？

仁青昂布：年龄大了，眼睛有，看不见。

笔者：汉族（人）好相处吗？

白加：藏（族人）、汉（族人）都好相处。

笔者：会汉语的好处？

白加：看病、做买卖，哪里都去的话，好。

周洛：跟汉族人打交道好一点。

二　结婚："双方父母给牛羊"

访谈到的几位移民，媳妇都是自己找的，有的是打工认识的，有的是在牧区放牧时遇见的。结婚，双方父母一般要送牛羊，如果没有牛羊，就会送一些糌粑、酥油、曲拉之类的东西。

（在）牧区一个男的结婚，（女方）彩礼不要，双方父母给牛羊，给盖房子，冬季给盖房子，夏季给帐篷。这里和牧区结婚不一样。（巴真，女，38岁，藏族，从清水河镇扎哈村搬来）

结婚时啥都没举行，结婚证领了，条件不好，没有一分钱，老家东西全部卖完了，拿来一点钱。弟弟在婶婶家，婶婶今年（2016年）96岁了，还在；叔叔95岁了，还在。19岁来这儿打工，弟弟就一直在婶婶家。（果措，男，57岁，本来是汉族，改名换姓，身份证上现在为藏族，2003年从清水河镇扎麻村搬来）

周扎的妻子：家里男的做主，那是传统，藏族人的说法，男人，每个人都要尊敬。（周扎，男，44岁，藏族，2003年从清水河镇扎麻村搬来）

（老婆是父母介绍还是自己找的？）自己找的。（阿侧，男，62岁，藏族，2003年从清水河镇扎哈村搬来）

> 我们是自己愿意结婚的,父母同意的,给了牛羊,不多,新的藏服穿着。(仁青昂布,男,63岁,藏族,2003年从清水河镇中卡村搬来)
>
> 我们是在牧区放牛时认识的,老婆是四川石渠县的,放牧的时候遇上的。父母没给牛羊,给了点吃的、穿的,(给)酥油、曲拉、青稞,爷爷奶奶给牛羊了,穿的羊皮衣服,女方一样的。(白加,男,53岁,藏族,2003年从清水河镇扎麻村搬来)

《青海风土记》中将青海藏族人的婚姻种类划分为四种,即嫁娶婚、入赘婚、任意婚和自由恋爱。从上述访谈来看,显然自由恋爱的情形较多。我们不妨领略一下民国时期青海自由恋爱的风俗。

> 青海人民把男女私交看得不甚紧要,所以男女自由恋爱肆无忌惮,也不知羞耻、贞节为何事。一夜缠头,不过洋布一丈;他们父母又认为一种生产事业,挣得布来,逢人便说。男子又十分豁达,娶妻不问完璧与否。老婆有了孕,正正堂堂生了下来,她的丈夫也不去算算月日,果否①相对。红泛桃源时,更不知禁止;堕胎避孕,又是梦想不到的事了。②

此外,民国三十四年(1945年)出版的《青海》一书中,也辑录了一些藏族的风俗习惯,其中提到了藏族人的择偶观。

> 蒙、藏人之选择情侣之标准甚高。女子常选身体健强、行动敏捷、勇于前进、富于忍耐、善于骑击、巧于辞令、态度和平、交际娴熟,且具有指挥及经商之能力者,青年知识阶级③及汉人,亦为其倾慕而愿以身委者。男子常选健康美秀、行动敏活、态度诚挚、性情柔和、善于交际、长于歌舞、能牧能缝,以及制造食品、控驭马

---

① 果否,其意类似"是否"。
② 杨希尧:《青海风土记》第10卷,新亚细亚学会,1933年,转引自丁世良、赵放主编《中国地方志民俗资料汇编(西北卷)》,北京图书馆出版社1989年版,第270页。
③ 知识阶级,即我们现在所说的知识阶层。

驹、不怕跋涉、堪同甘苦者,皆为其爱慕之伴侣。此种选择条件,皆为完成快乐美满婚姻之因素,其重心则皆着眼于生产能力,初无丝毫铜臭焉。①

当我们问及一些简单的问题,从移民的叙说中可以体会他们对婚姻家庭的基本观念。

> 笔者:选老婆有什么标准?
> 白加:过生活,老婆没有不行。
> 笔者:你们家钱谁管?
> 周扎的孩子:爸爸管。

三 丧葬:"大多是天葬"

问及这里的移民"通常采用哪种丧葬方式",据他们讲,大多是天葬,只有一位访谈对象说是水葬。移民的丧葬一般由自己所供奉的寺院负责。

> 天葬。(巴真,女,38岁,藏族,从清水河镇扎哈村搬来)
> 这里都是天葬。(娘德,男,55岁,藏族,从清水河镇扎哈村搬来)
> 天葬。(阿侧,男,62岁,藏族,从清水河镇扎哈村搬来)
> 水葬,哪个寺院都可以。(仁青昂布,男,63岁,藏族,从清水河镇中卡村搬来)
> 天葬。大女儿去世了,送到竹节寺天葬的,不花钱,寺院照顾。(周洛,男,52岁,藏族,从清水河镇尕青村搬来)
> 天葬。(白加,男,53岁,藏族,从清水河镇扎麻村搬来)

---

① 《青海》,上海商务印书馆民国三十四年(1945年)铅印本,转引自丁世良、赵放主编《中国地方志民俗资料汇编(西北卷)》,北京图书馆出版社1989年版,第283页。

《青海》一书对青海藏族人的丧葬有更为详细的描述：

……请喇嘛诵经引路及祈祷，并卜殡葬之时日、方向及葬法。届期，由亡者最亲之人负尸背上，投诸荒谷，以果凶禽猛兽之腹。隔宿而尽，家人大悦，以为亡人在世之德，或谓亡人来世光明之证。否则，如有隐忧，以为死者生前作恶所致，孝子不忍其亲之暴露，乃更收其残骨，裹以炒面粉，诱鹰来食，待尽而后止。是为最普遍流行之"天葬"也。又有投尸于水，葬身鱼腹者，曰"水葬"。堆薪搭架，以火焚化者，曰"火葬"。收埋尸粉骨灰，上建塔阁，以留纪念者，曰"塔葬"。低级喇嘛死后，大都用此法安葬。其得恶疮而死者，多用土埋，不许天葬、水葬或火葬焉。①

四 节日："名目增多"

牧民搬迁之前最主要的节日就是春节和赛马会，搬迁后主要增加了一些汉族的节日，如五一劳动节、六一儿童节、端午节、中秋节等。

搬迁前主要过春节、赛马会。赛马会，男女都去，自己家人聚会。搬迁后主要过春节，别的地方有赛马会，回去看。（巴真，女，38岁，藏族，从清水河镇扎哈村搬来）

搬迁前的节日是过年（藏历年，读音为luosa），现在还是一样的节日，赛马会有。（才江，男，41岁，藏族，从清水河镇扎哈村搬来）

搬迁前后村里的主要节日有春节。（娘德，男，55岁，藏族，从清水河镇扎哈村搬来）

以前村里的主要节日是春节，牧区聚在一起特别难，没有路，只能骑马。搬迁后村里的主要节日是春节、赛马会，每年8月5日，是清水河的赛马会。（蔡文久美，男，40岁，藏族，从清水河镇红旗

---

① 《青海》，上海商务印书馆民国三十四年（1945年）铅印本，转引自丁世良、赵放主编《中国地方志民俗资料汇编（西北卷）》，北京图书馆出版社1989年版，第284页。

村搬来）

搬迁后的主要节日是过年——藏历年，汉族的春节有时过。（帮嘎，女，19岁，藏族，6岁的时候从清水河镇普桑村搬来）

这里没什么大的节日，在牧区村有赛马会，一年一次，参加的人有五六百，有时别的村子也过来看，村上有小学，一年一次六一，家长也参加，在草地跳个舞、唱个歌。搬迁后村里的主要节日有六一、春节。（阿加日，男，51岁，藏族，从清水河镇文措村搬来）

搬迁后村里的节日主要有春节、端午节、中秋节，有时过，有时不过。（果措，男，57岁，本来是汉族，改名换姓，身份证上现在为藏族，2003年从清水河镇扎麻村搬来）

搬迁前主要节日是过年。这边好，县上、州上都有节日。（阿侧，男，62岁，藏族，从清水河镇扎哈村搬来）

七八月开个赛马会，冬天过年，参加过赛马会，在牧区时参加过，这边的也参加过，一点半点得过奖。现在一样呗。（仁青，男，41岁，藏族，从清水河镇扎哈村搬来）

在牧区主要的节日是过年，这里多了一个赛马会。（洛日，男，60岁，藏族，从清水河镇红旗村搬来）

以前村上开个简单的赛马会，过个春节。现在镇上有赛马会，娱乐活动这边多，唱歌跳舞，五一、七一。（尕桑，男，46岁，藏族，2005年从清水河镇普桑村搬来）

搬来前主要是过年，现在经常赛马。（仁青昂布，男，63岁，藏族，从清水河镇中卡村搬来）

搬迁前过年有活动，亲戚朋友一起吃饭的日子多。搬迁后主要节日是过年，一个镇上全是唱歌跳舞的。（江翁，男，49岁，藏族，从清水河镇尕青村搬来）

不论搬迁前后，过年和赛马会对于移民来说都是重要的节日。有时，赛马会不仅是节日，也是牧民趁机做生意的好时候，所以说，某种程度上，赛马会也是牧民的物资交流大会。而藏历年的时候，人们一般要清扫房屋，邀请僧人在家里念经。可以说，节日是移民加强交流、加深社区荣辱感的重要时刻。

和节日密切关联的是娱乐，移民在搬迁前后似乎都没什么娱乐活动，多数移民说自己平时大部分时间是"坐着"。有些移民则利用闲暇时间做裁缝、跑车、看新闻、串门聊天，以及念经。而"闲的时候坐着"是一种普遍状态。

  迁来前，女的天天在家里待着，没什么娱乐活动，也没时间跳舞唱歌，整天忙着。男的玩藏式麻将，我自己玩，不赢钱。现在也没有娱乐活动，平时闲着，再（就）随便待着。（巴真，女，38岁，藏族，从清水河镇扎哈村搬来）

  搬迁前娱乐活动没有，现在也没什么娱乐活动，电视下午看一点，午时（中午）不看。现在大部分时间做裁缝，不（干）裁缝不行。（才江，男，41岁，藏族，从清水河镇扎哈村搬来）

  搬迁前后没什么娱乐活动，闲的时候坐着。（娘德，男，55岁，藏族，从清水河镇扎哈村搬来）

  平时大部分时间保护环境，我刚把垃圾捡完就过来了，看藏语频道的新闻，家里看报纸，看四川、青海频道，拉萨藏语听不懂，按时间看，每天上午、下午闲的时候看，看国家以前的历史，还多半看藏文版的新闻。（曲军，娘德的亲戚，男，65岁，藏族，从清水河镇扎哈村搬来）

  搬迁前后没什么娱乐活动，现在就随便坐着。（为什么不去打工？）想出去打工，干不动了。（蔡文久美，男，40岁，藏族，从清水河镇红旗村搬来）

  搬迁后没什么娱乐活动。上班之余随便坐着，看电视，上班不忙，值班时过去，一周去一次，一般是星期一去。（帮嘎，女，19岁，藏族，6岁的时候从清水河镇普桑村搬来）

  以前没什么娱乐活动，现在经常跑着，不参加什么娱乐活动。大部分时间，夏天拉货，一年两三万元收入，冬天跑出租，除此之外，还参加念诵佛事等宗教活动。（阿加日，男，51岁，藏族，从清水河镇文措村搬来）

  没事时弄点裁缝做衣服——藏袍，牧区时就会缝，缝得还可以，瞎了以后再没干。几个人合伙专门开了个裁缝店——清水河镇上的

一个门面，赔本了，一起干了三四年，最后散伙时一人只拿了1000多元。（松加，男，65岁，藏族，从清水河镇尕青村搬来）

搬迁后的娱乐活动，学校学生娃娃玩。跳舞，我不会跳，跟着去看，拔个河，跑个马，平时闲着就待着呗。（果措，男，57岁，本来是汉族，改名换姓，身份证上现在为藏族，2003年从清水河镇扎麻村搬来）

以前没有娱乐活动。现在过六一，去参加，家长都去，看着小孩们跳舞，过三四天。闲的时候再（就）随便坐着。（周扎，男，44岁，藏族，从清水河镇扎麻村搬来）

搬迁前娱乐活动主要有跳舞唱歌，男女老少都会。这里娱乐活动内容丰富一点，这里汉族藏族都一块儿玩，学生、公家，都有活动，这里有娱乐活动。现在大部分时间闲时念经，不念（经），瞌睡了就睡觉。（加通，男，50岁，藏族，从清水河镇扎麻村搬来）

搬来钱啥也没有，现在这里坐着，什么也干不了。平时啥都没干，在床上躺着。（阿侧，男，62岁，藏族，从清水河镇扎哈村搬来）

搬迁前后都没有娱乐活动。平时主要挖虫草，在周围打小工，一天100块钱，一点一点做着。（仁青，男，41岁，藏族，从清水河镇扎哈村搬来）

没有娱乐活动，大部分时间坐着。（洛日，男，60岁，藏族，从清水河镇红旗村搬来）

以前村上开个简单的赛马会，过个春节。现在镇上有赛马会，娱乐活动这边多，唱歌跳舞，五一、七一。平时就随便坐着。（尕桑，男，46岁，藏族，2005年从清水河镇普桑村搬来）

平时随便坐着，年龄大了，病多，什么也干不了。（仁青昂布，男，63岁，藏族，从清水河镇中卡村搬来）

平时随便坐着，看电视——康巴卫视、青海卫视，看新闻，好好听不懂，看着好看。（江翁，男，49岁，藏族，从清水河镇尕青村搬来）

平时大部分时间，有时候打工，不打小工就随便坐着。串门聊天，去亲戚或朋友家，电视基本上不看。（白加，男，53岁，藏族，

从清水河镇扎麻村搬来)

平时什么都没干,我有关节炎,(除了)做饭,其他啥都干不了。(央央,女,60岁,藏族,从清水河镇扎麻村搬来)

娱乐活动不仅是为了给移民提供业余的文化体育活动,更重要的在于移民社区作为一个整体,需要每一个个体把自己当作其中的一部分。如果仅仅是由于搬迁才住在这里,把社区只作为一个单纯的居住空间,那么这并不能成为一个真正意义上的社区。此外,通过组织娱乐活动,可以加强移民群体之间的交往和互动,把一个个移民个体凝结成一个对移民社区有归属感的社会实体。

从与受访者的对话中,还可以体会他们的娱乐方式和状态。

笔者:唱歌跳舞,移民点怎么举行?
加通:我们自己商量着,几户人家时间安排着,在我们自己的院子里、附近的草原玩。
笔者:平时大部分时间干什么?
周洛:以前(搬迁前)能做藏服,能加工,现在头疼做不了。

五 转经:"都不相同"

一些移民由于搬迁之后距寺院较远,所以转经次数相对减少,而不少移民则认为搬迁后,由于空闲时间较多,不必像牧区那样整天放牛羊,而且这里交通便利,因此,相比之下,转经次数反而更多了。移民所居住的社区附近是没有寺院的,而且从牧区不同地方迁来的移民去转经的寺院都不相同,这是由他们的父亲所供奉的寺院而定的,有的在永夏寺,有的在尕藏寺,有的在竹节寺……到寺院的距离各不相同。称多县寺院众多,且教派林立。其中属于宁玛派的寺院有2座,分别是永夏寺和角吾寺;属于噶举派的有8座,分别是先宗寺、孔雀寺、扎西寺、群则寺、竹节寺、尼宗寺、巴干寺、改吾寺;属于萨迦派的有7座,分别是尕藏寺、东程寺、刚察寺、多干寺、上赛巴寺、下赛巴寺、土登寺;属于格鲁派的有5座,分别是拉布寺、卡纳寺、休玛寺、色航寺、帮布寺。其中拉布寺和尕藏寺是当地较大的寺院。①

生态移民所属教派寺院如表 B4—1 所示：

表 B4—1　　　　　　生态移民所属教派寺院表

姓名	教派	寺院
巴真	萨迦派	
才江	萨迦派	达吉寺
娘德	哲贡派	永夏寺
蔡文久美	噶举派	
帮嘎	噶举派	先宗寺
阿加日	噶举派	竹节寺
松加	萨迦派	永夏寺
果措	噶举派	竹节寺
周扎	噶举派	
加通	噶举派	
阿侧	萨迦派	尕藏寺
仁青	萨迦派	尕藏寺
洛日	噶当派	色康寺
尕桑	哲贡派	竹节寺
仁青昂布	宁玛派	中卡寺
江翁	哲贡派	竹节寺
白加	噶当派	色康寺②
央央	哲贡派	竹节寺
周洛		竹节寺

现在经没转着，这里转的地方也没有，有时集体念经，我参与，在（我）家前面的草滩上。（巴真，女，38 岁，藏族，从清水河镇扎哈村搬来）

搬来后转经少了。寺院远，在通天河那边，达吉寺，萨迦派，

---

① 称多县志编纂委员会：《称多县志》，内部资料，2016 年，第 783—796 页。
② 色康寺，法名"赛噶日茸洛拉顶贡"，意为"白光自宗永固寺"。位于尕朵乡吉新村，距尕朵乡政府所在地 15 公里。色康寺西南有家追山，西北有达则山，东北偏东喇嘛山，即驰名藏区的噶觉悟山，位于三山交界处。参见称多县志编纂委员会《称多县志》，内部资料，2016 年，第 786 页。

距这里150公里，因为爸爸去的寺院是那个。以前没有宗教活动，附近有一个僧人，可以念经。(才江，男，41岁，藏族，从清水河镇扎哈村搬来)

进行宗教活动的时间比以前多了，在牧区时多半放牧，没时间去寺院转经。现在最近的一个寺院是永夏寺①，距现在住的地方五六公里，一个月去一两次，主要是转经。(娘德，男，55岁，藏族，从清水河镇扎哈村搬来)

平时转经，有时去一两次，到(玉树)州上玛尼石堆，想要到拉萨去，但是没钱，拉萨是圣地，那时领导同意，让所有的(村)书记免费过去看，这大约是2008年。(曲军，娘德的亲戚，男，65岁，藏族，从清水河镇扎哈村搬来)

现在进行宗教活动的时间比以前多了，在这里去转经的次数多一些，闲着。平时不转经，没有交通工具，六七公里外才有转经的地方。(蔡文久美，男，40岁，藏族，从清水河镇红旗村搬来)

平时不转经，有时去转，在距这儿500多公里的先宗寺②，两三年去一次，主要是拜佛，全家去，租车去，来回车费350元，10岁以下的小孩不收车费。(帮嘎，女，19岁，藏族，6岁的时候从清水河镇普桑村搬来)

在这里进行宗教活动的时间比牧区多了，这里不用放牧，闲着，闲时间多了，去寺院的次数多了，一般去竹节寺。在牧区，村里的宗教活动有时有，在自己的村子里，一年念一次经，在草滩上超度祈福，(希望)一年之内无病无难，平平安安。(阿加日，男，51岁，藏族，从清水河镇文措村搬来)

能走动的时候转经，在(玉树)州上的玛尼石堆旁转经，这里的永夏寺有时去。没钱，很远的地方去不了，在这里转经多，因为交通方便。(松加，男，65岁，藏族，从清水河镇尕青村搬来)

---

① 永夏寺，位于清水河镇扎麻村，距214国道5公里。寺院始建于公元1742年，创始人是白玛贡珠昂嘉。参见称多县志编纂委员会《称多县志》，内部资料，2016年，第796页。
② 先宗寺属噶玛噶举派寺院，位于称多县称文镇先宗沟的曲隆山坡上，距县城5公里处。相传寺院始建于公元12世纪，创建人是拉生俄周加措。参见称多县志编纂委员会《称多县志》，内部资料，2016年，第789—790页。

和以前相比，现在进行宗教活动的时间多了，她病着，转个经，也往医院里走，两方面想着，病好得快一点，一般去珍秦镇的竹节寺①。老人去世以后就送到那个寺院天葬，所以基本上去那儿，一般去点个灯、磕个头、听个经，就回来了。从这去寺院方便。（果措，男，57岁，本来是汉族，改名换姓，身份证上现在为藏族，2003年从扎麻村搬来）

社区里没修经幡，投资大。有时转经到这里转得多一些，牧区忙，没时间去，这里闲，有钱就去转，打出租（车），周边没有寺院。（周扎，男，44岁，藏族，从清水河镇扎麻村搬来）

以前都忙着放牧，没时间去寺院，所以把活佛请过来，牧区里活佛请过来念经，村子里几家联合起来，一年一次、两次或三次，在牧区时宗教活动投入的时间多一些，牧区的话一般再（就）闲着，一家（人）住，小孩多，小孩放牧着，这边要到大的寺院，花的代价太大了，需要车，叫个出租车要花很多钱，寺院里也要花钱，给自己超度的钱，敬活佛的钱，给家里人超度的钱都要放。（加通，男，50岁，藏族，从清水河镇扎麻村搬来）

刚开始可以，现在寺院去不了。现在基本上没什么宗教活动，去的是称多县尕藏寺，我父亲是尕藏寺②的（指父亲供奉的是尕藏寺）。（阿侧，男，62岁，藏族，从清水河镇扎哈村搬来）

搬来后转经多了，这里次数多了，离寺院近了。（洛日，男，60岁，藏族，从清水河镇红旗村搬来）

搬迁前后转经次数一样。（尕桑，男，46岁，藏族，2005年从清水河镇普桑村搬来）

搬迁前后转经次数一样，寺院离这边十几公里，离牧区70公

---

① 竹节寺属噶举派，位于珍秦镇沟口的昂布嘎保山下，处214国道旁。寺院始建于1652年，创建人是索柯旦巴江才。参见称多县志编纂委员会《称多县志》，内部资料，2016年，第788页。

② 尕藏寺，法名"尕藏班觉岭"，意为"善缘富乐洲"。位于称文镇宋当村丁布社的加嘎隆巴沟口，背靠扎嘎山，东距县城5公里，西距通天河7公里。该寺是称多境内历史悠久、规模宏大的寺院，有7座子寺，主要供奉释迦牟尼和萨迦派五大祖师等佛像。参见称多县志编纂委员会《称多县志》，内部资料，2016年，第791页。

里,现在方便了。那时(转经)不多,现在多了,有时候念经,冬天少一点。(仁青昂布,男,63岁,藏族,从清水河镇中卡村搬来)

转经,这里多,这里可照看的牛羊没有。(江翁,男,49岁,藏族,从清水河镇丞青村搬来)

转经,有时候去,去得不多,娃娃上学,没有时间。(白加,男,53岁,藏族,从清水河镇扎麻村搬来)

搬迁后转经去得多,老公去世了,念经转经多一点。经常转经,死了以后有好处,佛教里头这样说的,转经不生病。(央央,女,60岁,藏族,从清水河镇扎麻村搬来)

转经,没去过,要花钱呢!车费、吃饭都要钱,没去过。在牧区时也不去。(周洛,男,52岁,藏族,从清水河镇丞青村搬来)

藏族群众转经的种类很多,一般来说,既可以去附近的寺院里转经,也可以在村子里的玛尼石堆处转经。《青海》一书记录了四种藏族转"玛呢科络"①的方式。

"玛呢科络"有四种:(一)手转玛呢科络。为一长三四公寸之圆杆,而贯以直径约一公寸、高相等之活动圆柱轮,上镂经语。用时执杆摇之,向右旋转。盖谓圆柱轮之功德与口诵相等。(二)手推玛呢科络。为高三公寸至三公尺之大圆柱,置于经殿走廊,约数十枚。蒙、藏人礼佛后,必右转绕殿四周,一一推动。其作用与手摇者同。(三)水转玛呢科络。式样与手推者同。置于寺院附近溪流上,或深谷小溪上,覆以白屋,利用水力,向右推动。(四)风吹玛呢科络。为印经之五色绢片,或长条,悬于杆头,随风摆动。亦为祝神求福之迷信设备。②

上述访谈中,多数移民所说的转经就是所谓"手推玛呢科络"。许多

---

① "科络"应为藏文ཁོར་ལོ་的音译,意思是轮子。
② 《青海》,上海商务印书馆民国三十四年(1945年)铅印本,转引自丁世良、赵放主编《中国地方志民俗资料汇编(西北卷)》,北京图书馆出版社1989年版,第292页。

藏传佛教的寺院外墙上都安置有这种经轮,信众逐一旋转经轮,以祈福保平安。

六 教育:"不要像我这样做没文化的人"

访谈中的移民大部分都没上过学,但是如同我们在移民搬迁原因中看到的,很多移民家庭是为了孩子上学方便才从牧区搬过来的。有很多移民家长非常重视孩子的教育问题,他们希望孩子能好好上学,然后找一份稳定的工作,当老师或者考公务员。也就是说,移民将未来寄托在孩子身上。

孩子在镇上小学上学,寄宿,周六、周日回来,初中是在县城上,高中是在(玉树)州上。希望孩子长大能有个稳定的工作,能上班。(巴真,女,38岁,藏族,从清水河镇扎哈村搬来)

搬迁后教育条件有所改善。孩子在镇上上学,长大以后让他们上学,出来找上一份稳定的工作。(娘德,男,55岁,藏族,2003年从清水河镇扎哈村搬来)

这里教育条件有所改善,孩子在称多县城寄宿上学,十二天回来一次,小孩自己来回跑。(蔡文久美,男,40岁,藏族,从清水河镇红旗村搬来)

我姐姐希望孩子将来当老师,因为她觉得对我们的老师很感激,希望孩子做上一个像老师那样的人,就心满意足了。(帮嘎,女,19岁,藏族,6岁的时候从清水河镇普桑村搬来)

搬迁后教育条件有所改善。一个孩子在(玉树)州上上高中,在等一个大学的录取通知书,县城今年(2016年)才有高中。希望孩子有自己稳定的工作,为了那个,我一直努力供他们上学,有时特别想去政府或民政部门要点钱,给小孩弄点学费。(阿加日,男,51岁,藏族,从清水河镇文措村搬来)

有一个儿子,当僧人,现在只剩我们二人,儿子在永向寺,10岁去的,那时得病了,阑尾炎,然后就当僧人了,当了12年了,现在已经22岁了,有时回来一两天,多半没有假期。(当僧人有什么好?)心里想着和一般人不一样,在寺院里天天念经,给别人超度、祈福,所以感觉当僧人好,也不用担忧生活。(松加,男,65岁,藏族,从清水河镇尕青村搬来)

搬迁后教育条件有所改善,孩子在镇小学上学。希望孙子将来上学,不像我呗,我不识字,孙娃还是上学好,脑子好,做啥好一点,不上学就不行呗。(果措,男,57岁,本来是汉族,改名换姓,身份证上现在为藏族,2003年从清水河镇扎麻村搬来)

搬迁后教育条件有所改善,大儿子在扎多镇上中专,藏医。还有一个儿子学画唐卡,1999年开始学的,收入比较多,在扎多镇学唐卡。(周扎,男,44岁,藏族,从清水河镇扎麻村搬来)

在这边上学,学习好,将来可以靠公家挣工资,(如果)和我一样,啥都不懂不行。(阿侧,男,62岁,藏族,从清水河镇扎哈村搬来)

希望孩子长大上个大学,找个可靠的工作。(洛日,男,60岁,藏族,从清水河镇红旗村搬来)

希望孩子长大找个工作,上个大学,能有个稳定的工作就行。(尕桑,男,46岁,藏族,2005年从清水河镇普桑村搬来)

希望孩子长大以后上学,当干部。(仁青昂布,男,63岁,藏族,从清水河镇中卡村搬来)

希望孩子长大大学毕业,当干部。(江翁,男,49岁,藏族,从清水河镇尕青村搬来)

牧区上学,去的地方没有。现在孩子在镇上上学,学校(教)汉藏双语,最喜欢藏语课。(白加,男,53岁,藏族,从清水河镇扎麻村搬来)

四个丫头没上学,四个丫头(在)牧区就成家了。(央央,女,60岁,藏族,从清水河镇扎麻村搬来)

丫头6岁,没上学,要上学7岁再上,不上学啥也学不下。希望孩子长大以后好好上学,认字好一点。(不是自己的丫头,收养的女儿)话听不听,不知道,让她自己做生意。现在的孩子,自己爸爸妈妈的话,不听话的多。(周洛,男,52岁,藏族,从清水河镇尕青村搬来)

移民都已认识到上学读书对于孩子未来的重要性，家长们从自己的经验出发，认为上学读书对于孩子们以后步入社会、找份工作等都有重要的作用。正是由于家长们认为自己找不到工作的原因来自没上过学，所以才更重视孩子的教育，以摆脱像他们自己一样的命运。虽然时代在变迁，但是寺院教育仍然是藏族的重要教育方式。对于那些经济条件窘迫的家庭来说，送孩子去寺院里念经，也是一种生活策略。

我们还可以从下面的对话中，进一步体验移民对教育的态度和认识。

笔者：希望孙子将来做什么？

曲军：一直把他供着上大学出来，不要像我这样做没有文化的人。

笔者：哪边教育条件好？

阿侧：这里好。

笔者：为什么？

阿侧：啥都这里方便，现在牧区没学校。

笔者：孩子上学的好处？

江翁：什么都可以干，不认字，什么都干不了。

笔者：孩子上学好还是当僧人好？

江翁：当上干部，学生好。当僧人，没工资。

笔者：寺院好还是上学好？

白加：上学去，藏字、汉字都认识，当僧人，只认识藏字，那样出来不行。

笔者：希望孩子长大以后做什么？

白加：希望孩子长大当干部。

白加的孩子：长大了当老师。

第五章

移民的心理适应

一 "牧民"与"城里人"

  这里的移民对自我的身份认同分为截然不同的两类。第一类移民认为自己是牧民，原因主要有两个：一是从小到大都是牧民，所以不管搬到哪里，牧民的本质不变；二是在生活状况上，并没有达到城里人的水准。第二类移民认为自己现在已经是城里人了，这个原因则来自多方面：一是居住地不同，牧民应该居住在牧区，而他们居住在镇上；二是居住时间，移民已经在清水河镇居住十多年了；三是户口，在他们搬来后，政府就将他们的户口改为了城镇户口；四是牛羊，牧民是有牛羊的，而他们没有。这两大类移民的六个认同标准决定了他们认为自己是"牧民"还是"城里人"。

  搬来十三四年，还是牧民呗，这里全是藏族人，哪里都没去过，天天坐着，还是干裁缝。（才江，藏族，男，41岁，从清水河镇扎哈村搬来）

  感觉自己现在是牧民，到这边那边一样，到那边有牛羊，到这边没牛羊，但本质就是牧民。（娘德，男，55岁，藏族，2003年从清水河镇扎哈村搬来）

  认为自己现在是牧民，因为和城里人比的话，我们差远了，感觉自己不像城里人。（帮嘎，女，19岁，藏族，6岁的时候从清水河镇普桑村搬来）

  牧民，从小长大就是牧民。（仁青，男，41岁，藏族，从清水河

镇扎哈村搬来）

是牧区上的，从小到大是藏族人，汉语不会说。（白加，男，53岁，藏族，从清水河镇扎麻村搬来）

在这里待了十几年，想着是城里的人。（蔡文久美，男，40岁，藏族，从清水河镇红旗村搬来）

城里人。（曲军，娘德的亲戚，男，65岁，藏族，从清水河镇扎哈村搬来）

认为自己是城里人，城镇户口，因为从2003年搬来后，移民点都变成了城镇户口，到县上单位再要什么，啥都不给。（阿加日，男，51岁，藏族，从清水河镇文措村搬来）

感觉自己是城里人，因为在这里，吃的、用的都是这儿的。（松加，男，65岁，藏族，从清水河镇尕青村搬来）

感觉自己现在是城里人，搬过来了，再（就是）城里人呗。（果措，男，汉族，57岁，本来是汉族，改名换姓，身份证上现在为藏族，2003年从清水河镇扎麻村搬来）

感觉自己现在是城里人。如果是牧区的人，牛羊都没了。（周扎，男，44岁，藏族，从清水河镇扎麻村搬来）

城里人，这边搬过来了，子女对牧区的了解特别少，所以认为是城里人。（加通，男，50岁，藏族，从清水河镇扎麻村搬来）

现在自己是城里人。这里有房子，没牛羊，有点像城市的生活。（洛日，男，60岁，藏族，从清水河镇红旗村搬来）

城里的人，牛羊没有。（尕桑，男，46岁，藏族，2005年从清水河镇普桑村搬来）

城里人，这里住的时间长，这里的人基本上都认识了。（仁青昂布，男，63岁，藏族，从清水河镇中卡村搬来）

城里人，经常在这里坐着。（江翁，男，49岁，藏族，从清水河镇尕青村搬来）

觉得自己现在是城里人，说是牧民，不管着，一分钱没给着，牧区的人家，牛、奶、房子都有，我们没有。（周洛，男，52岁，藏族，从清水河镇尕青村搬来）

有意思的是，移民对于"牧民"和"城里人"这两种身份的归类标准是不一样的。虽然也有移民将牛羊作为牧民的标志，但对于不少移民来说，牧民身份更像是先天就赋予的，并不会随着居住地点的转移而发生转变，这种身份更像是一种出自情感心理的文化性身份认同。相比之下，他们对于"城里人"的认同标准则比较清晰和单一，主要以其居住地点和经济标准为依据。因此，"城里人"的身份更多的是一种经济性的身份认同。

二 "牧区的人"与"这里的人"

移民对自己归属的地域认同十分一致，所有被访的移民都认为自己是清水河镇的人而非以前牧区的人。产生这一认同的原因有三个方面：一是已经搬到了这里；二是归这里管理；三是享受的补贴是这里的。相比于身份认同的不一致，地域认同要比身份认同更容易发生变迁。这种情况与涂尔干在《社会分工论》一书中所说的情况类似："就普遍规律而言，比较小的群落在结合成比较大的群落的同时，也会丧失掉自己的特性。家族组织永远消失了，地方宗教也永远消失了，只有地方习俗残存了下来。各地的习俗开始渐渐融合，方言和土语也熔为一炉，最后成为单一的国语，与此同时，地方政权也丧失了自治性。所有这些都只不过是相互模仿的结果。"[①]

问及您觉得自己是"牧区的人"还是"这里的人"，当地移民大多是这样讲述的。

（·我觉得自己）是这里的人，这里再（就这么）坐着，可能像是这里的人吧。（巴真，女，38岁，藏族，从清水河镇扎哈村搬来）

（清水河镇）扎哈社区的人呗，我们村在扎哈，都已经搬出来了。现在搬来也属于扎哈村的。（才江，男，41岁，藏族，从清水河镇扎哈村搬来）

---

① ［法］埃米尔·涂尔干：《社会分工论》，渠东译，生活·读书·新知三联书店2000年版，第147页。

觉得自己现在是这里的人，是扎哈社区的人。在这里已经搬下来了，搬到这里，觉得是社区的人。（娘德，男，55岁，藏族，从清水河镇扎哈村搬来）

城里人，过着这里的生活，给着这里的补贴，将来我们的小孩也变成这里的人了，像以前我爸爸是从四川迁移过来的，就变成这里的人了。我们既然搬这里了，也就是这里的人了。（曲军，娘德的亲戚，男，65岁，藏族，从清水河镇扎哈村搬来）

现在是这里的人，是红旗社区的人，（牧区的）红旗村给我啥都没给着，国家任何补助都是红旗社区给的，现在和（牧区）红旗村没任何关系。（蔡文久美，男，40岁，藏族，从清水河镇红旗村搬来）

感觉自己现在是普桑社区的人，因为从小到大都在普桑社区长大，可能是那个原因吧。（帮嘎，女，19岁，藏族，6岁的时候从清水河镇普桑村搬来）

文措社区的人，国家给的都是文措社区给的，牧区牛羊都处理了，啥都没了。（阿加日，男，51岁，藏族，从清水河镇文措村搬来）

感觉自己是尕青社区的人，因为搬过来了。（松加，男，65岁，藏族，从清水河镇尕青村搬来）

认为自己是镇上的人，搬过来住到乡政府，啥都给着，我就是镇上的人。（果措，男，57岁，本来是汉族，改名换姓，身份证上现在为藏族，2003年从清水河镇扎麻村搬来）

是这里的人，搬过来了。（周扎，男，44岁，藏族，从清水河镇扎麻村搬来）

觉得自己是扎麻社区的人，国家让我们搬到社区里，所以是社区的人。（加通，男，50岁，藏族，从清水河镇扎麻村搬来）

这里的人，搬到这里就是这里的人，吃的、穿的都是公家给的，都是这边给的。（阿侧，男，62岁，藏族，从清水河镇扎哈村搬来）

这里的人。（为什么？）已经搬到这里，遇到问题找这里的领导。（仁青，男，41岁，藏族，从清水河镇扎哈村搬来）

红旗社区的人，按移民社区搬的，是这里的人。（洛日，男，60

岁,藏族,从清水河镇红旗村搬来)

移民点的人,现在吃的是移民户的待遇,(牧区)村上干的事没办法。(尕桑,男,46岁,藏族,2005年从清水河镇普桑村搬来)

这里的人,这里啥事都说着,是这里的领导管着,牧区的领导不管。(仁青昂布,男,63岁,藏族,2003年从清水河镇中卡村搬来)

这里的人,家在这里。(白加,男,53岁,藏族,从清水河镇扎麻村搬来)

是这里人。(周洛,男,52岁,藏族,从清水河镇尕青村搬来)

相比于移民对自身"是牧民还是城里人"的身份认同,他们对于自身归属地的认同则清晰而统一。那么,为什么"牧民"这一身份如此具有固着性,而"故乡"这一归属地认同却如此易变呢?某种程度上说,与这两种身份的特点紧密相关。牧民这一身份不仅是有无牛羊决定的,这种身份更多象征着自己的出身、生活习惯、文化传统、情感归属等多个方面,而这些方面都不易随居住地点而改变。"故乡"这一居住地概念则与空间距离、居住时间、行政管辖、补助发放等因素相关,这些因素更多地具有社会属性,偏向于利益特征,要比情感心理认同更易发生改变。同时,传统上游牧民族逐水草而居的生活,使他们更不易依赖于某一固定的居住地点。

三 "便利"与"不便"

(一) 便利:"上学"与"交通"

移民认为搬迁到这里的最大好处有两个方面:一是孩子上学方便,二是交通十分便利。

买啥东西都方便。(巴真,女,38岁,藏族,从清水河镇扎哈村搬来)

好处一样,孩子上学方便。(才江,男,41岁,藏族,从清水河

镇扎哈村搬来）

搬到这里最大的好处是小孩上学方便，交通便利。（娘德，男，55岁，藏族，从清水河镇扎哈村搬来）

搬到这里最大的好处是交通便利。（蔡文久美，男，40岁，藏族，2003年从清水河镇红旗村搬来）

搬到这里最大的好处是交通便利。（阿加日，男，51岁，藏族，从清水河镇文措村搬来）

搬到这里最大的好处是交通便利。（周扎，男，44岁，藏族，从清水河镇扎麻村搬来）

这里最大的好处是交通特别便利。（加通，男，50岁，藏族，从清水河镇扎麻村搬来）

搬到这里的好处，第一是娃娃上学，第二是补助。（洛日，男，60岁，藏族，从清水河镇红旗村搬来）

说不上，好处是国家补助，娃娃上学。（尕桑，男，46岁，藏族，2005年从清水河镇普桑村搬来）

公家给的多，上学方便，我们轻松。（仁青昂布，男，63岁，藏族，从清水河镇中卡村搬来）

孩子上学方便。我小时候在牧区上学，民办教师阿拉巴拉（一点点）教一点，骑马去学校，差不多两个小时，一星期回一次家。（江翁，男，49岁，藏族，从清水河镇尕青村搬来）

什么都方便，电、水、路都有。（白加，男，53岁，藏族，从清水河镇扎麻村搬来）

房子住得热一点，国家给的那些好一点，腿疼，干不了活，两天干活，三四天腿疼。（周洛，男，52岁，藏族，从清水河镇尕青村搬来）

移民对交通的变化感受最深，是因为大多数移民都是从牧区搬出来的，交通方式的变化对他们的日常生活产生了深刻影响。而上学方便、国家补助和房子暖和，使得移民社区具有了学区房和养老中心的某些特征。

（二）不便："燃料"与"医疗"

访谈中很多移民认为搬迁后并没什么不方便之处，但是，也有不少移民认为燃料是搬迁后较为不便的问题。因为燃料都需要自己买，而政府每年提供的燃料补贴远远不够。这相比于他们在牧区时随意捡拾牛粪的情况当然显得不方便。其次就是医疗，从清水河镇上到玉树州上都没有能够满足移民医疗卫生问题的医院。他们得病之后，很难得到及时准确的治疗。白加说："病了，看病，州大夫好好没有，做B超检查，这里做不上。"移民中有很多人都患有各种疾病，如胆结石、肝包虫、高血压、关节炎、胃病等。

在访谈中，问及"搬到这里最不方便的是什么"，他们的叙说大同小异。

> 都很方便，不方便没有。（才江，男，41岁，藏族，从清水河镇扎哈村搬来）
>
> 搬到这里最不方便的是燃料方面，以前在牧区牛粪自己有，搬下来燃（料）要自己买，想买也没钱买。（娘德，男，55岁，藏族，从清水河镇扎哈村搬来）
>
> 在这里最不方便的是，想买个燃料、肉、酥油、曲拉，没有钱的话就不方便，不喜欢吃蔬菜。（阿加日，男，51岁，藏族，从清水河镇文措村搬来）
>
> 最不方便的是燃料，都要自己买。（周扎，男，44岁，藏族，从清水河镇扎麻村搬来）
>
> 这里不方便的是肉、酸奶、奶子那些，再买的话特别贵，吃不上，喝不上。（加通，男，50岁，藏族，从清水河镇扎麻村搬来）
>
> 都方便，有吃，有房子，什么都有。（仁青，男，41岁，藏族，从清水河镇扎哈村搬来）
>
> 没什么不方便的。（洛日，男，60岁，藏族，从清水河镇红旗村搬来）
>
> 没什么不方便的。（丞桑，男，46岁，藏族，2005年从清水河镇普桑村搬来）

都方便。(仁青昂布,男,63岁,藏族,从清水河镇中卡村搬来)

方便呢。(江翁,男,49岁,藏族,从清水河镇尕青村搬来)

没什么不方便的。(央央,女,60岁,藏族,从清水河镇扎麻村搬来)

方便着呗,什么东西都卖,跟前有。(周洛,男,52岁,藏族,从清水河镇尕青村搬来)

牧区生活是一种自给自足的生活,燃料和食物都来自牛羊身上。就如同《青海风土记》中所言,他们是游牧民族,所以把牛羊身上的东西看得非常宝贵,连牛羊粪都很宝贵,绝没有一点嫌恶的意思。[①] 搬迁之后,没有了牛羊,连平时只需要捡拾就可以得到的牛粪都要买,自然造成移民心理上的不平衡。

四 "困难"与"愿望"

(一)不同:迁后遇到的困难

搬迁后,移民遇到的最大困难是在自己和家人生病的时候,医疗费不够用,医疗条件没有,因而在遇到大病时只能无奈忍受。另外一些移民则讲述自己遇到的最大困难是房子问题、家人遇难和政府补贴。这些移民在搬迁后的困境,让我们不由联想到托尔斯泰的一句名言:"幸福的家庭无不相似,不幸的家庭各有各的不幸。"[②] 了解搬迁后移民遇到的最大困难,也有令人欣慰的答复,从清水河镇红旗村搬来的60岁的洛日说:"国家补助的多,心里已经满足了。"

十年间遇到的最大困难是房子问题,害怕地震,里面不敢住人,

---

① 杨希尧:《青海风土记》第10卷,新亚细亚学会,1933年,转引自丁世良、赵放主编《中国地方志民俗资料汇编(西北卷)》,北京图书馆出版社1989年版,第274页。

② [俄]列夫·托尔斯泰:《安娜·卡列尼娜》,草婴译,上海译文出版社1982年版,第3页。

以前住过，玉树地震后里面再没住过，移民点分的房子里面主要放乱起八糟的东西，自己在外面重新建了房子。社区居委会有书记、主任，有问题找社长解决，有7个社长，每一个负责人都是推选出来的，由本村的人推选，上级领导参与。（巴真，女，38岁，藏族，从清水河镇扎哈村搬来）

最艰难的时候是刚开始，没电，搬来五六年以后才有电，用火、用蜡烛解决，清水河镇没电，单位上有个柴油发动机，就这样。（才江，男，41岁，藏族，从清水河镇扎哈村搬来）

这十多年间最艰难的时候是我得病了，我的女儿女婿都在一个饭馆里打工，一场事故，女儿女婿无缘无故地死了（据说是在饭馆里触电死了，或煤气中毒死了，女儿女婿住在那里，没孩子，本来女儿女婿和我们住在一起，为了生活，在清水河镇上一个饭馆打工，饭馆没赔偿，女婿是汉族，老家是湟源县的，去世时女儿20多岁，女婿二十三四岁，两人都天葬了，在竹节寺天葬的，女婿来这里好几年了，搬迁后女儿才结婚的，2005年去世了。）（松加，男，65岁，藏族，从清水河镇尕青村搬来）

搬迁后最艰难的是刚搬下来时，还有今年（2016年）和去年（2015年），今年（2016年）和去年（2015年）国家给的补贴没按时到，对钱特别担忧。刚下来时，国家怎么给我们发补贴，那些都不太清楚，也特别模糊、担心。（加通，男，50岁，藏族，从清水河镇扎麻村搬来）

搬过来最困难的是人病的时候，丫头生病的时候，两年吃饭跟亲戚要——炒面、大米，病没好，钱花完了。医疗补助有些人有，有些人没有。现在去医院，药好的没有，（玉树）州上想是想（去），钱没有，去不起。人病了，钱没有，吃的，好好没有，铺子挣的钱（周洛住在街边的楼房，开了个铺子，卖面、大米、汽油）那么多的没有。（周洛，男，52岁，藏族，从清水河镇尕青村搬来）

移民最困难的时候都是他们在遭遇意外、地震、重病之时。如果说，生态移民是这个时代有关生态保护的宏大叙事，那么移民所讲述的这些困难则是隐藏在这一宏大叙事之下的苦难叙事。每一个叙述个体都是活生生的生命,他们的命运和移民工程紧密联结在一起,也见证了这一过程。

(二)质朴:理想生活的愿望

移民所认为的理想中的生活虽然各有不同,但都充分反映了他们最真实的想法,他们的愿望并不奢侈,而是充满了一种质朴的期望。他们只是希望能有一个相对好一点的生活,希望孩子们健康成长,希望家里都平平安安,希望自己能有一份稳定的工作,等等。

理想中的生活就是钱特别多,小孩们能快快乐乐长大。(巴真,女,38岁,藏族,从清水河镇扎哈村搬来)

认识各种各样的(人),看自己本事,没本事好日子过不上。(才江,男,41岁,藏族,从清水河镇扎哈村搬来)

我跟家里能平平安安地过,也没什么太大的理想。(帮嘎,女,19岁,藏族,6岁的时候从清水河镇普桑村搬来)

小孩有自己的出路,未来他们有出息的话给我养老,现在一直为自己的孩子努力,整天在外面跑。孩子长大成人了,给我养老送终。(阿加日,男,51岁,藏族,从清水河镇文措村搬来)

要是能看见,腿脚都灵活,还好办,有时候脑子特别模糊,什么都想不起来,有时候可能是心理作用,坐着坐着就睡着了。(松加,男,65岁,藏族,从清水河镇尕青村搬来)

我腰没折掉时,草山费给着,挣的钱够用,腰折了打工也打不上,镇上给着。(果措,男,57岁,本来是汉族,改名换姓,身份证上现在为藏族,2003年从扎麻村搬来)

活也干不动,做个生意。(周扎,男,44岁,藏族,从清水河镇扎麻村搬来)

有钱的话,干任何事情,办任何事情,啥都能干。(加通,男,50岁,藏族,从清水河镇扎麻村搬来)

年龄小的话什么都好,公家给的多生活就好,年龄大了,什么都不会干,靠公家不行。(阿侧,男,62岁,藏族,从清水河镇扎哈村搬来)

不缺资金,什么东西都能买得到就是好生活。(洛日,男,60

岁，藏族，从清水河镇红旗村搬来）

靠个牛羊，才有好生活。（尕桑，男，46岁，藏族，2005年从清水河镇普桑村搬来）

主要是有钱，牛羊没有，娃娃上大学的话，什么都会干。（仁青昂布，男，63岁，藏族，从清水河镇中卡村搬来）

年轻的时候做买卖或养牛羊，刚搬下来的时候什么都不会干，靠国家补贴，年纪越来越大，什么都干不来了。（江翁，男，49岁，藏族，从清水河镇尕青村搬来）

国家还是这样，房子给得好。（白加，男，53岁，藏族，从清水河镇扎麻村搬来）

钱多，车、摩托都有。钱少一点，一个摩托没有就不行。（周洛，男，52岁，藏族，从清水河镇尕青村搬来）

从上述访谈来看，移民理想生活的关键词有快乐、平安、健康、孩子、钱和牛羊等。健康、孩子教育、资金和牛羊是移民理想生活的物质层面，也是目前移民生活中最亟待解决的需求。快乐和平安则是理想生活的价值层面，它可以超脱物质生活而存在。一方面可以说移民的理想简单而朴素，另一方面也说明过去长期的牧区生活限制了人们在新环境中对未来的想象，而这种限制性在某种程度上也成了搬迁后移民发展的内在阻力。

五 "眷恋""返迁"与"担忧"

（一）眷恋："想回那里继续放牧"

一部分牧民在搬迁十年之后，对以往的牧区生活不再留恋。一方面，这十年的城镇生活使他们逐渐习惯了这样的生活方式；另一方面，国家提供的各种补助，也使他们不愿意再回到牧区。同时，镇上较好的教育条件和便利的交通是移民不愿意割舍的环境。还有一部分移民则对以前的牧区生活充满了美好的留恋，这是因为他们觉得自己这十年并没有当初在牧区时过得好，牧区的牛羊，牧区的肉和酸奶，牧区稳定的收入，悠闲的放牧生活和优美的自然环境，都是他们怀念的对象。这种对过去生活的眷恋是一种当下与过去的对比，当过去的生活比当下幸福时，移民似乎更留恋过去。同样地，当现在生活环境各方面比以前更好时，他们则更愿意生活在当下。

"您怀念以前的游牧生活吗？"对于这个问题，他们是这样叙说的。

不怀念，在这里闲得很，舒服。（巴真，女，38岁，藏族，从清水河镇扎哈村搬来）

不怀念，这里国家给得可以。（央央，女，60岁，藏族，从清水河镇扎麻村搬来）

不怀念，习惯了。（周洛，男，52岁，藏族，从清水河镇尕青村搬来）

不怀念游牧生活，因为年龄问题，牛羊也没有，再就不想（回）去了，死也得死在这里。（松加，男，65岁，藏族，从清水河镇尕青村搬来）

再不想了，这边好着，政府对我们好呗。（果措，男，57岁，本来是汉族，改名换姓，身份证上现在为藏族，2003年从清水河镇扎麻村搬来）

不怀念，这里什么都方便，娃娃上学、交通方便，不想以前的生活了。（洛日，男，60岁，藏族，从清水河镇红旗村搬来）

不想，这里可以。（白加，男，53岁，藏族，从清水河镇扎麻村搬来）

再怎么说呢，怀念！还想回去，生活上有困难，想回那里继续放牧，收入来源稳定。（蔡文久美，男，40岁，藏族，从清水河镇红旗村搬来）

怀念牧区的生活，那时候孩子不上学，在草原上赶牛、赶羊，吃得好一点，现在那些都得买。（才江，男，41岁，藏族，从清水河镇扎哈村搬来）

想念是想念，搬过来已经13年了，想要到那个牧区生活的话，年龄大了，干不动了。（娘德，男，55岁，藏族，从清水河镇扎哈村搬来）

怀念，想吃肉，喝牛奶、酥油。（曲军，娘德的亲戚，男，65

岁，藏族，从清水河镇扎哈村搬来）

想去再也去不了，小孩都在上学，牛羊啥都没了，以前一个牧民的话，不愁吃穿，在这里的话，要是有钱，自己干一份事业，开个修理厂。（阿加日，男，51岁，藏族，从清水河镇文措村搬来）

怀念游牧生活，从小是在牧区长大的，从小在牧区生活，所以特别有怀念感，吃的上特别想。（加通，男，50岁，藏族，从清水河镇扎麻村搬来）

怀念，那时候年龄小，什么都可以干，现在干不上。（阿侧，男，62岁，藏族，从清水河镇扎哈村搬来）

怀念一点点，草山上住得好。（仁青，男，41岁，藏族，从清水河镇扎哈村搬来）

怀念是怀念，牛羊没有，怀念没用。（尕桑，男，46岁，藏族，2005年从清水河镇普桑村搬来）

怀念，原来牧区上住的时候啥都能干，国家什么不给，靠牛羊，吃的都有。（仁青昂布，男，63岁，藏族，从清水河镇中卡村搬来）

怀念，有肉、有酥油、酸奶，什么都不用买。（江翁，男，49岁，藏族，从清水河镇尕青村搬来）

（二）返迁："不愿意，牛没有，钱没有"

不愿意再搬回牧区的人，主要考虑到年龄、孩子上学、没有牛羊，以及国家补助等方面的因素，而那些依然想着搬回牧区的移民，主要是考虑到牧区在吃穿和经济方面要比城镇里宽裕得多。"如果有机会您还愿意过牧区的生活吗？"关于这个问题，我们可以来聆听搬迁的牧民是怎样讲述的。

想去，还像以前那样过，回牧区，也是像以前那样，坐着也是闲着，现在好着，以后的事没想过。（巴真，女，38岁，藏族，从清水河镇扎哈村搬来）

现在岁数大了，牧区干活重，现在年龄大了，干不上。十年不搬，这里生活着，有家庭，上学方便，搬回去上下班不方便，搬回去的人不多。（才江，男，41岁，藏族，从清水河镇扎哈村搬来）

活干不动了，年龄上（大）了。（娘德，男，55岁，藏族，从清水河镇扎哈村搬来）

不想搬回去，国家各种各样的补贴多，靠那个生活，一天闲着，年龄上（大）了，再（就）这样舒服。国家钱发得越多越好，现在年龄也上（大）了，回去干不动了。（曲军，娘德的亲戚，男，65岁，藏族，从清水河镇扎哈村搬来）

国家给的补贴一年才发一次，不是按月发，想着在这里一直待下去的话，生活很难过下去，想继续放牧。（蔡文久美，男，40岁，藏族，从清水河镇红旗村搬来）

不去啦，因为小孩都在这里上学，不想回去了。（阿加日，男，51岁，藏族，从清水河镇文措村搬来）

再不去了，政府好着，政府对我们好，再哪里去。（果措，男，57岁，本来是汉族，改名换姓，身份证上现在为藏族，2003年从清水河镇扎麻村搬来）

想回去，但是牛羊都没有，特别希望回去，在那边的话吃穿不愁，燃料自己不用买，啥都可以不用买。老婆和我一样，想回去。（周扎，男，44岁，藏族，从清水河镇扎麻村搬来）

再不想回去，年龄已经上（大）了，小孩都在这里上学，无法回去了。（加通，男，50岁，藏族，从清水河镇扎麻村搬来）

（沉思）愿意过牧区的生活。（为什么？）啥都能干上，这里没钱，啥也干不了，主要是年龄太大。（阿侧，男，62岁，藏族，从清水河镇扎哈村搬来）

不愿意，搬回去牛羊没有。10年不让回，再回去，牛羊没有。（仁青，男，41岁，藏族，从清水河镇扎哈村搬来）

不愿意过牧区的生活，回去啥也没有。（洛日，男，60岁，藏族，从清水河镇红旗村搬来）

娃娃们下来，上去的话不习惯，我们两口子没什么不愿意的。（尕桑，男，46岁，藏族，从清水河镇普桑村搬来）

主要是牛没有，活也干不上。（仁青昂布，男，63岁，藏族，从清水河镇中卡村搬来）

不愿意，牛没有，钱没有。（白加，男，53岁，藏族，2010年

从清水河镇扎麻村搬来)

　　就我一个人,搬过去不行。(央央,女,60岁,藏族,从清水河镇扎麻村搬来)

　　愿意过牧区的生活,但是干不了,现在老了,一头牛也没有,没有一个丫头,就我们两个,干不了。(周洛,男,52岁,藏族,从清水河镇尕青村搬来)

下面是笔者和移民的一些对话,从中可以进一步了解他们的想法和感受。

　　笔者:10年过了,还想回去吗?
　　阿加日:想回去,但是牛羊都没了,卖了,大人年纪大了,小孩要上学,没有人放牧,再(就)只能待在这儿。
　　笔者:为什么还想回去?
　　阿加日:刚搬来时给了这个房子,房子漏水的漏水,裂开的裂开,国家说重新盖,可到现在还没什么反应。比起其他州上,这个州上小孩上学也要收学费。
　　笔者:现在到底国家实行的是12年还是9年义务教育?
　　阿加日:这里是9年义务教育,玉树州高中收学费,听说国家实行的是12年义务教育,但我们这里实行的是9年义务教育,刚开始说不收学费,后来收了,一个学期高中收学费2000(元)多一点,买了一辆沙车,欠费了,欠了一两万元。给你们看一下,这是孩子交学费的存根(照片)。
　　笔者:还愿意搬回牧区吗?
　　白加:不愿意,牛没有,钱没有。
　　白加的儿子:不愿意,我不会干活。

对于不愿返迁的移民来说,存在两种明显的力量,从而使他们愿意留在城镇。一方面,来自牧区的推力,这种推力源自无牛羊造成的生活难以维继;另一方面,来自城镇的吸引力,主要是城镇便利的交通、医疗、教育和国家补助。而对于愿意返迁的移民来说,则只有一种推力,即城镇生活的成本比牧区高。此外，不愿意搬回去的人群主要是那些年纪在 50 岁以上的人，他们的年龄和家庭使其很难再回到牧区重新生活。

（三）担忧："国家给的没有的话就饿死了"

移民对未来生活的担忧主要集中在国家补助的发放方面，用氽桑的话来说就是如果"国家给的没有的话就饿死了"。移民对以后生活的考虑，完全依赖于国家补助是否能按时发放，以及补助金额的多少。问及"您担忧未来的生活吗"，从他们的所思所感，我们可切身体会。

> 国家给的没有的话就饿死了。（氽桑，男，46 岁，藏族，2005 年从清水河镇普桑村搬来）

> 一天天看呗，担心没用。（才江，男，41 岁，藏族，从清水河镇扎哈村搬来）

> 担忧，主要是资金方面，想做点大的生意。（娘德，男，55 岁，藏族，从清水河镇扎哈村搬来）

> 不担忧，国家各种各样的补贴多，没什么可担忧的。（曲军，娘德的亲戚，男，65 岁，藏族，从清水河镇扎哈村搬来）

> 担忧今后的生活，自己家里有劳力的只有我，小孩都在上学，赚不到钱的话，非常担忧。国家生活费补助给 10 年，生态补偿再给 5 年，到 2020 年，以后就没了。（阿加日，男，51 岁，藏族，从清水河镇文措村搬来）

> 有一点担忧今后的生活，国家一直这样给各方面的补贴，要是断了，就担心怎么生活。（松加，男，65 岁，藏族，从清水河镇氽青村搬来）

> 担忧，我腰好起来，以后生活会好一点，腰就这个样子的话，就靠政府。（果措，男，57 岁，本来是汉族，改名换姓，身份证上现在为藏族，2003 年从清水河镇扎麻村搬来）

> 担忧！每个小孩将来都要长大成人，花钱次数比较多，抚养小孩代价太大，我俩慢慢老了，也干不动活，生病次数越来越多，特别担心。（周扎，男，44 岁，藏族，从清水河镇扎麻村搬来）

> 年龄大，有病，可能吃不上。（阿侧，男，62 岁，藏族，从清水

河镇扎哈村搬来）

不担忧。（仁青，男，41岁，藏族，从清水河镇扎哈村搬来）

国家给的没有的话，吃的、穿的没有，娃娃上学就没学费。（仁青昂布，男，63岁，藏族，从清水河镇中卡村搬来）

牛羊没有，年龄大了，不给补助不行。（江翁，男，49岁，藏族，从清水河镇尕青村搬来）

国家给的话还可以，不给的话不行。靠公家，国家不给补助，活干不上，娃娃们工作找上可以，找不上工作，就要死了。（白加，男，53岁，藏族，从清水河镇扎麻村搬来）

今年（2016年）啥都不给，危险。（周洛，男，52岁，藏族，从清水河镇尕青村搬来）

担忧，万一补助没有，就会有压力，担心。（洛日，男，60岁，藏族，从清水河镇红旗村搬来）

在与移民的简短对话中，我们也体会到了他们的一些观念及对生活的态度。

笔者：您对以后的生活有什么打算？
洛日：娃娃考个大学，毕业了，靠娃娃生活。
笔者：担忧今后的生活吗？
帮嘎：对今后的生活不担忧。
笔者：对以后的生活有什么打算？
帮嘎：没什么打算，开个照相馆，然后就平平安安地过日子。

透过移民的担忧，我们发现在生态移民社区建设的过程中，单纯提供经济补助是完全不足以实现移民社区的可持续发展的。就像清水河镇的移民，他们已经在此生活了十年有余，依然深深地依赖于政府的资金援助，一旦政府补助缺失，就面临生活无着的状态。以往，我们仅仅把生态集中在环境方面，而今，环境方面的生态随着时间的推移逐步恢复，移民社区良好的社会生态却依然没有形成。要想让人与自然相和谐，就需要在生态移民项目中既重视自然生态又要重视社会生态。

第六章

移民社区的突出问题

　　对于清水河镇生态移民点存在的问题，移民认为主要问题是：房子质量问题；国家补助少；移民点厕所少。其中房子质量问题和移民点厕所问题，我们深有体会。移民现在住的房子已经有十多年了，尤其是路边的二层楼房，已经破旧得完全没办法住人，成为完完全全的危房了。很多房子屋顶和墙壁上出现十分明显的裂缝，住楼房的移民，大多只能住在一楼，而不敢在二楼住宿。而且这十多年，移民的房子都没有进行过再次维修。所以，很多移民十分担心，如果发生地震，房子可能会坍塌。其次是移民点的厕所，我们在移民点几乎没有看到统一修建的厕所，唯一看到的还是一个十分简易、仅容一人方便的砖头搭建的露天厕所。当地男人都习惯了背过身靠墙边解决小便问题，如果走在移民点的街道上，这样的场景则十分常见。而且在街道两边，随处可见人的粪便和家畜的粪便混杂在一起，使空气里弥漫着呛人的气味。藏服妇女则习惯穿传统的藏族服饰，她们往往是在一个垃圾堆附近一蹲，就把个人问题解决了。因为藏式衣服很长、很宽大，解手时可用以遮蔽下体，完全不必担心旁人的目光。我们在清水河镇做调查时，就见到一位身着藏服的藏族妇女用这样的方式解决小便的问题。这一点，与民国学者杨希尧在《青海风土记》中所记述的青海藏族人大小便的方式相一致，"在一顶帐房里，合家大小全住在一处，不分什么寝室厨房，至于毛厕等不重要的再是没有了。因为吃了酥油、炒面，非常火大，好比内地人吃了鸦片，大便是隔好些日子一回，地点多在山凹。小便的地点，只要帐房外边，到处都可。妇女格外随意，因为她们不穿裤子，往地下一蹲，衣服大襟便遮住了下体，在我们面前，常常撒尿。起初见了，觉着很怪，日子多了，也就司空见惯。最可笑的，往往有些懒婆娘，连蹲也不蹲下去，站着揭起大襟小便，淋漓满腿，似乎不觉着湿。男子因为穿着裤子，衣服穿的又高，所以小便时，不能不躲躲人了"①。

问及"您觉得移民点存在的突出问题是什么"，对此，他们大多是这样叙说的。

    房子不好。（巴真，女，38岁，藏族，从清水河镇扎哈村搬来）
    国家给的补贴很少，只有草山费，比我们富裕的家庭低保有（走后门），我们没低保。（ZZ，男，44岁，藏族，从清水河镇扎麻村搬来）
    整个移民点地方小，整体来说，对生活上来说，经济薄弱，以前刚搬下来时都比较陌生，想串门的机会比较少，现在时间长了，比如一个家里煮肉了，他们都叫着过来吃，特别和谐。（加通，男，50岁，藏族，从清水河镇扎麻村搬来）
    问题没有，补助没有的话没法生活。（尕桑，男，46岁，藏族，2005年从清水河镇普桑村搬来）
    没有问题，小偷不多，一两个有呢。（仁青昂布，男，63岁，藏族，从清水河镇中卡村搬来）
    这里用的是井水，搬过来两三年才有水，下面有河。厕所没有，厕所太少，草原上随随便便解决，这里40几个人家，一个厕所也没有。房子裂缝，地震时房子裂开了。（白加，男，53岁，藏族，从清水河镇扎麻村搬来）
    房子质量不行，（二层楼房）上面不敢住。（央央，女，60岁，藏族，从清水河镇扎麻村搬来）
    房子质量，最好的也不是，不好也没办法，不住也不行。（周洛，男，52岁，藏族，从清水河镇尕青村搬来）

居住问题和经济问题是移民认为最突出的问题。党的十九大报告指出，要形成绿色发展方式和生活方式，坚定走生产发展、生活富裕、生

---

① 杨希尧：《青海风土记》第10卷，新亚细亚学会，1933年，转引自丁世良、赵放主编《中国地方志民俗资料汇编（西北卷）》，北京图书馆出版社1989年版，第31—32页。

态良好的文明发展道路,建设美丽中国,为人民创造良好生产生活环境。① 我们要建设的是人与自然和谐共生的现代化发展模式,既要满足人民生活所需的物质财富和精神财富,也要提供优质的生态产品。移民社区的建设,很明显远远没有达到文明发展的水平。他们是为了三江源生态建设而牺牲了自身生产生活环境的人,但是新的移民社区建设并没有满足他们的生产生活需求。党的十八大报告指出:"要把生态文明建设放在突出地位,融入经济建设、政治建设、文化建设、社会建设各方面和全过程,努力建设美丽中国,实现中华民族永续发展。"② 那么,对于实施三江源生态移民工程的众多移民社区来说,则需要把经济建设、政治建设、文化建设和社会建设融入生态建设之中。

---

① 《习近平在中国共产党第十九次代表大会上的报告》,2018 年 3 月 30 日(http://www.xinhuanet.com/politics/19cpcnc/2017-10/27/c_1121867529.htm)。

② 《胡锦涛在中国共产党第十八次全国代表大会上的报告》,2018 年 3 月 30 日(http://cpc.people.com.cn/n/2012/1118/c64094-19612151-8.html)。

结 语

如何才能致富

把"如何才能致富"交给大多没有上过学的移民来回答，确实比较困难，难怪我们问及这一问题时，才江大笑着对我们说："那个我说清楚的话我早就发了。"但是，移民至少提出了一些他们发展中所存在的客观问题。清水河镇不像称多县的其他乡镇，这里海拔相对较高，没有虫草，也不生长各种药材，因此当地人无法通过虫草致富。如果国家在政策上不给予他们补贴，很多移民的生活瞬间将会面临绝境。而找工作又没有企业可去；做生意，又无资金来源；养牛羊，又没有草山……这一切都是移民在发展中所要面临的问题。

至于"如何才能致富"，移民则有自己的所思所想。

不知道，主要靠国家的补贴。（巴真，女，38岁，藏族，从清水河镇扎哈村搬来）

说不清，那个我说清楚的话我早就发了。（才江，男，41岁，藏族，从清水河镇扎哈村搬来）

国家没有任何项目给我们，没有任何企业让年轻人去干活，这里可挖的蕨麻和人参也没有，虫草也没有，可种的地也没有。在这地方啥都没有，海拔高，经济生活非常薄弱，想买肉、酥油，非常贵，又没有钱。（娘德，男，55岁，藏族，从清水河镇扎哈村搬来）

国家对我们帮助大的话就富起来了，要是不管的话就一无所有了。（怎么帮助？）只能有资金上的扶持，给资金上的扶持。（怎么使用？）如果给资金，我想开个很大的宾馆，也想开很大的饭馆，也想开个铺子，什么都干。（你可以贷款啊！）没听说过贷款这东西。（加

通,男,50岁,藏族,从清水河镇扎麻村搬来)

如何才能致富?不知道。(仁青,男,41岁,藏族,从清水河镇扎哈村搬来)

牛羊养得多就能致富。(尕桑,男,46岁,藏族,2005年从清水河镇普桑村搬来)

靠牛羊最好,这里不养牛羊,草山不够。(江翁,男,49岁,藏族,从清水河镇尕青村搬来)

再(怎么也)富不起来,水不要(钱),剩下的都要买,现在价格高。(周洛,男,52岁,藏族,从清水河镇尕青村搬来)

这就是移民发展所面临的窘迫境地了。如果说政府拨资金能够促进移民的发展,到底调拨多少资金才算足够;如果说拨资金不足以调动移民发展的主动性,又有什么办法能推动移民社区的可持续发展?对于大多数移民来说,他们唯一的技能可能就是在草场上养殖牛羊了。但是,即使是这唯一的一技之长,某种程度上说,都是与市场经济发展所需要的集约化、技术化、人工化的养殖所不相匹配的。

同时,笔者不禁产生疑问:我们不远千里,翻山越岭,过玛多,赴称多,研究的意义何在?在三江源生态移民项目实施过程中,作为个体的移民,他们对于生活或者说经济水平的感受是敏锐的,但是对于文化的感受则是迟钝的、渐进的,尤其当我们把文化视为一种生活方式和社会结构的时候。我们作为研究者的一个目的,就是跳出这个迷局,既能看到移民生活中的种种困苦,也能从长远的、局外人的角度看到文化存续之路。我们看到,在调查中其实有不少移民是更愿意回到牧区继续过以往的游牧生活的。但是,允许他们保持传统的生活方式就不存在问题了吗?明显不是,格尔茨在研究印度尼西亚的过程中提出了农业内卷化的概念。显然,不少藏区草原生活的牧民也隐约有着牧业内卷化的趋势。当新增的人口不适应外部社会竞争和市场压力而难以找到工作时,大量的人口拥挤在有限的草场范围内,为了生活,唯一的出路就是增加牲畜数量,这必然造成生态环境的破坏。但是,在当今这个深度全球化的时代,生态环境既不属于单独的个人,也不属于任何一个国家,它是关涉全人类的。对于三江源地区的牧民来说,他们有草场的使用权,与此相应,他们也分享着一份属于全人类的生态权利和义务。当生态环境随着发展而成为突出问题的时候,这种属于个人的草场使用权与属于全人类的生态权就产生了一种对抗,或者说是一种矛盾。这种矛盾,与苏格拉底当初在牢狱中和克里同的一段辩论所蕴含的哲学议题有某种相似性。辩论的原因是克里同劝说苏格拉底逃跑,苏格拉底通过辩论引申出个人权利与国家法律的关系等问题。一定意义上,这种辩论对于此时的我们依然有思考价值。在与克里同的辩论中,苏格拉底设想法官会提出许多无法辩驳的理由,归纳出来就是两点:其一,个人是由于法律的保护才得以出生,受到抚育和教育,就是国家的孩子与仆人,某种程度上类似于父亲和孩子的关系;其二,个人如果不满意国家,完全可以选择离开,没有离开则说明对国家和法律是满意的,因而当法律审判之时,逃跑则意味着单方面破坏了无形中的契约关系。① 移民、国家和生态环境是不是处于一种相似的境地中呢?人类学的观点启发学者用主位、客位的视角去思考问题。与此同时,这种属于局内、局外的"局"本身也是存在层次的。我们通过调查了解移民的真正想法和真实生活境况,可以说,我们已经站在移民主位的角度去看待问题。但同时,我们依然处在他们的内心和生活之外。我们站在自身客位的角度思考国家政策,在某种意义上,我们似乎身处更大的迷局之内——全球生态环境的变迁,发达国家与发展中国家承担的相应责任,发展中国家在其中的劣势地位。就这一点来说,不论是作为研究者的我们,还是作为研究对象的移民,彼此的作用终究是有限的。

---

① [古希腊]柏拉图:《游叙弗伦 苏格拉底的申辩 克力同》,严群译,商务印书馆2009年版,第91—117页。

参考文献

一 著作

[1] [法] 埃米尔·涂尔干:《社会分工论》,渠东译,生活·读书·新知三联书店 2000 年版。

[2] [古希腊] 柏拉图:《游叙弗伦 苏格拉底的申辩 克力同》,严群译,商务印书馆 2009 年版。

[3] 达瓦次仁:《藏区生态移民与生产生活转型研究——西藏日喀则市生态移民案例研究报告》,社会科学文献出版社 2015 年版。

[4] 丹珠昂奔:《藏族文化发展史(上)》,甘肃教育出版社 2001 年版。

[5] 丹珠昂奔:《藏族文化发展史(下)》,甘肃教育出版社 2001 年版。

[6] 邓承伟:《西宁府续志》,青海人民出版社 1985 年版。

[7] 冯雪红:《三江源藏族生态移民三村》,社会科学文献出版社 2016 年版。

[8] 付海鸿:《三江源生态移民的文化变迁与身份认同研究——以格尔木昆仑民族文化村为例》,中国社会科学出版社 2017 年版。

[9] [美] 罗伯特·J. 桑普森:《伟大的美国城市:芝加哥和持久的邻里效应》,梁玉成译,社会科学文献出版社 2018 年版。

[10] [美] 罗伯特·E. 帕克等:《城市:有关城市环境中人类行为研究的建议》,杭苏红译,商务印书馆 2016 年版。

[11] [德] 利普斯:《事物的起源》,汪宁生译,贵州教育出版社 2010 年版。

[12] (明) 吴承恩:《西游记·第四十七回》,人民文学出版社 2005 年版。

[13] [美] 詹姆斯·C. 斯科特:《国家的视角:那些试图改善人类状况

的项目是如何失败的》，王晓毅译，社会科学文献出版社2011年版。

[14] ［美］詹姆斯·C. 斯科特：《逃避统治的艺术》，生活·读书·新知三联书店2016年版。

[15] ［美］卡罗尔·恩贝尔、梅尔文·恩贝尔：《人类文化与现代生活——文化人类学精要》，周云水、杨菁华、陈靖译，电子工业出版社2016年版。

[16] 康敷熔：《青海记》，台湾：成文出版社1968年版。

[17] 李媛媛、李伟：《少数民族地区生态移民政策研究——以内蒙古为例》，经济科学出版社2015年版。

[18] ［俄］列夫·托尔斯泰：《安娜·卡列尼娜》，草婴译，上海译文出版社1982年版。

[19] 孟向京：《中国生态移民的理论与实践研究》，中国人民大学出版社2017年版。

[20] 桑才让：《中国藏区生态移民研究》，中国社会科学出版社2016年版。

[21] 色音、张继焦主编：《生态移民的环境社会学研究》，民族出版社2009年版。

[22] 苏薇：《三江源生态移民保险保障研究》，天津大学出版社2016年版。

[23] 韦仁忠：《高原城市的陌生人——三江源生态移民的文化调适和社会资本重建》，中国社会科学出版社2016年版。

[24] 许公武：《青海志略》，商务印书馆1945年版。

[25] 杨希尧：《青海风土记》，新亚细亚学会，1933年。

[26] 佚名：《玉树县志稿》，台湾：成文出版社1968年版。

[27] 玉树藏族自治州地方志编纂委员会：《玉树州志（上）》，三秦出版社2005年版。

[28] 玉树藏族自治州地方志编纂委员会：《玉树州志（下）》，三秦出版社2005年版。

[29] 赵放主编：《中国地方志民俗资料汇编（西北卷）》，北京图书馆出版社1989年版。

[30] 郑洲：《扶贫综合开发绩效研究——西藏扎囊县德吉新村调查报告》，社会科学文献出版社 2010 年版。

[31] 周华：《藏族简史（藏文版）》，民族出版社 1995 年版。

[32] 周希武、田雯、张澍：《〈青海玉树调查记〉黔书〈续黔书〉》（合订本），中国台湾华文书局 1968 年版。

[33] 张静：《身份：公民权利的社会配置与认同》，载张静主编《身份认同研究：观念、态度、理据》，上海人民出版社 2006 年版。

二 论文

[1] 陈楠：《历史深处的玉树故事》，《人民论坛》2010 年第 13 期。

[2] 甘永涛：《教育扶贫看"思源"——对"教育移民"扶贫新模式的探索》，《民族论坛》2013 年第 11 期。

[3] 格明多杰：《青海藏族教育的现状与两个主要问题的改善意见》，《青海民族研究》（社会科学版）1992 年第 3 期。

[4] 贾荣敏：《藏族游牧背景下教育模式的田野调查与宏观分析——以刚察县为个案》，《青海社会科学》2010 年第 5 期。

[5] 贾荣敏：《青藏高原藏族游牧区教育的现代性变迁与适应》，《青海民族研究》2011 年第 3 期。

[6] 贾晓波：《心理适应的本质与机制》，《天津师范大学学报》2001 年第 1 期。

[7] 李宗远、陈华育：《三江源教育生态系列研究报告——关于玉树州藏族移民教育问题的调研》，《青藏高原论坛》2016 年第 3 期。

[8] 梁艳菊：《马背小学》，《中国民族》2009 年第 Z1 期。

[9] 罗桑开珠：《玉树——古代的藏汉通道》，《中国藏学》1990 年第 1 期。

[10] 马宝龙：《三江源生态移民与社区重建研究》，硕士学位论文，西北民族大学，2008 年。

[11] 牛璇：《三江源地区生态移民主观幸福感研究》，《湖北民族学院学报》（哲学社会科学版）2018 年第 1 期。

[12] 评论员：《坚持人与自然和谐共生》，《光明日报》2017 年 11 月 6 日。

[13] 桑德诺瓦：《藏族锅庄舞的综合价值及其传承与分类——以康巴地区多民族锅庄舞的承袭现状为中心》，《民族艺术研究》2013 年第 5 期。

[14] 索端智：《三江源生态移民的城镇化安置及其适应性研究》，《青海民族学院学报》（社会科学版）2009 年第 2 期。

[15] 铁吉新、赵全宁、马林：《气候变暖背景下称多县近 54 年气候变化特征分析》，《青海草业》2015 年第 4 期。

[16] 谢君君：《海南少数民族地区教育移民研究》，《广西民族研究》2012 年第 2 期。

[17] 叶继红：《集中居住区移民身份认同偏差：生成机理与调整策略》，《思想战线》2013 年第 4 期。

[18] 张伟、闫卫华：《教育移民：高素质人才西向流动现象探析——以新疆高校为例》，《新疆社会科学》2013 年第 6 期。

[19] 张素玢：《移民与山猪的战争——国家政策对生态的影响（1910—1930）》，《师大台湾史学报》（台湾）2011 年第 4 期。

[20] 赵敬邦：《从方东美哲学看环境与生态公义的融通》，《哲学与文化》（台湾）2016 年第 8 期。

[21] 郑宇：《〈三江源藏族生态移民三村〉评介》，《广西民族研究》2017 年第 5 期。

[22] 周建英：《马背小学驮过半世纪的风雨》，《中国民族》1998 年第 7 期。

三　电子文献

[1] 《胡锦涛在中国共产党第十八次全国代表大会上的报告》，2018 年 3 月 30 日（http：//cpc. people. com. cn/n/2012/1118/c64094 - 19612151 - 8. html）。

[2] 贾小华等：《"厕所革命"让中国更美丽——海外人士为中国厕所文明进步点赞》，2018 年 6 月 25 日，新华网（http：//www. xinhuanet. com/world/2017 - 11/30/c_1122037777. htm）。

[3] 《民生小事大情怀——习近平总书记倡导推进"厕所革命"》，2018 年 6 月 25 日，新华社（http：//www. xinhuanet. com/politics/leaders/

2017－11/28/c_112 2023895. htm）。

[4] 习近平：《农村也要来个"厕所革命"》2017年11月29日，《中国日报》（http：//china. huanqiu. com/article/2017－11/11410032. html）。

[5] 《习近平在中国共产党第十九次代表大会上的报告》，2018年3月9日（http：//www. xinhuanet. com/politics/19cpcnc/2017－10/27/c_1121867529. htm）。

[6] 玉树藏族自治州人民政府：《壮美玉树·玉树概况》，2018年3月7日（http：//www. qhys. gov. cn/html/2/7. html）。

[7] 央视新闻客户端：《建设美丽中国，在习近平生态文明思想引领下》，2018年6月30日（http：//www. legaldaily. com. cn/index/content/2018－06/26/content_7577989. htm？node＝20908）。

[8] 中华人民共和国中央人民政府：《今日中国·图片新闻 玉树撤县设市，成中国最年轻城市》，2018年3月7日（http：//www. gov. cn/jrzg/2013－10/24/content_2514575. htm）。

[9] 中华人民共和国中央人民政府：《青海地震专题·灾区资料 玉树：宗教信仰》，2018年3月7日（http：//www. gov. cn/ztzl/yushu/content_1581703. htm）。

[10] 张晓阳：《青海玉树州称多县拉布乡拉司通村》，2017年3月21日（http：//www. tcmap. com. cn/qinghai/chengduoxian_labuxiang_cun. html）。

后　　记

本书是我主持的教育部2012年度新世纪优秀人才支持计划项目"甘青牧区藏族生态移民产业变革与文化适应研究"（NCET-12-0664）的系列成果之三，前两本分别是《三江源藏族生态移民三村》（社会科学文献出版社2016年版）、《生态移民：来自青藏高原的民族志报告》（科学出版社2017年版）。

2014年8月，我和课题组成员第一次考察玉树藏族自治州，初步了解了三江源生态移民状况，确定称多县称文镇和清水河镇为项目最终调查地点的一部分。时隔两年之后，2016年8月我再次抵达玉树，与课题组成员继续展开田野实践。本书即为这两次田野考察的初步成果，依照调查地点呈现为两个部分。称文镇查拉沟社区生态移民为县内搬迁，迁入地与县城毗邻。这个生态移民点的最大特点是移民构成的三种类型——从农区、半农半牧区、牧区搬迁而来的移民，其适应性和对适应能力的理解呈现出较大差异。清水河镇生态移民为镇内搬迁，迁入地位于城镇主干道两侧，可以说城镇的主要居民就是移民，该地生态移民的最大特点则是其所处的高海拔环境。本书描写的两个移民社区与我们所考察的其他移民社区最明显的差别是，称多县的生态移民宗教信仰教派众多，转经的寺院差别很大。值得一提的是，我们在清水河镇调查时遇到一位面包车司机，他是从果洛藏族自治州玛多县黑水河乡跨州搬迁到海南藏族自治州同德县果洛新村的生态移民，在果洛新村有房子，媳妇是清水河镇人。他让两个原本相隔遥远、互不关联的调查点——玛多县和称多县——产生了连结。我们的项目调查开始于玛多县玛查理村，终结于称多县清水河镇，而这位司机作为媒介，将我们调查线路的头与尾相连，使其成为一个完整的圆环。

调查完成之后，"多点民族志"如何呈现的问题是我们撰写书稿时一直满怀疑惑的地方。如何既保持区域共性，又能实现跨区域比较，这是我们一直在探索和思考的问题。

民族学/人类学所重视的田野调查方法，既是一种研究策略，也是一种情感交流方式，正是当地人的热情、耐心和包容才使我们的调查得以顺利进行。因此，我们需要感谢太多的人，虽然这种书写在文本中的感激之情，他们未必能够看到和感受到。在这一点上，所有的书写者要表达的似乎都是一种共通的情感，它源自特定的对象，却朝向模糊的人群。2014年、2016年两赴称多，感谢玉树藏族自治州总工会主席李毅（现为玉树藏族自治州人大常委会副主任），为我们提供诸多帮助；感谢称多县政府办公室主任仓羊加措、副主任索南求周，以及2014年8月中下旬冒雪到珍秦镇开车接我们的司机更尕才让；感谢称文镇政府工作人员才仁扎西、查拉沟社区主任久卓嘎，他们作为翻译，调查期间不辞劳苦地陪同我们开展访谈，从9：00一直到17：00，辛苦程度更甚于他们的日常工作；感谢清水河镇政府工作人员扎西才让和土登扎西，他们不仅帮助我们翻译，还不厌其烦地解答我们的各种问题，并每日为我们联系往返搭乘的汽车；感谢清水河镇书记更松旦周，他亲自接待我们，并向我们讲述当地的历史文化和他在生态移民项目执行过程中的体会。当然，最需要感谢的是调查中的每一位当地人，他们不是隐藏在文本中的客体，而是实实在在的人，他们是扎西昂加、永阳、元配、卓玛、白马才旦、角嘎、更求代西、扎西求将、索南、索昂吾周、白马卓尕、江永昂布、扎西、当正、智美、江才、才仁求真、更多、白军元旦、昂文巴毛、拉毛松毛、土登嘎松、才仁拉毛、且措、卓才、扎西代吉、罗松、千才、元旦松包、才江、娘德、蔡文久美、帮噶、阿加日、松加、果措、阿侧、仁青、洛日、尕桑、仁青昂布、江翁、白加、央央、周洛、周扎、巴真、加通、曲军和习木查仁……

本书的出版受到北方民族大学民族学双一流学科经费资助，在此深表谢意！

最后，衷心期望每一位身处搬迁背景中的玉树生态移民，如同我们在这本书的标题中所展现的一样，活出一种"玉树临风"的姿态。

冯雪红

2018年11月6日写于银川